赵心耘 ——

著

創業避坑

覺醒

上海交通大學出版社

SHANGHAI JIAO TONG UNIVERSITY PRESS

内容提要

本书为作者在飞马旅服务创新创业企业的 8 年间,陆续写下的辅导札记。文稿大多是在辅导企业过程中的有感而发,经整理后依据初创企业面临的战略、管理、融资三个方面的共性问题,并按内视和外视的角度,分为 3 篇 7 小节。本书既有理论的阐述,又关切实际应用,特别强调管理工具的运用要与场景契合。

目前市面上的双创辅导书,大多是投资机构或投资人所撰写,以资本立场切入为主,所提的观点或建议,未必就是初创企业创始人的最合理选择。而本书更强调从创业者自身的角度来认知创业环境的变化,以及面对变化可以采取的相应策略和措施,相信这会更有助于社会形成良好的创业氛围。

图书在版编目(CIP)数据

创业避坑/赵心耘著. 一上海:上海交通大学出
版社,2024.5(2024.10 重印)
ISBN 978 - 7 - 313 - 29990 - 1

Ⅰ. ①创… Ⅱ. ①赵… Ⅲ. ①创业 Ⅳ. ①F241.4

中国国家版本馆 CIP 数据核字(2024)第 058532 号

创业避坑
CHUANGYE BIKENG

著　　者:	赵心耘			
出版发行:	上海交通大学出版社	地　　址:	上海市番禺路 951 号	
邮政编码:	200030	电　　话:	021 - 64071208	
印　　制:	上海颛辉印刷厂有限公司	经　　销:	全国新华书店	
开　　本:	880mm×1230mm　1/32	印　　张:	12.25	
字　　数:	272 千字			
版　　次:	2024 年 5 月第 1 版	印　　次:	2024 年 10 月第 2 次印刷	
书　　号:	ISBN 978 - 7 - 313 - 29990 - 1			
定　　价:	78.00 元			

站在关心创业服务的前沿

大约 5 年前,赵心耘兄计划为飞马旅创新创业服务生态写作 100 篇文稿,发表在飞马旅的微信公众号上,到现在已经超过了目标。赵老师的文章,最大的特点是一篇说一个具体的事情,或有事理透析,或有理论辩证,或有成效考究,看起来不晦涩,想起来有启发。

通常经营管理者有运作实践,在具体工作场景内外也不乏实操感想,但很少系统梳理、坚持省思、记述成文,所以思考往往不成体系;而工商管理教学者,多照本宣科、自圆其说,但较少涉足商业创业前沿实践,偶尔得一真实场景而借题发挥、小题大做,已经算够新鲜。昔日哈佛商学院和政府管理学院教授,多强调管理技能与实践智慧之说,在我看来赵老师的系列创业评述文,应属于基于观察、依乎理论的实践智慧之作。这不只是赵老师的智慧,也是飞马旅创业生态的宝贵资产。

创业多久,我认识赵老师就有多久。这么多年来,赵老师是我尊敬的兄长,提示我管人管事方面可能存在的欠缺,提醒我特定场合的注意事项,提点我总要保持谦卑专业的态度。无论他是身在凤凰自行车这样的企业,还是身在上海交通大学这样的高校,抑或身在飞马旅作为我们的创业导师。

记得两年前我因病住院，赵老师到医院来看望我，还带来了我爱吃的上海国际饭店新出炉的蝴蝶酥。这么多年来，赵老师的风度不只在于他形象仪表的一向端庄，更在于他即使在应对一位普通工作人员的帮助请求时依然会认真对待、全力以赴。

赵老师真正做到了率先垂范、为功不居、提携后进、不计名利。他是真行家，动手能手兼高手；他亦是真君子，说到做到还写到。也许很多人没有我和我们飞马旅生态中的小伙伴这样的幸运，与赵老师能有机会面对面相处，但是在他没有一篇不是诚心施笔的文章里，你一样可以体会他的实在经验、洞见学识、智慧雅量。

袁 岳

零点有数董事长，飞马旅联合创始人，中国市场信息调查业协会副会长兼第三方评估专业委员会会长，中国民营经济研究会副会长，中国商业统计学会副会长

创新与冒险只是一步之遥

2023 年国庆长假，上海交通大学的一群校友聚会，邀请我参加，我欣然前往。在市郊的一个古镇上，大家喝茶聊天，其乐融融。赵心耘老师坐我边上悄然问，可不可以为他的新书写个序。我接过书稿一看，"创业避坑"四个字跃入眼帘。好题目！对千军万马的创业大军而言，如何避免掉入各种坑里，真是一个需要认真思考、认真对待的大问题。心耘老师在飞马旅辅导初创者的 8 年里，写了 110 多篇文章，现在经过整理汇集成一本非常有用的工具书，呈现给广大读者，十分可喜，值得祝贺。

"其实地上本没有路，走的人多了，也便成了路。"

在创业的路上，困难极多，挑战极大。对于这些，大多数创业者是有思想准备的，他们知道创业难，难于上青天。大家前赴后继地前进，不折不挠地奋斗，创业的路越走越宽，越走越顺，前途一片光明。可是，创业路上有坑，许多人是没有想到的。明明看上去一马平川，却不料路上到处是坑，而且车开得越快，摔得越重，如果是个大坑，掉下去说不定爬都爬不上来。所以，虽然已有路，还是要小心坑。避坑很重要，是创业中必不可少的一环。

心耘老师在这里给大家讲了三个部分：战略避坑、管理避坑、融"资"避坑。每部分针对性很强，通俗易懂，十分有用。在这里我想和大家讨论一下"避免思维陷阱"。

创业者的思维，与普通人不一样。他们要善于抓机遇，因为机遇稍纵即逝。但是机遇里面有陷阱。有些是假的机遇，有些是别人的机遇，有些是明天的机遇，如果盲目乐观，自以为是，就会掉进坑里。所以大家都会很小心。然而，怎么知道它是真的还是假的机遇，是现实的还是潜在的机遇？这就需要创业者，尤其是初创者具有运用战略思维的能力、前沿分析的眼光及创新求变的精神。往往创新与冒险只是一步之遥，野蛮与文明只是一纸之隔，其中的差别就在于思维的正确与否，以及防止掉入陷阱的能力的大小。心耘老师这本书讲得很好，值得读者认真学习借鉴。

很高兴能够看到心耘老师的新书出版，我相信这本书对于所有想创业，或者准备创业，或者正在创业的人来说，都是一本非常难得的书，相信大家读了以后一定会觉得有用。

是为序。

王方华

教授、博士生导师，上海交通大学安泰经济与管理学院原院长，上海交通大学企业发展研究院原院长，上海市管理科学学会名誉理事长

光谱两端的呼应

心耘兄和我曾经在上海交通大学安泰经济与管理学院共事多年,后来他去了飞马旅做创业导师,我也到香港中文大学商学院任职,已长久未能聚首。我收到他送给我的《创业避坑》的手稿后,一口气读完,虽然身处千里之外,但如晤其人。

当年安泰经管学院的领导班子相当多元化,我俩分处在光谱的两端:我是一位没有什么管理经验的戴着洋博士帽的理论经济学者,心耘则是一位曾经营过多家本土企业和教育机构的实践者。但是我们对学院共同的愿景及各自展示的职业精神令彼此很快就相互理解、相互尊重、相互信任、相互合作。

心耘曾长期主管安泰经管学院的高管培训工作和EMBA(高级管理人员工商管理硕士)项目,他丰富的实务经验令他与学员间有充分的共同语言,学院对于学员而言不再是高高的象牙白塔,而是可以为他们提供指导和支持的服务之家。自2011年起,在心耘兄主持下,安泰经管学院与上海市经济和信息化委员会联合举办"专精特新"中小企业领军人才培训班,加大了商学院参与培育创业者和创新型企业的力度。这个过程也许触发了他对于创新创业的年轻人的爱心,之后一发而不可收矣。

本书收集了心耘兄加入飞马旅之后为创业者解惑而撰写的辅导文章，所述或是战略要领，或是经营办法，或是融资要点，或是用人心得。每篇文章都短小精悍、一针见血，凝聚了他多年来对创新创业的观察和思考，不拘泥于建构理论框架，更是对创业的年轻人的警世之言。有幸接受过心耘兄辅导的飞马旅麾下的初创企业，必定受益匪浅。如今这些文章得以出版成书，可令天下更多年轻人受益，善莫大焉！

周林

世界计量经济学会院士，上海交通大学安泰经济与管理学院原院长，现任香港中文大学商学院院长、卓敏经济学教授

做创业者的登山拐棍

　　知道了我将从上海交通大学安泰经济与管理学院退休，袁岳就邀我到飞马旅，从事对初创企业的辅导工作。这一晃，就有 8 年了。这是极其愉快和充实的 8 年，其间与我深度交流过的创业者不计其数，不仅让我感到过往的人生经验又有了新的用武之地，更重要的是让我从这些充满活力的年轻创业者那儿学到了许多新知识，交到了许多新朋友。

　　大约是在为创业者们服务了 3 年后，飞马旅的小伙伴向我提了一个请求，他们希望我能将与创业者们交流过程中的心得写成文字，这样可以为更多的创业者答疑解惑，同时还希望我能争取做到每两周写一篇，写满 100 篇。让我自己都有些意外的是，我居然真的大体上达到了这些要求，并且在完成 100 篇的目标后没停笔，还继续写了一些。

　　我在写这些文字时，总是力图站在创始人的角度来理解创业过程中所面临的困惑，这就与很多投资人出身的创业导师不同；文中的内容并不是站在资本的立场，因此那些观点被很多创业者认为更为中肯，也更容易被创始人接受。

　　承蒙上海交通大学出版社黄强强编辑和张燕编辑的支持，那些原本零散的文章终于结集出版了。按照出版社的建议,我将选出的110篇文章重新梳理了一下,按照初创企业通常会出现的共性问题的三个方面,也就是战略、管理和融资,做了编排整理。

初创企业制定和实施战略有两个很最重要的视角,一个是用怎样的思维来应对经营环境与掌握的资源的变化,另一个是如何正确认识和把握创始团队自身。所以在"战略避坑"篇,分了两章,"避免思维陷阱"和"认清自己不容易"。

在"管理避坑"篇,讨论了最重要的两类管理对象:客户和员工;同时,学会选用合适的管理工具,这是初创企业的管理走向成熟的重要条件。所以该篇分了三章,"理解你的客户"、"理解你的员工"和"别用错管理工具"。

影响初创企业在融资阶段表现的最重要的两个变量,就是能否理解投资人和如何做好项目路演。所以在"融'资'避坑"篇的两章分别是"看明白你的投资人"及"当心搞砸你的路演"。

管理实务中出现的具体问题,并不能如学术研究的理论分析那样边界清晰,常常可能是一次踩坑中既有战略上的失误,也有细节把控的不到位;或者既有思维认知的不够,也有工具的不适配。所以本书在部分章节中也做了一些阅读提示,比如在"战略避坑"中未必讨论的只是战略,也有可能涉及融资技巧,或者还有关管理思维,其他章节也一样。读者在阅读本书时,可以按顺序阅读,也可以根据自己感兴趣的方面挑选章节阅读。

在整理书稿中常会使我踌躇不定难以下笔的是,书中针对特定场景提出的观点或建议在不同背景下可能需要调整,但碍于篇幅无法面面俱到。在落笔时我也常担心有些用词如果没有锐度,读者可能就不重视,而用词太突出,又怕被经验尚不足者误解。虽然遣词造句已是尽己所能推敲,但一定还是做不到万分周全,只能请读者在阅读时务必结合自己所面临的实际情况灵活理解,切忌机械套用。

......

曾有朋友问我,这么多年的创业辅导坚持下来,最突出的想法是什么?我想应该就是甘于做创业者的登山拐棍:

在前方有坑时,替你探路避雷;

在爬坡吃力时,助你一臂之力;

在不慎被绊时,给你一个支撑;

待一路平坦,它就在你身后为你加油。

登山拐棍在有事时可以是一个支点,没事时却亦不会成为负担。这也是我这些年与创业者们交往中的一个行事准则。

赵心耘

2023 年 11 月

第一篇　战略避坑

1　避免思维陷阱

2　认清自己不容易

第二篇　管理避坑

1　理解你的客户

2 理解你的员工

3 别用错管理工具

第三篇 融"资"避坑

1 看明白你的投资人

2　当心搞砸你的路演

第一篇　战略避坑

如果方向错了,停下脚步都是一种进步

1 避免思维陷阱

思维制约了想象，想象牵引了行为

创业企业的战略不复杂，就两句话

许多创业项目在成立之初，往往是几个创始人凭着一腔热血，稍做筹备就开始实施了。在业务方向还处于混沌状态时，"战略"常常只是一些模糊的构想，可是折腾了一段时间，渐渐看到了曙光，这时将"战略"清晰化的需求就凸显了。

关于企业战略的文献，用汗牛充栋来形容，一定也不为过，各种战略分析工具、战略评价模型更是数不胜数，各路专家对战略的见解也是五花八门。如果要让创始团队全面掌握了这些知识后，再来规划企业战略，这既无必要，也无可能。

其实，初创企业不用把"战略"制定想得太复杂，从这两点入手就可以：

我们到底要做什么？

我们准备怎么做?

一、做什么?

原阿里巴巴参谋长、曾任职长江商学院的曾鸣教授提出过一个关于战略思考的极简模型,可以用三个词来概括:想做、可做和能做。

我们可以用下图表示这三者之间的关系:

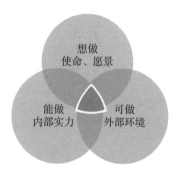

制定战略的第一步是确定"做什么",其实就是找出"想做、可做和能做"之间的那一小片交集。由于外部环境和内部实力会不断发生变化,即使找到了那片小小的交集,它仍然是动态的,因此需要经常回头看看那片交集是否还在原处。

"想做"的应该是创始团队发自内心向往的"远方",这个"远方"可能一开始并不清晰,因此很难精准描述。我们曾经发现团队成员在用同一个"愿景"表述时,其实讲的并不是同一层意思。所以我们经常会建议,无论多忙,创始人仍然要挤出时间与团队交流,以保证核心人员对未来憧憬的认知能大致同步。

如果我们把这三个圆想象成三个可以啮合的齿轮,当其中的某一个齿轮成为动力轮时,就会形成三种不同的驱动战略:愿景驱动、需求驱动和能力驱动（见下图）。

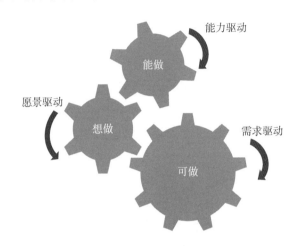

无论是哪种驱动战略，好的战略都应该使三轮良好啮合，同时转动，所以最后三种驱动战略往往是殊途同归。

许多创业型企业都是从发现一个市场机会开始，也就是从需求驱动起步的。但在之后的过程中慢慢形成了自己的独特愿景，然后在不断的坚持下，逐步又形成了愿景驱动的战略。

也有的企业只坚持做自己擅长的业务，扬己之长就成了一种愿景，这样的能力驱动就等同于愿景驱动。

二、怎么做？

搞清了什么是可做的、什么是能做的，"怎么做"似乎就已经呼之欲出了。但还是有一些创业者会纠结，究竟应该重点规划技术还是资金，是产品先行还是渠道重要，等等。

实际上，战略实施计划就是运营逻辑的设计，即规划企业的人、财、物、信息如何组合，如何互相发生关系，又与外部的人、财、物、信息怎样构成互动关系。

技术和资金、产品和渠道，当然都重要，但更重要的是维持它们互相之间及与整个系统之间的平衡。也就是说，在整个系统的动态平衡中，要知道哪一个方面最有带动力，哪一个方面会成为瓶颈，这些都是"怎么做"的重点。所以"怎么做"归结起来也是两句话：要么"扬长避短"，要么"扬长补短"（参见《创业的小船有点漏，堵洞还是继续冲？——补短与避短》）。

建议初创企业规划"怎么做"的时间跨度以半年为宜，甚至 3个月也可以，不必超过 1 年。

曾经有创业者对此表示过疑惑，那么短的时间不就成了"战术"了吗？战略跨度不是都要 3 年以上吗？其实我们这样建议是因为：

（1）战略与战术的本质区分并不在于时间长短，主要看规划涉及的内容会不会对系统产生整体影响，能不能带动全局。

（2）初创企业的业务方向一般还在试错的过程中，小步快走是更好的选择。

所以，初创企业的战略就两个词："做什么"和"怎么做"。扩展开来就是两句话：

第一，找出想做、可做、能做的那一小片交集。

第二，摸索出能适合那一小片交集的运营逻辑。

有方向感的短视，也许更容易胜出

商学院的课堂上，教授们总是告诫学员，企业一定不能目光短浅，要有愿景，要有战略，要有长远的顶层设计；而商业大佬们则告知创业者，要有定力，即使面临绝境，也要相信"相信的力量"。

可是，飞马旅曾经帮助了几百家创业企业，但凡成了一定规模的企业，几乎没有一家是完全按照创业之初的设想发展的，也几乎找不到一家即使头破血流也仍然坚持一成不变的所谓发展战略而居然还能存活的企业。

所以很多人就会怀疑，教授和大佬们的教诲到底靠不靠谱。

事实上，我们做创业项目交流时，有时会告诉创业者，不要想太多，先干了再看，可以边干边调整；有时又告诉创业者，一定要规划未来，要想明白自己要的到底是什么。

这看上去是不是有点矛盾？

凯文·凯利在《失控》中曾描述："在连接松散的系统里，比如生态系统、经济系统、文化系统，发生的是不那么结构化的适应性调整。我们对松散系统的一般动力学所知甚少，因为这种分散的改变是杂乱的、无限间接的。"

创业面对的就是一个符合凯文·凯利描述的极其复杂的经济和文化系统，而我们的能力还无法对这样的松散系统作出精准预测，所以太具体的长远设想会落空，几乎是可以肯定的。

有些创业者，地基还没打，就在想将来在屋里到底要养几个娃，几个是男娃，几个是女娃，谁从政，谁经商，谁能捧奥斯卡奖，谁去冲击诺贝尔奖。其实这样的创业者，更应该多思考的是明天到哪里去找砖和瓦。

但如果创业者今天拣到一块砖，就说我要建大厦，明天找到一片瓦，就觉得自己能盖宫殿，这就成了机会主义者。你至少得明白，眼下更急需的到底是砌一个灶台，还是垒一个炕。

所以不是不要愿景、战略，而是因为企业创立之初，掌握的资源不够，受外部环境的制约太多，自己可控的部分非常少，创业企业的未来蓝图只能是大体上的一个描述，是一幅写意画，朦朦胧胧。当然，有了那些粗略的勾勒，就可以去做各种填充。

凯文·凯利推崇"有限的前瞻"。他认为面对连接松散的经济、文化、生态等系统时，短视是有正面意义的。

比如有一位创业者，因为推崇简约精致的文艺生活方式，又希望世界能变得越来越绿色，所以就想创业做一个时尚有气质的二手循环精品空间项目。虽然目标很大，但他还是从自己熟悉的领域起步，先开一家文艺有格调的二手门店，再逐步向其他类别拓展。对这位创始人而言，二手循环精品空间项目只是一个大概的方向，而眼下最要紧的还是一堆开店的琐碎小事。

我们相信有方向感的短视会带来更多胜出的机会。所以，当创业者对未来的憧憬太注重细枝末节时，我们就劝他别过分纠结；但如果你总是只看到眼皮底下的那些坛坛罐罐，我们就会要求你至少对未来有一点梦想。

心中不能迷失诗和远方，且眼下必须能稳扎稳打。

你能两句话讲清"盈利模式"吗？

创始人经常会被问到的问题是，你的盈利模式是什么？许多创业者一旦被追问，就会紧张。有人说盈利模式有 40 种之多，也有人更夸张，总结出了 100 多套盈利模式。创始人的紧张，往往源自弄不明白到底什么是盈利模式，或者自己的盈利模式究竟应该归为哪一套。

如果查一下百度百科，它是这样说的：

> 盈利模式是对企业经营要素进行价值识别和管理，在经营要素中找到盈利机会，即探求企业利润来源、生产过程及产出方式的系统方法。还有观点认为，它是企业通过自身及相关利益者资源的整合并形成的一种实现价值创造、价值获取、利益分配的组织机制及商业架构。

如果按照这样的定义来解释自己的盈利模式，创业者一头雾水就很正常。

其实，回答"盈利模式"的问题，按套路答就一定是想多了，它并不需要这么复杂，而是只要讲清楚两点就可以：

——钱从哪里来？

——钱花哪儿去？

如果你进的钱可以比出的钱多，你的盈利模式就成立了。

短期是否活得下去，看如何花钱（现金流、成本管理）；能否活得好，活得久，看如何挣钱（开源、营销）。

如果想不明白钱是怎么来的，也搞不清钱应该怎么花，那这样的盈利模式就很难成立了。

那么，钱能从哪儿来呢？从项目运营的角度看，途径无非有两种。

一、你的产品或服务能直接变现吗？

能使你的项目直接变现的方法可能有两种：

一是你做了别人没做过的，即你的产品或服务解决了用户从未被满足过的需求问题（痛点）。

二是别人虽然做了，但你比他做得更好，即你的产品或服务能比别的竞争者更好地满足用户的需求：

（1）为用户提高了效率或降低了成本（经济性）。

（2）更精准地满足了用户的需求（个性化、精准性）。

（3）提供了某种特别的感受（体验）。

只要能做到以上几点之一，你就有理由向用户收费。

二、你的产品或服务能间接变现吗？

如果你的产品或服务不直接变现，那么可以和其他产品或服务交叉补贴吗？

比如，免费发的报刊，是用广告费来补贴发行费的；提供搜索服务的平台，依靠广告或开发，利用用户的数据信息来盈利。交叉补贴的业务,关键不仅在于免费提供的产品或服务本身确实能满足用户所需,还在于免费(或部分免费)的产品或服务能换来什么,换来的东西(用户的注意力、数据、企业形象等)能变现才是更重要的。那些认为免费就会有流量,有流量就可以挣钱的想法,其实是很幼稚的。

相比直接变现,交叉补贴的业务会带来更多想象的空间,充满挑战和诱惑,当然因为更复杂,所以难度也更大。

很多专事盈利模式培训的大师、专家都只喜欢谈可以收钱的途径,根本不谈"代价",这实际上就是默认收费模式就是盈利模式了。这当然是不对的,因为"收入"和"支出"是盈利模式的一体两面。只谈收入的模式是"赢利"模式,而商业模式的基础应该是盈利模式而不是"赢利"模式。

如果满篇的商业计划书(BP)只有"赢利"模式,也就是只谈收入,而不提成本会是多少时,很容易会被怀疑这是一个入不敷出的项目。

特别要警惕的是,项目的社会代价往往会被忽略考虑。其实会产生严重次生灾害的项目(如一些污染企业、某些靠高补贴生存的项目),即使项目本身能有收益,也很难形成一种健康的盈利模式。所以如果一个项目的社会价值不是正向的,即使暂时看得到商业价值,项目也很难走长远。

"融'资'避坑"
也可以参考本文

用商业价值矢量模型看"新消费"

有些创业者会想当然地认为,零售转型新消费的创业机会,是不是就意味着要在消费水平的提升上着力,即所谓的消费升级,这正确吗?

一、商业价值流模型和商业价值矢量模型

"零售"处于商业价值流模型(见下图)中的"传递价值"环节:

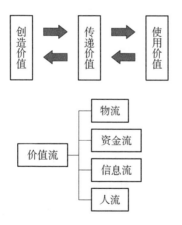

从物理意义上我们知道,将一件物品从一端传送到另一端,最好要做到三点:

(1)损耗要少,即效率要高。

(2)准确送达,即送到的就是我想要的(包括时空一致的

要求）。

（3）沿途风光旖旎，即过程也要愉悦。

引申到商业上，同样我们对传递的商业价值也可以用对应的三个维度来考察：

（1）经济性。

（2）精准性（个性化）。

（3）用户体验。

这样我们就可以用这三个维度来构建商业价值矢量模型（见下图）：

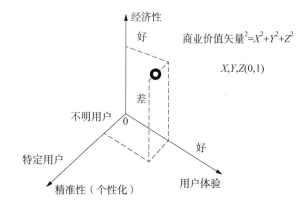

通过这个模型我们可以看到，厂商提供的产品或服务，在三个维度中的任意一个维度得到了提升，最终都可以使商业价值得到提升。若在某个维度上有短板，也可以通过其他维度拔高，使得最终的商业竞争力不减。

尽管这只是一个思维模型，但显然，通过适当的赋值（如用户评价和加权），也可以用这个模型对企业产品或服务的竞争优势给出量化的评价，从而指引改进的方向。

二、商业价值矢量说明的新消费

我们认为，"新消费"就是被传递的商业价值（产品或服务）在商业价值矢量上被消费者认为较从前有提高，从而满足或唤醒了某种潜在的消费需求。这种商业价值矢量的提高可能是三个维度的一个或几个方向上的评价提升后所导致的；也可能是三个维度中的评价有升有降，但总体矢量值提高导致的。

这种"新消费"可以由目前的零售环节通过在价值矢量三个维度上的进步来完成（这或许也可以称为"新零售"）；但也完全有可能由价值创造端的推动（越过价值传递端）来直接达成——从厂商到消费者（F2C）或制造者对消费者（M2C）模式；甚至再进一步由价值使用端反过来推动价值创造端而形成新消费领域，也即消费者对工厂（C2F）或从消费者到制造者（C2M）模式。

"新消费"显然要比"新零售"的内涵更宽广、更丰满，更重要的是它可以摆脱只是"售"货的联想，不必拘泥于如何在"人、货、场"三要素的组合上找出路。直接从三个维度入手，可以帮助从业人员在更开阔的领域打开思路，创造出新的消费动能，从而为推动经济新的发展做出贡献。

"新消费"的概念，也可以为政府部门在制定产业发展政策时提供新的依据。比如，上海提出要打响四大品牌——"上海服务""上海制造""上海购物""上海文化"。如果把"上海购物"换成"上海消费"，也许想象空间就更大。况且现在"购物"已经不必在地完成，但是消费完全可以设计成在地的。

从价值矢量模型来看，"新消费"显然不同于"消费升级"（一般认为"消费升级"的指向是高端消费、品质消费）。而从价值矢量模型来看，提升商业价值的途径是三个维度组合的结果。比如，当你从精准性维度出发，针对某些消费群体，去掉了产品或服务中的一些非必要功能后，尽管这很可能使产品或服务从"高端"变成了"低端"，但总的价值矢量提升了。所以"新消费"既可能是"消费升级"，也可能是"消费降级"。

创业避坑

"新零售"是伪命题吗？

据说零售的关键就是"人、货、场"，很多专家也信誓旦旦地断言，新零售脱离不了这三个要素，所以新零售的出路仍然应该在这三者的组合中寻找。可是，假如这是真的，这还能算是新零售吗？

一、"零售"的作用？

从前文的商业价值流模型中，我们可以看出零售业的功能就是传递价值。

之所以会有传递价值的这个环节，是因为创造价值端与使用价值端之间有距离。两端之间的距离有两类：空间距离与心智（认知）距离。只有同时克服了这两者，价值传递才能最终完成。

我们通过物理位移解决空间距离，通过信息交互解决心智距离。传统的零售可以同时具备物理位移和信息交互的功能（资金结算实际上也可看作信息交互），在传统商业背景下这两者的叠加使得价值传递的效率更高，成本更低。

"人、货、场"本质上是在同时解决物理位移与信息交互的问题。

然而，信息技术的迅猛发展，使得创造价值端与使用价值端几乎可以零距离信息交互，传统线下零售业的功能正被蚕食，有更多的方式可以代替由原来的零售业承担的信息交互功能，且效率更高,线下零售因此由于"跛脚"而失去优势。

可以想象,从消费者的角度看,贴近社区、办公场所的便利店和无人货架等,在空间距离方面仍占有优势,而大卖场、综合百货之类的终端在失去信息交互的优势后,在空间距离上不占优势,"跛脚"就更明显,所以会受到更大的经营压力。

二、"零售"会向哪里走?

我们还可以分别从品牌厂商和终端两个角度来看,它们各自会发生怎样的新变化?

对品牌厂商而言,实际上要解决的是高效传递价值的问题。缩短价值创造端与价值使用端之间的距离是最直接的手段。价值传递中的物理位移与信息交互可以分离后,为厂商提高价值传递的效率提供了更多的选择。显然从厂商的角度看,价值传递并非一定要通过零售行业来完成。"人、货、场"是可以分离的,并不是一个非得组合的概念。

我们可以想象,如果由价值创造端来推动智慧家庭入户及智能办公的话,就更有可能使传统零售业成为炮灰(只有信息匹配作用的零售电商应该也会受到影响)。比如,智能冰箱就很可能废掉菜场及现在红极一时的经营生鲜的"新物种"们的大半武功。除了冰箱之外,卧室的床垫、卫生间的牙刷和坐便器都会成为价值创造端争夺的焦点。

所以对厂商来说,从长远看更要讨论的可能不是"新零售",而是要不要"零售"(行业)。也许物联网、数据分析、物流效率提升等等,最后不是成就了新零售,而是废掉了"零售"。

从价值传递端来看,出现了美团、饿了么之后,外卖并不能让我们多吃一次午餐，无论怎样改善价值传递环节，如果只是从销售上着手，不管线上还是线下如何努力，那么对消费总量提高的贡献总是有限的。

对线下零售终端的从业者来说，真正要解决的实际上是"坪效"问题，也就是空间的效益到底可以来自哪里。空间效益未必一定要来自售货。空间的效益可以从主要来自消费物资，转移为消费时间，或者是消费物资与消费时间的组合。所以将来对某个具体的物理空间而言，购物可能不再是空间消费的主要标的，也可能只是消费的媒介或道具。这样，未来我们见到的也许只是空间经营者，而不见纯粹的零售业了。终端从业者的"新零售"应该就是不为"零售"而零售了。

终端的从业者更应该关心的不是零售方式的新与旧，那只是在传递价值（当然，如何使价值传递得更有效率，是参与者无论在线下还是在线上的永无止境的追求），而是在这个过程中怎样附加甚至创造出新的价值——不仅成为价值传递者，同时也要成为价值创造者，创造出新的消费，这样才能真正产生经济新动能。

一个不再纯粹的零售业态，还有必要非得称为"零售"吗？

三、"新零售"莫如"新消费"

"新零售"如果仍然只是在"人、货、场"的概念上为"售货"找出路的话，那很可能不过是一种过渡性质的不稳定态而已。

比如，那些城市综合体中的新型"书店"，假装还在卖书，但从本质上说，实际上现在的经营方式是在为消费者提供空间，让他们愿意在此"消费时间"，是卖"书"还是其他什么商品，其实并非那么重要；当然在为消费者提供了逗留理由的同时，那些审美与调性同综合体的定位匹配的"书店"，也为周边空间起到了引流作用（而这才是更有意思的可变现途径）。

　　毕竟真正应该关注的是新消费，零售不过是手段而已。而新消费更应该将 C 端（消费端）作为思考的起点，但现在我们见到的大多数关于新零售的讨论，还仍然是以 B 端（企业端）为出发点。

莫让"竞品"蒙蔽了我们的眼睛

大多数的投资机构会要求递交的 BP 中必须包含竞品分析的内容,但对一个创始项目来说,竞品分析到底应该放在什么位置?

我在每周例行出席的 BP 诊断室见过一个饮品创业项目。该项目的创始人声称团队对竞争对手进行了充分研究,找到了他们的致命弱点。针对竞品的这些弱点,团队已经投入了数百万资金,在境外研发了一款新品,采用了新的工艺路线,对人体更安全、更健康,因而可以与市场上的其他饮品拉开差距。创始人还特别强调,这种新的工艺别人很难学会,因此产品的壁垒很高。

这是很典型的竞争制胜思路。我们即使相信创始人对竞品的分析完全正确,但有了进入壁垒就有市场吗?

高高的壁垒可以把竞争者阻挡在外,但围在城墙内的究竟是广袤肥沃的田野,还是一小片荒漠?

我们试喝了这款新品,口味与市面上其他同类饮品的区别似乎并不明显。这样,项目方强调的"更安全、更健康"能不能成为消费者的购买动机,就成了关键。

一款饮品能否吸引消费者购买,色、香、味,包括外包装是激励因素,而健康、安全则只是保健因素。促使消费者决策购买的总是激励因素,而让消费者反对购买的才是保健因素。不健康、不安全的饮品会没有销路,但如果没有色、香、味的足够刺激,更健康、更安全的饮品并不天然就有市场。即使壁垒抵挡了侵入者，但围起来的并不见得是诱人的大片肥田。

其实，对竞品琢磨过多，往往就容易误入歧途。如果总想着找到对手的软肋，然后一剑封喉，就很可能被蒙蔽双眼，忽略了真正决定成败的要素。

真正的胜负手，是对目标消费群体的深刻理解，以及基于这种理解的解决方案。竞品的存在只是干扰了你的执行，但并不决定你行动的对错。

农耕民族会建造万里长城，以保护无法搬移的家园和农作物；而游牧民族决不会挖河垒墙，去守住草原和迁徙的猎物。

所以，对一个相对固化的市场来说，竞品层面的干扰和争夺会直接影响企业的发展，进入壁垒的保护作用就会比较明显，竞品分析显然必不可少；而对于一个快速发展且变化多端的市场，有没有壁垒对企业竞争力的影响并不大，关键在于企业对市场变化能否及时感知，响应速度比防备竞品更攸关生死。

如果你觉得你的项目成功与否的最重要因素是与竞品一争高低，那很可能你选择的市场是"红海"，而不是"蓝海"。

一般而言，在选择进入什么样的目标市场时，分析目标用户就属于战略；而如何与其他竞品格斗，只是在进入某个目标市场后的战术层面的动作。所以我们总会强调，企业（特别是规模企业）的决策层不能把主要精力放在讨论竞品上，而企业的销售负责人需要瞪大眼睛盯着竞争对手，终端促销员就更得天天与"友商"肉搏了。

所以，"竞品"可能是企业基层的梦魇，但不能成为高层的困扰。要知道比竞品更防不胜防的是消费者的喜好转移和所谓的跨界、降维打击。

以前，我们在面试应聘者时，只要遇到喜欢夸夸其谈，对我们的所谓竞争对手做分析，以显示其对行业很了解的人，通常就会投否决票。其实我们很少谈论同行，也不太留意别人的动向。我们更愿意把时间放在目标消费群体上，太关注同行，只会局限我们的视野，让我们的格局变小。

老子曰：以其不争，故天下莫能与之争。

"管理避坑"
"融'资'避坑"
也可以参考本文

有优势并不等于有壁垒

创业比赛中经常会被问到的问题是，项目的壁垒在哪里？

这种语境下的"壁垒"，通常就是指市场竞争中的进入壁垒。因为类似的问题与竞争对手有关，所以很多创业者都会用与竞品的对比分析来作说明，比如本方的产品成本更低、质量更优、发展前景更好等，以此来证明项目是有"壁垒"的。

其实这样的分析只是描述了项目的优势，并没有直接说明壁垒。因为即使你的判断都符合事实，也不代表你所具备的优势能阻挡竞争对手未来改变他们的劣势。

更好地分析壁垒的方法是说清楚以下两点。

一、竞争对手有能力做好同样的项目吗？

如果你的项目对其他人（现有的和潜在的竞争者）而言，他们都做不了或做不好，那就是有"进入壁垒"了。进入壁垒大致上可以从四个方面去衡量。

（1）政策（政策性保护或限制规定、准入牌照、其他法律规制……）。

（2）自然、技术（自然条件、知识产权、技术诀窍……）。

（3）商业模式（规模经济、上下游关联、成本控制、运营差异、行业进入时机及速度……）。

（4）文化（品牌认同、顾客忠诚度、地域差异……）。

如果你只是在某些痛点上解决得比其他竞品更好，并不代表你就有了壁垒。只有当你能始终保持以上四个方面中的一点或几点优势，使得其他竞品想赶上却又无法赶上时，才构成了壁垒。

二、竞争对手想做同样的项目吗？

你能做到的，其他人也有可能做得到，但当其他人并不愿意做你正在做的项目时（且项目本身确实是有价值的），这也会构成另类壁垒。

一般而言，能做而不愿做的可能原因也有两种：

（1）苦活、脏活、累活。

如果能把苦脏累干得不苦不累了，实际上就跃升了一级，也就是你掌握了别人还没掌握的诀窍了。真正厉害的是，能轻松愉快地应对苦活、脏活、累活，这实际上是拿别人当回事不愿放弃的东西，如"面子"或"享受"等来变现。其实只要你不在乎那些竞争对手继续在乎的东西，你的项目也可能有壁垒。

（2）鸡肋项目。

有些项目别人能做却不愿做，因为这些项目对他们而言代价很高，预期收益却很低。对这些看起来食之无味、弃之可惜的项目，你若有在"鸡肋"中掘出金矿的独门秘籍，那也能构成壁垒。

"融资避坑"

也可以参考本文

有幸遇上"难进易出"的行业，那就好好经营吧

刘董掌管的是一家大型国有企业。有一天他说，他的企业面临两个机会：一是可以收购一家二甲医院，二是投资一个养老养生项目。刘董自谦说，他不太懂这两个方向，所以想问问我的意见。其实涉及的这些业务我也不懂，但我说，如果一定是二择一，那就选医院项目吧。

刘董好奇地问："为什么？"

我说："因为进入壁垒与退出壁垒。"

"进入壁垒"是指对某个行业而言，新进入者和潜在进入者可能会遇到的种种不利因素，这种不利因素构成的障碍，实际上也形成了对已经在行业内经营的既存企业的保护。所以进入壁垒会影响行业的竞争烈度。

那么是不是只有进入壁垒会影响竞争烈度呢？其实还有一个"退出壁垒"，也会影响行业竞争烈度。

"退出壁垒"是指行业中的既存企业在退出经营时，会遇到的困难和要付出的所有代价。退出壁垒低的行业，其中的企业一旦发现经营困难，可以用较低代价退出竞争，一些企业退出后，行业内的竞争对手就减少了；而退出壁垒高的行业，企业即使经营不善，也无法就此放弃，或者放弃的代价很高，企业就不甘放弃。企业进来后退不出，就会加剧行业竞争烈度。

构成退出壁垒的因素，主要是以下三点：

（1）经济损失。

企业退出竞争会有多大的经济损失，往往是企业能不能下决心退出行业的最关键因素。专用的装备、设施投入越大，损失就会越大。比如，互联网企业的"码农"如果转行，他们辛苦编成的代码就毫无用处，投入归零；共享单车企业不经营后，之前投入的所有自行车，基本就无法变现。

（2）政策限制。

有些地方政府会给予一些行业特殊的扶持，政策上也会设置某些限制条件，防止某些企业享受优惠条件后又轻易退出；有时为了维稳，政府也会出面协调，劝阻经营不善企业的停产。

（3）文化障碍。

企业退出经营肯定会有形象损失，越是知名的企业就越在乎这种损失；还有些经营者对承认失败会有心理障碍，做不下去也要死撑，还自我安慰要相信"相信的力量"。如果行业中充斥着信奉"好死不如赖活"的企业，那么在业内难免就会引起血雨腥风。

由下图可见，进入壁垒较高的行业，其平均利润会高一些；退出壁垒较高的行业，既存企业的经营风险会高一些。

当进入壁垒低、退出壁垒高时，行业的竞争烈度最高；而进入壁垒高、退出壁垒低时，行业的竞争烈度最低。其他两个象限的竞争烈度介于两者之间。

医院项目有严苛的审批门槛，而所有被严格控制的行业执照都可以形成行业进入壁垒。依据目前的政策，医院牌照是稀缺资源，万一退出经营，牌照可以轻松转让，所以退出壁垒就不高。因

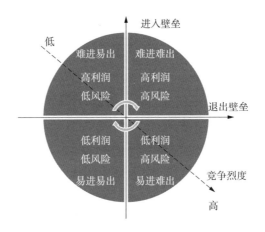

此,医院项目就处在"难进易出"的行业中,竞争烈度最低。刘董遇到这样的机会,当然应该好好抓住。

"理论"指导的创业，常常会变滑稽

一日，我与同事一起看完项目，复盘时他触景生情，说今天的项目让他想起了曾经的一段创业经历。他们当时做了一个心理咨询项目，其中主要有两个方向。做了一段时间后，发现两个方向的业务进展情况是有差距的，一个方向的业务量占到60%多，另一个占30%多。创业团队的小伙伴们都有很好的教育背景，他们了解"聚焦"理论，觉得应该用理论指导一下，于是将业务做了归拢，砍了那个收入相对较低的方向。又运营了一段时间，大家发现保留的这个项目确实增长了一些，但因为增收抵不上被砍的另一个项目的收入，所以导致总体收入反而明显下降。这就有点让人哭笑不得了。

"聚焦"的意思就是把有效的资源往一个方向集中，这样更容易建立起某方面的优势，这显然没错。但如果你所具备的资源优势本身就是离散的，比如懂"婚恋"心理的咨询师不擅长"职场"心理，那已经积累的客户群就不能跟随迁徙，因此，"聚焦"不见得是有效资源的叠加，损失也就不可避免。另外，初创企业的所谓优势，其实都很脆弱，业务量的60%与30%，不见得真正代表了企业未来机会上的差别。并且，在试错阶段，有现金流的业务对企业的存活可能会有非常重要的意义，所以更要慎重对待。

还有一个创业企业的例子。陈总的企业是一家重运营的物流平台企业。他们听了一些专家的建议，试行推出城市合伙人模式来拓展外地市场。可是实行了一段时间，发现效果并不理想。"为什么所有的专家都说应该用城市合伙人模式，可我们用得并不顺手。"陈总忍不住问，"到底是我们使用的方法不对，还是这种模式根本就不适合我们？"

其实，"城市合伙人"本质上仍然是一种加盟模式（无论是否涉及股权合作）。只要是加盟模式，最大的问题就是如何平衡发展速度与控制力度。"加盟"与"直营"模式比，发展速度会比较快，但由于"同路不同心"，对末端的控制力度肯定就要低许多，质控风险就大。而对一个运营风控要求比较高的企业来说，流程一旦失控，带来的后果是很严重的，所以陈总难免会对运用这种模式感到不怎么顺手。在"速度"并不是当前的首要选择时，"加盟"当然就不会是最佳途径了。

就像每种药，都有它的适应证，同时也会有不良反应一样。每种管理模式既有它的适用范围，也一定有它无能为力之处。只讲疗效，不讲副作用的，就是伪科学。

任何时候，当听说某种理论可以包打天下，你就一定要远离了。

从早期的"鸡蛋不能放在一个篮子里"，到后来"必须聚焦、聚焦再聚焦"；从"品牌"决定一切，到"定位"解决一切；从互联网思维就是免费思维，到免费的就是最贵的；从"要么电子商务，要么无商可务"，再到没过几年又出现的"新零售"，"新物种"们要线上突围，却转向线下找机会了。

实践在发展，理论就需要变化，但新的见解总喜欢扮演颠覆者，用否定之否定的方法来吸引关注。尽管这也算是"理论"的不断充实和丰富,但只要把话讲得极端了,过后就难免会成为笑话。那些过头的话,讲得越肯定,就越要打问号。

所有的管理理论都有应用的边界条件,场合变了,结果一定也不同。不迷信"专家",对时髦的"理论"免疫,敬畏逻辑,相信常识,可能是避坑的最佳方法。

"管理避坑"
也可以参考本文

真佛只说家常话

——"常识"才是更妙的理论

一名律师出身的创业者,做了一个网上维权的项目,针对电商中的假冒或者恶意傍名牌的行为,开展打假。项目的收入构成中除了一部分来自品牌方的委托业务收入外,还有项目对自行搜寻到的违法企业或个人采取法律行为后的收入(比如和解费用等)。项目切入点看上去确实击中了线上交易的痛点,因此积累了不少与之合作的维权品牌,也在参加各类创业比赛时,多次斩获奖牌。

但假如我们用常识推导一下,如果这类项目采用的方法真的有效,网上的假冒行为自然将趋于绝迹,那么到那时项目将怎样维持呢?

如果老鼠越抓越多,说明养猫不顶用;但老鼠全抓完了,猫同样也没作用了。所以猫的"理性"选择应该就是,与鼠达成默契,维持一定的鼠量。因此,这种项目如果纯粹从商业上考虑,最后很可能走入灰色地带,会面临道德风险。

又比如,很多创业者号称自己的项目可以收集数据,因此就认为自己的项目价值可以得到更高的估值。

其实"数据"能不能得到高的估值,在于两点:

(1)价值。也就是数据有没有用,对谁有用?

(2)经济性或独占性。这些数据如果有用,是不是只有你能掌握,别人有没有可能用更低的成本来获得这些数据?

比如,共享单车刚出现时就有人鼓吹,光是其掌握的海量骑行数据,将来的价值就不可估量。其实,如果是人体数据,从家里的床和卫生间的牙刷、马桶中获得的就比自行车鞍座直接得多;如果是行程数据,从口袋中的手机和街头密布的监控中获得的,比片段式的骑行过程就更连续、更完整。

我们所见到的很多号称能积累数据的创业项目,其数据的价值其实大多经不起常识层面的仔细推敲。

所谓常识就是普通的、基本的知识,是几乎人人都知道的事实。也许正因为常识太普通、太基本了,所以有些创业者就不屑于将自己的商业模式建立在常识的基础上,而是喜欢用各种新名词、新概念来堆砌他的"前卫"项目。

创业者要抵御头脑发热,最好还是回归常识。"新"的模式如果用"常识"判断行不通的话(这和"看不懂"不一样,"看不懂"是指超越了我们的认知,用我们的知识既不能肯定,也不能否定),一般就没戏。

回归常识当然并不意味着我们熟知的"常识"都是正确的。史蒂文·兰兹伯格写过一本书,书名就叫《为什么常识会撒谎》。那些我们习以为常的基本认知也有可能是错的。更重要的是,如果我们止步于已知的"常识",那世界又如何进步呢?

突破"常识"的局限,会把我们带入新的境界,但这一定是构筑在我们已有的认知和逻辑基础上的重建,也就是说,仍然不可能脱离我们的"常识"。

最妙的认知是基于常识又不拘泥于常识,突破固有的认知,却又能用"常识"很贴切地解释,使人恍然大悟。

所以，我们总是告诫创业者们，在商业计划书或路演中的观点绝对不要违背常识，但可以用这样的句式：

"通常大家都认为这件事是这样的……但经过我们的实践（调查），发现这件事其实是那样的……"

如此，你的发现就会成为我们的一条新"常识"。

如果发现有人讲话时，理论一套又一套、术语一个接一个，不会用"普通话"表达，喜欢将简单逻辑搞复杂，那很可能就是遇上了一个有"知识"没常识的人。对于这种人讲的话，听听就好，千万别当真。

想起曾在贵州一位朋友的办公室欣赏过一条字幅：

真佛只说家常话。

"融'资'避坑"

也可以参考本文

商业进化，不是为了让企业变得更强悍

"进化"这个词在商界似乎一直很热，企业家们都很关心"进化"的方向。商业进化，行业进化，终端、渠道、零售业进化等话题都很受欢迎。最奇怪的是，还有人提出了个人的进化。

这可能是因为"进化"这个词很容易让人联想到"进步""前进"，有些朋友就想当然地以为，"进化"了的意思就是变得更强大。个人强大了可以少受约束；企业强大了，即使做不到一家独大，至少也能更游刃有余吧。

我们知道社会进步的表现是，脱离弱肉强食的丛林法则，社会变得越来越"文明"。而"文明"的表现就是评判是非要讲"道理"，而不是拼"实力"。

所以"文明"就是遵守规则，与之对立的"野蛮"就是谁凶谁胜。

但现实中"文明"有时难敌"野蛮"。比如，在公共场所，泼妇和淑女发生纠纷，大概率强悍的泼妇气势更盛。一对一对阵，"道理"未必总能压住"凶蛮"。这是不是让人有些尴尬？

假如让现代人裸身穿越到古代的话，会发生什么？没有了现代科技文明产品的支持，与体魄强健的"野蛮"古人比，现代人不会比古人更厉害。尤瓦尔·赫拉利在《人类简史》中说，如果要爱因斯坦模拟远古人狩猎或采集的敏捷灵巧程度，前者必定是远远不及的。

社会进化的结果是，"文明"使个人的自然生存能力更弱了。医疗的进步、生活条件的优越和物资的极大丰富，使得人类中出现的较弱基因不会被自然淘汰。作为个体，人类对自然界威胁的抗御能力实际上是退步了。也许我们更弱不禁风了，我们更依赖药物了，我们几乎没有了脱离科技产品后的生存能力——没了电，相信很多年轻人，连如何生火煮饭都不会。

社会进化的结果作用于个体，尽管看上去与自然选择反方向，但就整体而言，人类的文明进步，使全人类的生存能力提升了。

所以我们看到了，也许论体能，农民会比不过牧民，工程师比不过农民，但农耕取代了游牧，工业超越了农业。

商业进化的结果应该也是如此。商业进化追求的目标不是个别企业更强大了，而是整个生态更健康了。

尽管可以用许多理论模型和实例来证明，从个体上看，不守规则的企业会比用诚实策略的企业更占竞争优势，但商业文明的结果一定是投机取巧的"聪明"企业更少了，循规蹈矩的"老实"企业更多了；想怎么干就怎么干的强势企业越来越少了，自我约束、重视自我责任的企业会越来越多。

简单的道理就是：泼妇赢得了一时，赢得了一世吗？强悍者也许开始时能占到上风，但在文明社会中，只要社会力量开始发生作用，再"厉害"的角色也不能逆势而为。

一家良心企业往往斗不过黑心企业，但一群良心企业会比一群黑心企业更有生命力。

严复在翻译《天演论》时，并没有用"进化"这个词。据说，严复反对用"进化"这个词，是因为生物遗传在世代间的变化，根本就无所谓是"进步"了，还是"退步"了。所以，也有不少人认为用"演化"

这个词比用"进化"更合适。我觉得这挺有道理,因为这样的话,就至少会减少诸如——世代的演变就是变得更强大——之类的暗示了。

　　"适者生存",不是强者生存,也不是聪明者生存;用在商业上,就是企业的发展方向未必就一定是要"做大做强"。

把战略当成愿景，手段就会异化为目标

有朋友到一所大学任院长。在一次闲聊中，他说要把"国际化"作为学院的愿景，我问原因，他说学校走向国际化才会被认为是一流的。我继续追问，办一流学校的目的是什么，他说学校一流就表明培养的学生是一流的呀。我说，既然这样，你可以把培养一流学生作为愿景，而国际化是战略，是为了实现愿景选择的手段。朋友想了一下问，这有区别吗？

这当然有区别，如果你把国际化作为追求目标，那么关键绩效指标(KPI)就会围绕国际师资、国际生源或者国际影响力等展开，它们未必与培养一流的本土学员直接相关。而你的愿景如果是培养一流学员，那么国际化只是手段之一，如果它与目标相抵触了，是可以更改放弃的。

一、别将战略当愿景

将战略当成愿景，其实也是创业者们容易犯的错误。

比如，很多创业企业喜欢这样描述愿景：成为××行业的销量领先企业。甚至有些企业的愿景是在××行业做到市场份额世界第一。

立下这样的目标的企业，看起来雄心勃勃，但我们也常看到，这样的企业很容易出现过激的经营行为，对竞品、友商会过于敏感，市场表现有时会大起大落。所以我们总是会劝初创企业不要这样订立愿景。

如果我们从为客户服务的角度来订立愿景,比如"成为物流解决方案的最佳供应商",那么,为了能更充分地提供优质的产品,让顾客能随时随地方便地享受到一流的服务,当然需要有更大的市场份额,成为行业第一,甚至全球第一都只是自然而然的事。扩大销量,获得更大的市场份额,是企业实现愿景的途径,即其可以是一种战略,但不是目的。

不把战略当愿景,可以更好地帮助企业避免行为僵化、走样,少受市场信号杂音的误导。

创业者们可以想一想,自己企业立下的"愿景"到底是属于手段还是目的?

当然,如果创业的目的就是享受过程,那么手段就是目的也未尝不可。但在大多数情况下,追根究底找出手段背后真正的目标,会使得企业未来的方向更明,路子更正,行路更稳。

二、手段不要异化为目标

手段是为目标服务的。为了达成目标,我们需要锤炼技能,选择方法。可是一旦找到了合适的方法,又往往会形成惯性思维,重复使用同样的手段,路径依赖也会妨碍我们在环境变化后跳出思维束缚。

如果曾经依靠某种方法获得了成功,特别是巨大的成功之后,人们就会迷信这种方法,久而久之,甚至会忘记为什么要使用这种方法。

将手段异化为目标,无论是才高八斗的学者,还是一言九鼎的高官,都免不了会出现这样的失误。

小胜成就大赢家

有朋友看了《在 DTC 的围剿下，"爆款"或成明日黄花》之后，就约了要与我讨论，说是很认同文中的观点，再也不刻意把爆款作为经营目标来追求了。

其实，除了从供需的角度看，爆款可遇不可求，出现的机会将会越来越小外，从领导力的角度我们也会发现，不抱赌徒心态、稳扎稳打、不求一战定乾坤的创始人带领的团队，最后胜出的可能性往往也会更大。

一、化整为零，更容易最终达成目标

王健林的"小目标"一度成为全民笑资，因为完成收入一个亿，对大多数人而言，是难以企及的高度。但从方法论上来说，他说的还是很有道理的。你要想收入十个亿，那就先从一个亿的小目标开始。

上海交大安泰经管学院高管教育中心曾召开过一个应对环境变化的讨论会。中心的小孙老师在会前就特地过来跟我说，知道你要来参加会议，所以刚又检查了一遍桌上的铅笔是否都沿对角线放置。周围几个同事听了都哈哈大笑。

这个玩笑是这样来的：

当年我们决定以服务为导向来提升受训单位和学员的满意度

后,拆解了培训流程中的各个环节,对不同的触点提出不同的改进措施,一直细小到课前的物料布置和班主任进课堂时应该随身携带的物品表单等。其中有一个经常被作为案例提及的点就是,为学员准备的铅笔要放在纸的对角线上。这样除了方便学员使用外,笔上的 Logo 也能最清晰地露出。有好几家第一次和我们合作的单位,看了我们的课前准备工作后,就对我表示,看到你们连放一支笔都那么认真,就感觉找你们是靠谱的。

很多服务型单位都会将"提升满意度"作为追求目标,可我们常常会发现,有的企业喊了一段时间口号后,客户满意度并未显著提升。原因就是不会拆解无从下手的大目标,东抓抓、西摸摸,一阵风吹过后,一切如故。

解构"宏伟"的目标,使之成为团队成员能够理解、容易把握的一系列具体步骤,并在日常活动中能经常获得积极反馈,是创业获得成功的一个很重要的途径。

二、小胜是为了大赢

小目标是为了大目标,拆分的目的是拼装。在一众"小胜"的基础上要更快地抵近"大赢",还要有合适的建构路线。

我们可以从两个维度来定位解构后的小目标(见下图):

(1) 小目标对于达成大目标的重要性。

(2) 要完成这些小目标需要的资源是否容易获取。

由上图可见,通过这两个维度我们可以描绘出一个由小目标建构大目标的大体路线:

第一步,可以先完成易于获得资源("资源易得"的最重要标志就是成本不高),同时对完成大目标又很重要的小目标。因为这些

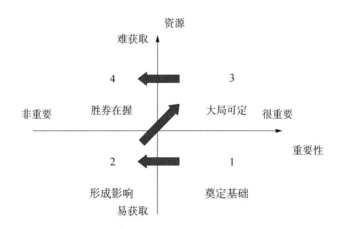

目标很重要,因此完成之后可以为达成总目标奠定良好基础。

　　第二步,对于那些并不很重要的小目标,如果资源易得,也就是完成不困难,可以先处理。这些目标尽管不很重要,但完成之后与第一步的成效结合,就形成了较大的优势,对鼓舞士气或树立外在形象,就有很大的正面作用。比如,铅笔放在对角线上,不重要,也不占用资源,但可以为你加分。

　　第三步,这是关键的一步,如果能把资源难得,但对达成总目标至关重要的一些目标拿下来,那就大局可定了。但正因为关键资源不容易获得,所以这一步也是最困难的,可以小目标中再套更小目标的方法,一步步地往前推进。在完成重要目标的进程中,有时哪怕只有一点小变化,都可能是个大进步。

　　如果第二步和第三步中各有多个小目标时,为了有利于把控节奏,可以难易交错,将第二步和第三步交替推进。

　　第四步,最后剩下的就是应对不那么重要且所需代价较高的小目标了。如能全部完成,则堪称完美;如不能全部如愿,其实也已经不影响大局了。对理性决策者而言,在完成总目标的过程中还留有遗憾当然是可以接受的,但关键是你确实要有足够的智慧来判断被放弃的小目标是真的不重要。

三、习惯了胜利,就更容易胜利

经常会看到每步的创始人马总在朋友圈晒庆功仪式。有时是完成了一个什么合作项目,有时是完成了某个重要的 KPI,或者是升级了某项技术,几乎每月都有几次。每步团队都喜欢称自己是"每小步"们,也就是不奢求每次跨越一大步,只希望时时往前一小步。

可也有管理者不喜欢这样,他们觉得经常庆功会让员工易于满足,生怕团队会松懈,因此常常会告诫员工,即使完成了阶段性任务,也不是庆祝的时候。他们更愿意"要么不搞,要搞就要搞大的"。

很难说这两种做法孰对孰错,但心理学家研究认为,大喜大悲通常会让人极度激动或恐惧,面对大赢或大输,人们的情绪起伏会超出正常范围。神经一直紧绷,压力过大,反而容易导致动作走样。所以每完成一个既定的目标,就小小庆祝一下,对放松一下情绪还是会有明显作用的。只要在庆贺每一个小目标完成之时,仍然不忘还有更大的目标在等着去实现,这样就不会止步不前。

把大赢拆成小胜,不仅是让一次狂喜可以化成许多次开心,人们也更愿意相信下一次的幸运更可能降到总在收获欢庆的人身上。

习惯了赢,会常常赢!

"战略"其实无关时间

工商管理硕士(MBA)课程中,总是强调企业的战略是具备时间特征的,一般应该规划 3～5 年,甚至更长。有的老师也会直接告诉学生,短于一年时间跨度的,就不能称之为"战略"。

想起年轻时学《西方经济学》,讨论到生产函数时总是这样区分"长期"与"短期"的:投入的要素变量中,只要有一个(或以上的)变量没变,就是"短期",所有变量都变了,就是"长期"。也就是说,只要全部变量都变了,一个月也是"长期",有一个变量没变,几十年也是"短期"。所以,"长期"有可能比"短期"时间短,"短期"有可能比"长期"时间长。当时就觉得挺惊讶的,用来形容时间长短的词——长期与短期,居然可以无关时间的长短,我也因此体会到了经济学的有趣。

同样地,创业企业在讨论"战略"时,背后的潜台词是希望思考清楚哪些是大事、要紧的事,要不要尽早做好安排。只要是关乎企业如何生存的事,无论影响的时间长与短,都要搞清楚、弄明白。所以对创业企业而言,要讨论的所谓"战略"最重要的特征不是时间的长与短,而是是否"影响全局"。

那么什么是"影响全局"呢? 我们可以结合前文所提到的"商业价值流模型"判断一下:

（1）你是不是还在服务同样的客户群（使用价值端是否变化了）？

（2）你创造商业价值的方向、能力有没有改变？

（3）你传递价值流的方式有没有使得使用价值端接受到的价值发生改变？

这三样中只要有一项改变了，就是"战略"变化。如果这三样的本质都没变，那就是战术运用。

比如，你的产品原来是通过渠道销售的，现在改成直接2C了，即你服务的对象发生了变化，原来的直接服务对象是渠道，现在直接服务最终客户了，这就可以算是"战略"变化了。

假如，原来单一产品转变为"多元化"，或者从"多元化"收缩为"专注"，这都算是"战略"变化了，因为你创造的商业价值的范围不一样了。

又比如，你通过改变业务流程，对服务触点的改进使得客户体验得到了提升，也就是使用价值端接受到的价值发生了改变，这也是"战略"变化。包括企业进行数字化改造，使得对客户的服务更精准了，这都可以归为"战略"。

再比如，你通过各种措施降低成本，扩大了利润空间，尽管针对的客户群没变，价格策略也不变，使用价值端接受到的价值实际上并没有变化，但你创造价值的能力改变了，所以你也可以把它看作是"战略"调整。

当然对初创企业而言，几乎事事都可能关乎企业生存或者发展方向，所以"战略"和"战术"实际上同等重要，而且同样需要经常调整，所以创业者其实没必要太纠结战略与战术的界定。只要记住，那些有可能影响全局的事，创始团队都应该对此牢牢把控。

创业就是要做"难而正确的事"？

——别逗了！

（创业路演的现场）

创业者：我们发现了市场痛点有一、二、三……，所以打算如此这般线上线下打通，迅速占领全球市场。

评委：你们团队在这方面有什么经验？

创业者：没有。但是我们会很拼、很努力。

评委：你们有什么资源？

创业者：没有。所以我们来参加路演，希望能获得 5 000 万融资。

评委：这样的话，这个项目对你们来说难度是不是太大了？

创业者：创业不就是要去做难而正确的事吗？

资深媒体人李翔在采访贝壳、链家的创始人左晖后写了一本书，其中有一节叫作"做难而正确的事"。所以通常就认为创业要"做难而正确的事"这句话是出自左晖。

左晖是这样说的，"在选择路径的时候，有容易的路，有难的路，我们往往选择难的路。怎么说呢……选择难的路，成功的概率是更高的"。

很多创业"导师"们也用同样的话术"推波助澜"，影响了很多创业者。有一位创业者在和我一起讨论方案时，刻意选择了一条显然挑战更大的路线，他说就应该要走"难"的路。

一、创业要不要选择"难"的路

有些朋友喜欢挑战难度大的工作，就像有些数学爱好者们，为解世界难题愿意花一辈子的心血，虽然最后未必成功，但过程本身让他们很享受。只是如果从经济回报的角度看，这未必是一个理性的选择。

创业就要做难而正确的事，听上去很励志，但从商业上看并不那么符合常识。"难"并不能与正确划等号。

查理·芒格在《穷查理宝典：查理·芒格智慧箴言录》中，讨论了能力圈及其边界。他说，面对投资项目时，有三个选项：可以、不行、太难。你要做的就是找到能力领域，把精力放在"可以"的事里。芒格在很多场合说过类似的话，有人就更直白地将此解释为：投资分三类，分别是正确的、错误的、太难的，选择正确的去做，其他的不用碰。

以芒格在投资界的地位，若提出"做正确的事，不要去做太难的事"的观点，自然也会有数不清的拥趸。

一个初创企业在起步阶段，通常是资源匮乏、经验缺少的，处处都面临着困难，如果事事都在挑战你的能力极限，那就基本上很难有存活的机会了。

所以，我们一般都会劝创始人，要清楚自己的能耐，远大的目标也要从容易处入手。

创业可以不甘平庸，但也没必要刻意去找"难"的事做。当然，这件事最好是让别人觉得很难，而你有独门绝技，不会被难倒。

左晖将拼搏"难事"作为自己的工作目标,这非凡人之举,令人敬佩。但那些创业"导师"们假如自己不身体力行,而是鼓动别人弃易择难,那就有点不够厚道了。

二、天下难事,必作于易

当然,有些事看上去很难做到,但如果找对了方法,其实并不难。这些事对行为者而言,本质上仍然不能算难事。

愚公移山很难,但一次挑一担土不难。难的只是能不能坚持不懈。

所以,清楚自己的能力所在,不被表面的困难吓倒,能有足够的毅力和智慧找到合适的途径,的确可以走出一条不同寻常的路。

但如果不能准确判断自己的能力,而是力小偏负重,好比愚公非要一次就把山移走,就必然会失败。

据悉,左晖因为早年吃过房产中介的亏,所以就创办了链家,创业之初就想着一定要改变行业陋习。他在 2008 年提出必须推"真房源",要真实、公开地发布房源信息,可是受到了内部的抵制。左晖事后回忆,他当时的态度是"不愿意就算了",于是又等了 3 年,到 2011 年才开始实施。

可见,即使左晖自己也不是见"难"就上,"难而正确的事"也要等到不那么难了才去做。

三、把容易的事做难

对大家都容易的事,就是没有门槛的事。创业如果没有门槛,就意味着没有壁垒,被市场打垮就可能是一眨眼的事。所以创业可以从容易处下手,但又不能只做对其他人没有门槛的事。

老子曰，图难于其易，为大于其细。易事、小事，也可以成为难事、大事。事情的难度可能不是本来就存在的，而是逐步做出来的。

拍打蚊子，人人都会，没有一点技术门槛。浦赛红，大润发上海市平型关路店的清管员，负责店面的灭蚊工作，曾经上过热搜，还被上海大学管理学院聘为校外导师。因为她研究透了店面附近的蚊子习性，自研了 50 多套工具，组合成各路战术，灭蚊效果惊人，把一件人人都会的事做到了令人个个自叹不如。据说，她总结出的蚊虫作息表（下图为秋季蚊虫作息表）在网上有 1.8 亿的阅读量。

把没有门槛的事，做到高不可攀，那也是本事。

秋季蚊虫作息表

注意⚠️立秋之后马上迎来蚊虫小高峰

大润发阿姨工作10年倾情总结防蚊招数，欢迎自取回家对应预防

时间	现身地点	行为特立	杀蚊炒招
5:00	黑暗处	还在睡觉	
6:00	花园及绿化带	找对象、精力十足、难打	洗洁精+蜂蜜，涂抹于盆中放置在蚊虫聚集地
9:00	阴暗、有水的地方处	再睡一会，酝酿产卵	室内电蚊拍拍打，清除积水
12:00	积水处	飞了一上午又饿又困	清除积水或在水中倒入陈醋（食盐）
15:00	阴凉处、草丛	睡干觉	除害草、喷药剂
18:00	花园及绿化带	找吃的	用涂抹洗洁精+蜂蜜的盆，放置至蚊虫聚集地
19:00	你家、或从家门口	想跟着回家	电蚊拍拍打、电蚊香熏蚊
23:00	你的房间	嗡嗡嗡，找吃的	电蚊香液熏蚊

快速了解你的对手

四季中的蚊子：春季成蚊相亲数量含量；夏、秋季躲进纱门入润房，隐秘负责蜜爱，难秋负责吸血繁殖后代；冬季新生代蚊子化身越冬蚊。喜欢蛰伏在温暖阴凉环境。

蚊子的习性：热爱支配爱清晨、傍晚，吸血不分人和畜，生性喜水体，拍打受措倒挂角落和草丛。

蚊子最喜欢的天气：春秋两季，成蚊在26~35℃，相对湿度70%~80%左右时最为活跃。

蚊子最喜欢的户外活动：臭水沟、草丛及，寻找夜晚的一缕亮光……

蚊子出行最爱去的地方：学校、医院、集贸市场、你家，还有你家！

四招消灭蚊虫

- 预防：清除积水和缝隙，关闭门窗防飞入
- 驱避：纱窗纱帐、电蚊香，驱避赶跑蚊虫
- 杀灭：药剂杀灭、虫协粘捕，电蚊拍拍打灭蚊虫
- 环境防治：积水及污水倒罐桶封闭，污水积存生蚊虫，填平坑洼防积水，没蚊积水蚊不生。

四、做"正确"的事，无论它是否困难

创业应该有远大理想，也应该不畏艰险，但这并不意味着不

"难"就不正确。事实上，对大多数草根创业者来说，"不难"可能才是更正确的起步方式。所以不必把做"难而正确的事"作为创业的目标，只需要把目标定义为"做正确的事"就可以。

那什么是创业中"正确的事"？

（1）这件事对社会有价值。

（2）这件事我能做得到。

（3）最好这件事别人不容易做到，或者我能把这件事做成别人很难做到的事。

如果那件事你认定已经符合了这三点，它就是正确的事（尽管你的认定并非一定正确），当然就值得去做。只是如果它很难，你就需要找到一个合适的时机和路径。

五、可以做难而输得起的事

如果有朋友就是喜欢让自己的创业过程不一般，想看看自己的极限在哪里，而非要从难入手，那也可以，只是最好不要做万一失手就把自己逼入绝境的事。另外，因为一件事正不正确往往要做了以后才知道，所以，你在起步时要选择的不是什么"难而正确的事"，而是难而输得起的事。

一件事尽管难，但你输得起，那就试试也无妨。

"融'资'避坑"
也可以参考本文

初创企业谈论"长期主义"，其实是很奢侈的

在一个创业大赛上，有一个参赛项目的创始人在路演中花了一大半的时间谈论了很多理念性的内容，比如"人性化设计""把温度注入科技"等，但对具体怎样实现这些理念则语焉不详。实际上该项目当时的进展也只是刚开发了一款上市仅几个月、销量还不理想的电子秤。于是在答辩环节，我点评说"感觉是为一款小产品讲了一个大故事"。结果，在走出房间时我被堵上了。他们团队的一名成员很急切地向我解释，他们不是在讲故事，而是真的信奉"长期主义"。因为活动还在进行中，所以交流很短暂。但尽管只有几句话，他的态度能让我感受到他们对理想的真切渴望；而他透露出的焦虑眼神，也让我内心猜测该项目可能正面临着不小的困难。

其实，我给的建议是，能不能把那些美好的"长期主义"理念先放一边，沉下心来研究有没有机会显著提高已开发的产品的销量，这样可能更有助于企业突围。

在一位位大咖们的影响下，"长期主义"也成了一个热词。张磊在他的新书《价值》中说道，长期主义不仅仅是投资人应该遵循的内心法则，而且可以成为重新看待这个世界的绝佳视角。因为，于个人而言，长期主义帮助人们建立理性的认知框架，不受短期诱惑和繁杂噪声的影响。于企业和企业家而言，长期主义是一种格

局,帮助企业拒绝狭隘的零和游戏,在不断创新、不断创造价值的历程中,重塑企业的动态护城河。

这些都说得没错。几乎所有的成功人士在回顾成长历程时,都会提到他们的成功是来自对一些始终不变的原则的具有使命感的坚持,这的确能说明"长期主义"在成功路上的不可或缺。

但你如果因此就认为长期主义才是成功的主要因素,那你就可能犯了"幸存者偏差"的逻辑错误。

成功人士的经验可以证明没有"长期主义",你很难获得巨大成功。但它并不能证明,有了"长期主义"你会更容易成功。

要知道,没有当下,哪来长期?把握得住那些稍纵即逝的机会,才有可能成就你的长期主义。长期的成功实际上是一个个当前的机会累积而成的,没有"机会"主义,哪来的"长期"主义?

很多创业者成功之后回首往事,都会提到一段(或几段)不敢重来的经历。"不敢重来",就意味着这段经历的经验其实是无法复制的,是偶然抓到的机会。其实能让初创企业生存下来的正是那些可遇不可求的"机会"。"长期主义"只是让能存活下来的企业活得更好、更久而已。真正能成功的一定是那些既懂得抓"机会",又心怀"长期主义"的创业者。

有些创始人,企业还没开张,产品没做出一件,却花了很长时间跟我讨论应尽的社会责任是哪些;谈到未来就两眼放光,可是聊到眼下就结结巴巴。这样的创业者就特别让人担心。

当你可以说"不",而仍然选择时,这才称得上是"坚持"。很多人的所谓"坚持长期主义",其实只是对当下的束手无策的一种掩饰,因为除了虚无缥缈的"长期",他手里空无一物。找不到突破当下困境的途径,然后就称自己的不作为是在坚持"长期主义"。

张磊对"长期主义"还有一个注脚:"坚持不看短期利润,甚至不看短期收入,不把挣钱当作唯一重要的事。"

不把挣钱当作唯一重要的事,当然还比较可能做到。但不看利润、不关心收入的企业,如果没有外界的输血,它能活几天?

对初创企业而言,"长期主义"就是一件奢侈品。奢侈品不是人人能轻松享有的,当然,家中有矿,你就可以随意拥有。如果你不是白手起家,不是草根创业,而是已经积累了相当多的资源和经验,或者本来就是所谓的内部孵化项目或二代创业,那你就有资格信奉"长期主义"地奢侈一把。

但是对一个普通的草根创业者来说,企业初创时,资源极其有限,你有奢侈的梦想,却没有奢侈的实力。所以我们建议,可以把长期主义放在心里,不要挂在嘴上,眼睛要紧盯机会——要做一个"有方向感的短视者"(参见《有方向感的短视,也许更容易胜出》)。

"洞察, 不是观察"

曾经在全球名列前茅的4A(美国广告代理商协会)广告公司智威汤逊担任过亚太区总裁的Tom Doctoroff(中文名:唐锐涛)来自美国,1998年刚任智威汤逊上海公司总经理才2个月,就来拜访本地客户。记得那次见面,他在我办公室用生硬的普通话跟我说:"洞察, 不是观察。"他当时还不识汉字,只是刚开始跟着他的司机在学说几句日常普通话,却已经能用许多中国人都很难区分清楚内涵的两个词来表达他的理念。这让我大感惊讶,但也因此让我体会到了区别这两个词在商业精英们心中的分量。

人们为了理解一件事,通常总是先从观察开始的。"观察"就是要看出问题的各种表象。观察当然并不是只是"观",也要"察",所以观察能发觉现象与现象之间的联系。观察力强的人,还常常能指出隐秘的或容易被忽略的某些现象。

而"洞察"则是能看出导致现象的原因。人们了解了现象背后的原因,就能据此采取有效行动。也就是说,"洞察"不是为了解释,而是要着眼于解决问题。

导致一种现象显现的原因可能有许多,从不同角度可以得出不同的结论。如果你的发现无助于问题的解决,那就算不上"洞察"。

我的血压高了好多年,医生告诉我不控制血压会有严重后果,比如中风、猝死，所以必须常年服降压药。后来我又被发现血糖、血脂都超标了，于是医生又告诉我还要服用降血糖和降血脂的药。传统医学的"观察"结论是，当身体出现异常时，就会引发对脏器的损害，所以要用药来控制症状。

可是，功能医学专家李博士不久前告诉我，其实所有的身体检测指标不正常，都是由细胞代谢异常引起的，是饮食、生活习惯、环境及基因作用的结果。所以用控制症状（服用降压、降脂、降糖的药）的方式来"对症下药"，并没有真正解决问题，而通过调整饮食、改变环境和生活习惯，最后修复细胞才能从根本上恢复身体状态的平衡。这大概可以算是一个医学上的"洞察"了。

网红直播带货火了一阵子。有人就将它与传统电商比较，说电商是"人找货"，网红直播是"货找人"，由于网红直播出现在电商之后，所以"货找人"要比"人找货"更先进。这算作"洞察"吗？

搜索电商的确是为人找货提供了方便，但从电商"货架"上的商家角度来看，其本质上仍然是与线下商业差不多的"货等人"。从传统电商的被动"等人"，到直播带货的主动"找人"，这当然是一种进步，但其立场其实没太多变化，还是卖方的推销视角。我们知道对商业发展有利的趋势应该是主动权从卖方向买方转移。而"人找货"与"货找人"相比，显然买方的主动权更明显。

从下图我们可以看到，从"为人找货"到"为人造货"，并不是更落后，而是商业发展更可能的一个方向。我们预计，未来谁能更精准、更高效地站在消费端的角度来匹配需求与供给，谁就更可能胜出。所以可以猜想，未来占据主流的是那种买手型的主播，他们不是站在厂商立场上的推销，而是更多站在消费者立场上的选货。他们可能不再从厂商端获取收益，而也许会向消费者或第三方收费,也有可能采取一种类似开市客(COSTCO)的线上会员制模式。

商业模式的演变趋势

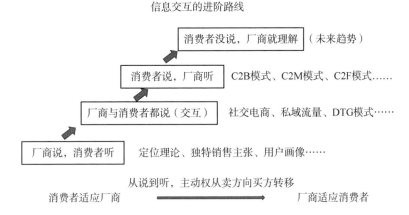

直播的兴起,其实只是商业信息脱媒化的一种表现。对于眼下的几个头部网红的带货,品牌方更像是在做一种广告的投放,而不是正常的销售。一些头部网红对品牌方的强势压榨,也会逼迫厂商寻求其他出路,比如向DTC(不通过中间环节,直接面向消费者)这类模式靠拢。

从上图可见,商业的模式会越来越多元,不太可能靠一种打法一统天下,直播显然只是商业手段之一。由于买方在直播带货模式中的主动权依然不高,所以靠网红来带货未必会成为商业主流。

另外,像"所有的行业都值得重做一遍"之类的话,也很难算是

"洞察",甚至连"观察"都不一定是。这种话的确能吸引眼球,但说了跟没说差不多,对指导行动方向没有意义,只会增添焦躁。每个行业在任何时刻都有可能被改造,这应该是常识。而如果谁能指出在当下这个节点,有哪些路径可以改变行业,为创业小伙伴们指点努力的方向,这就是"洞察"了。

有智威汤逊的资深员工回忆称,每个老智威汤逊人肯定都记得在他们的第一场培训中,Tom Doctoroff 带着奇怪口音的那句话:"洞察,不是观察。"

"两表一墙"评判商业模式

与小伙伴们一起聊各地的创业项目,事后他们会问:"为什么有的项目看上去很符合潮流,模式很先进,你却不看好;而有的项目模式好像很落后,你却很鼓励?"

我反问了一句:"模式应该有先进、落后之分吗?"

2012 年底,马云与王健林在电视节目上对话,为了说明电商模式的强大,马云说,在机关枪面前,什么拳都没用。那时很多人都认为,电商很先进,传统零售很落后,机关枪"突突"一下,先进就会取代落后。可是 10 多年了,全国的社会消费品零售总额中,线上的份额不过刚超过 1/4 而已。

机关枪的火力虽然强大,可是在贴身肉搏时,懂得一些拳脚,哪怕手持一根烧火棍,都比笨重的机关枪更实用。就像火箭和弓箭相遇,在导弹射程内,弓箭手可能至死都不知道是被什么打中了;可是在目光所及的范围内,弓箭也会让导弹兵无法自保。

评判商业模式不需要区分先进还是落后,只看与所处环境是不是匹配。

我告诉小伙伴,其实在看商业模式时,我往往是在看两张"表"和一堵"墙"。

一、自己的财务报表

评估创业项目,首先看是不是真的能有盈利。

能真正实现盈利的企业无非就是做到了这三点:

一是提升了效率,因而降低了成本;二是更精准地满足了客户的某种需求;三是提升了客户的使用体验。

看上去传统的模式,只要在这三点的任一点上有突破,就会有机会胜出。

有的"先进模式"的创始人号称自己是长期主义者,不关心短期是否赢利,那就要看你的现金流表能支撑多久。

也有的创始人说,只要有了流量、掌握了数据,不愁变不了现。对不起,那还要看你的流量和数据,别人有没有其他途径可以更低代价、更精准地获得。

还有的创始人说我这个项目本身不必有盈利,因为它可以带动其他项目的盈利。我们知道,项目的链条拉长后,对经营者运营能力的要求是呈指数增长的,不是所有的人都能轻松驾驭交叉补贴盈利模式的。

对那些弄不清收入怎么来,要花的钱应该怎样构成的项目,模式越"先进",概念越新潮,越容易猝死。

要注意的是,投资人给的钱并不能算在这张表中。因为有人愿意投资,只代表了那些人相信你能为他们赚钱,并不能直接证明你真的能在市场上赚到钱。估值并不代表项目真正能获得的市场地位。

二、利益相关方的财务报表

一家文创书店,设计很前卫、格调很文艺,品牌打响了之后,地产开发商们就争先恐后，纷纷找上门来，愿意以 1/3 的低租金将其引入新的城市综合体中。如果这家书店以正常租金经营也能赢利，那对方给的优惠就是超额利润。但如果书店没有租金折扣就不能保证利润的话，那就意味着你财务报表上的盈利是建立在对方的报表赤字上的。所以，书店只有同时满足消费端和商业综合体经营者的需求（如能为其引流或提升形象），才能体现出存在的价值。

要同时协调好消费端和业主方的期待，难度自然不低。而更关键的是，在这样的模式中，尽管你向业主也付了租金（当然是打了折扣的），其实对方才是真甲方。书店的经营者如果理解不了这一点，那就很难在合作过程中避免不愉快了。

一种好的商业模式，不仅能保证己方的商业利益，同时也让所有的利益相关方能从中得利。

而企业的利益相关方不仅包括供应链和内部价值链上的各方，也包括非市场部分的利益攸关者。所以对别人的好处不一定都是用经济效益来定义的，也可能是社会效益，比如民生工程、社会的正面反馈、对社区的影响等。红杉资本就提出在今后的投资决策分析中还要权衡企业的碳管理能力。

当然，一种新的商业模式通常会给旧秩序带来冲击，会造成一些原有环节的利益受损，但洗牌后的新模式的利益相关者应该都是能从中得益的。

归根结底，社会经济的发展会带来利益重组，只要整个社会的净收益能因此获得提升，那就是一个好模式。

三、防护的城墙

好模式会不会被轻易攻破，就要看项目的壁垒如何，也就是看城墙牢不牢、高不高。

有的创始人说，我有特殊的渠道，可以低成本地采购；或者我有特定的关系，能获得稀缺的资源。某些特殊的关系或渠道，别人确实无法模仿建立，但这样的城墙哪怕看起来很高，基础却不见得牢靠。没有关键创新做壁垒，往往不堪一击。

有些项目的创意非常新颖，可是别人一看就懂，竞品很容易模仿。这时就不能用稳扎稳打的办法了，就要靠奇袭，打闪电战。所以速度也是一种壁垒。不过，速度不仅需要充沛的资金支撑，更重要的是，拼速度的项目很难保证在运作中动作不走样，因此对项目所有者的运营能力的要求就超乎寻常。没有基础管理能力配合的创新，常常昙花一现。

如果自己的财务报表有可能做得漂亮，那就是一个可行的创业项目；如果你和利益相关方的两张表都漂亮，那就具备了一个好项目的潜质；如果不仅仅两张表漂亮，那堵防护的墙也是又高又牢，那就是一个值得重点关注的创业项目了。

"融'资'避坑"
也可以参考本文

转瞬间的成败

中国人民大学教授包政在他写的《管理随笔》中讨论了战略和细节，他说："有人说战略决定成败，另有人说细节决定成败，我说关乎战略的细节决定成败。"

战略和细节的确都很重要，但要说两者同等重要，那就意味着没有哪个是更重要的；特别是如果说所有的细节都是关键，那就更不合理。包教授把两者关联了起来，但显然更倾向细节决定成败，不过范围缩小了——关乎战略的细节。

只是人们总还有点疑惑，到底哪些细节才关乎战略，我们事前能轻易辨别吗？

在现实生活中可以找出很多例子，一些本来被认为无关紧要的细节，最后改变了整个事态。当然复盘时做事后诸葛亮，可以很容易地指出这些被轻视的细节其实是很关键的。但是如果事前就清楚这些细节是"关乎战略"的，那怎么还可能不始终紧紧盯着它们，不让它们出问题呢？

我们如果做不到在事先就区分出哪些真的只是无关紧要的细枝末节，而哪些才是看起来不起眼却可能一不小心就颠覆全局的细节，那包教授的结论就无法指导我们的行动。

很多创业者可能都有体会，在创业起步阶段，几乎所有的事都可能决定生死。就像婴儿一样，呛一口奶都可能要了那脆弱的生命。起步阶段的创业者不会怀疑很多不经意的小事就会关乎企业存亡。

但一旦企业经过了成长期,稳定发展后,创始人回顾来路时,庆幸的总是自己在重要节点上选择了正确的方向,而不是做对了那些无数的小事。

也就是说,创业失败往往就是因为一些细节;而创业成功,却一定是战略的正确。战略决定的是你能不能"成",细节决定了你会不会"败"。

所以,"成败"实际上不是一个词,而是两个词——成和败。讨论成败的关键,实际上应该分别讨论"成"和"败"的关键。

一、战略决定有没有可能"成"

《现代汉语词典(第 7 版)》对"成功"的解释是:获得预期的结果。

创业要想获得预期的结果,显然选对战略是必要条件。也就是无之则必不然,但有之则未必然。

战略错了,如果不能纠正,事情就不会获得预期的结果,你能到达目的地,自然说明你最终选的方向一定是对了。但即使方向对头,战略不错并不一定能保证获得预期的结果。

二、关键细节导致会不会"败"

包教授说的"关乎战略的细节",我们姑且就称之为关键细节。与选对战略是成功的必要条件不同的是,关键细节不到位是不成功的充分条件,也就是有之则必然,无之则未必不然。

2003 年 2 月 1 日,美国"哥伦比亚号"航天飞机已经完成了预定的任务,可是在返航时突然与地面失联,7 名航天员全部遇难。据报道,在航天飞机升空时,就有工作人员在观看视频的过程中发现问题,可是美国航空航天局(NASA)高层并没有向宇航员通报。也许当时他们认为这个细节问题并不一定致命。但事后证明,看似微不足道的泡沫碎片脱落后砸到了飞机左翼,导致机翼前沿出现一个小洞,最终酿成大祸。

有些细节我们可能早就知道是关键,不能出问题,可是还有许多细节我们事前并不清楚它其实也是关键。我们既然不能事前分清什么样的细节是关键的,那我们只能尽可能地认真对待每一个细节。

养成不把小事当小事的习惯,无论面对的问题是否"关乎战略",都能尽心尽责,这样尽管不见得会把每一件事都做成,但它一定可以大大降低我们失败的概率。

三、有没有见招拆招的能力

可是,我们几乎不可能把每一个细节都做到万无一失,对很多项目来说,即使有这个能力,经济上可能也划不来。

所以,在项目执行中,能不能灵敏地判断随时冒出来的问题,抓住那些开始并未注意后来却发现是关键的细节,并且能见招拆招、化险为夷,就成了项目能否顺利推进的关键。

所以在考察创始团队时,我们会比较看重创始人对一些突发事件的处理能力。那些"每临大事有静气",能临危不乱处置恰当的创业者,当然就会被高看一眼。

四、也有一种状态是"不成不败"

如果关键细节出现差错，事情就会搞砸；可是，细节都把控到位了，也不见得就能达到预期目的。

在《与其纠结做的事对不对，不如去把事做对》中，我们会讨论到，其实在创业的早期阶段，能不能把事做对比战略还重要。如果关键细节出了问题，项目常常是死刑立即执行；而如果战略错了，项目还可能只是被判死缓，方向也有可能再扳回来。但假如方向一直没能扳到正确的位置，那项目就可能一直处于那种不死不活的状态。

的确，我们经常会看到有些创业者，处事特别细腻，动作不会有大的失误，但就是事业没什么大起色，企业一直处于不温不火的状态。这样的企业虽然一时不会倒，但活得不潇洒。

五、关键在于我们想要怎样的"成败"

讨论成败的关键在于我们究竟想要怎样的成败。如果只求生存，那么细节就是决定因素。但如志存高远，除了细节不能出错外，战略更是要对。

我们常说创业总是九死一生，那"九死"中让你倒下的最后一击，几乎都源于一件或一串"小事"；而那"一生"，一定建立在你没做错关键的"小事"的基础上，同时方向正确。

六、莫以成败论英雄

限于我们的认知局限，决策者难免还会有许多认知盲区和误区。你主观上想做到更好、更科学、更合理，但客观上还会有许多细节上的阻碍。

对创业者来说,能闯过九死得一生,除了感谢自己和团队的坚持外,可能还要感谢那点运气,感谢让你倒霉的关键细节没盯上你;如果不幸输了,也没啥关系,只要胸中豪情未灭,抖抖身上尘土,不过是从头再来。

"管理避坑"
也可以参考本文

被有形的手扭曲的市场

——合理不合法中蕴藏着机会

上海市市场监督管理局的一纸罚书，让生产经营烘焙食品的巴黎贝甜冲上了热搜。事情的经过并不复杂，2022 年 4 月，巴黎贝甜在自己的培训中心制作了一些面包，除了自用外还销售了一部分给附近的居民。由于培训中心的这个地址没有取得食品生产经营许可相关资质，市场监督管理局就认定这属于未经许可从事食品生产经营活动，并据此在 8 月 12 日开具了罚单。9 月初，这张罚单在网上被曝光后，引起了汹涌舆情。

几天后，上海市市场监督管理局回应了此事，表示给予的实际上是法定最低幅度的从轻处罚，并且案件尚在行政复议阶段，意思是企业还可以申诉。可是舆情似乎并未就此平息。

事件曝光后，巴黎贝甜对此事并未公开叫冤，我们也猜想企业最后还是会认罚了事，因为违法的事实很清楚。

那么吃瓜群众为何要抱不平呢？有人分析，由于突发公共卫生事件，一些小区居民的日常生活受到了影响。这时涉事企业供应了小区急需的面包，并且据说没有加价，再加上这家食品企业在自己的培训中心生产，做出的面包自己也要吃的，虽然场地没有办过经营资质，但不代表食品安全一定有问题。因此，企业在这件事上尽管违了法，但感觉并不可恶。很多人因此很自然地站到同情企业的这一边，甚至认为执法部门在乱作为。

巴黎贝甜显然是做了一件合理但不合法的事。

上海某电视台曾经连续播放过几集涉老案件的法制片。违法者的套路都差不多，利用了老人的孤独感或对病痛的恐惧心理，用各种方式与老人套近乎，建立感情，然后高价推销保健品或其他商品。而有意思的是，当事情败露，不法分子被抓后，记者采访受害老人时，很多当事人却坚持认为那些人是好人，不是骗子。

也许从家属的立场看，不法分子是不折不扣的骗子；从执法者的角度看，那些人也的确触犯法律了；但老人从自身的感受看，那些人为他们在寂寞时光里填补了空虚，甚至还可能留下了美好的记忆，所以并不觉得骗子是坏人。

其实，老人付出的钱对应的不仅仅是保健品的价格，还有心理需求被满足后带来的体验。所以从商业的角度看，这样的交易未必有多么不合理。只是当你把贪婪的目光盯向弱者，特别是向智力、判断力开始退化的人群伸手时，你的道德倾向必然会被质疑。

另外，我们如果只是从防止老人上当受骗的思维出发，教育老人提高警惕，费尽口舌要他们明白"好人"其实是骗子，看似在保护老人，实则可能是对老人的另一种伤害，因为我们并没有满足老人真正的需求。

所以，那些人做的事可能和巴黎贝甜类似，是违法的，甚至也未必合情，但实际上包含了某些合理性。

我们知道，法律的本意应该是保障社会经济的健康运行，但因为法律有滞后性和局限性，难免会和快速变化的市场发生摩擦，这就会反过来影响社会经济的发展。一般而言，在一个充分竞争的市场中，无论法律是否禁止，不符合商业规律的行为是很难有机会的，所以合法不合理的事通常行不通（当然也有少数例外，比如垄断企业的某些作为）。因此，我们看到的社会经济生活与法律的摩擦，主要发生在合理却不合法的地带。这些摩擦地带，就存在着一个被有形的手扭曲的市场。

在法律还不够完善时，如何能把合理的事，做到合法合规，这非常考验经营者的智慧。

几年前，票牛网的刘总和我聊到，其实"票牛"的二手票业务，就是把线下黄牛倒票的活，搬到了线上。剧院门口的那些票贩子倒卖热门紧缺的演出票，属于扰乱市场秩序，要受公安打击。但既然黄牛倒爷能生存，就说明了市场确实存在这种需求：有人没买到票，愿意加价求票；也有人有闲置票，愿意出让并得到一些补偿。黄牛私下的行为使得双方各取所需，但这"合理"不合法。票牛网把这样的交易放到网上后，整个过程可控可追溯，市场秩序就没有被"扰乱"。票牛网把原来合理不合法的事，做成了合法合规的业务。

同样，在非常时期巴黎贝甜如果把在培训中心制作的面包捐赠给有需求的居民，而居民又自愿捐款感谢巴黎贝甜的善举，这就成了邻里间的互帮互助，无关生产经营活动了，市场监督管理局还会多此一举来执法吗？

而那些犯了法却仍不被受害者认为是骗子的人，如果不对那些保健品虚构或夸大功效，不是对产品而是对他们的"服务"收费，甚至不是向老人，而是向有孝心但无力陪伴身边的儿女辈收费，还会有牢狱之灾吗？

又比如，许多过去的法规、制度都是因应大机器作业而制定的，因为人依附于机器，所以要固定用工，劳动力要有对应的用人单位,而后工业化时代的灵活用工市场就会与这样的法律环境产生摩擦,相信这里面也会存在一些特殊的商业机会。

经营者们与其抱怨制度的不合理,不如思考一下如何在现行制度下把对的事做对。

正准备创业的小伙伴们,如果还没有想好从什么方向切入,也可以分析思考一下还存在哪些被扭曲的市场。

长期主义，莫如"良心"主义

刘润发表在微信公众号的一些文章，写得的确很好，角度犀利、逻辑缜密。他曾经发过一篇《我不是不在乎钱，我只是不在乎这点钱》。文章介绍了青岛啤酒前掌门人金志国的一段往年轶事。那年金志国接手连年亏损的西安汉斯啤酒厂，他亲自走访市场，找到了企业症结所在，然后大刀阔斧地改革，使出营销奇招，不但当年就填平了上任留下的巨额亏损，还有 1 200 多万盈利。更妙的是，金志国没有把这些利润留下，而是拿出其中的 1 000 万分给渠道，还给那些经销商们配备了新的交通工具，这让他们大受感动；余下的 200 多万则都用于给员工发奖金、涨工资。

金志国说："我要的不是眼前的 1 000 万，我要的是未来的 1 个亿。"文章因此大赞金志国的"长期主义"。

这篇文章也引发了我的一些思考。

一、"长期主义"其实是一种策略

尽管很多意见领袖都言必称"长期主义"，许多创业者们亦步亦趋，也坚称自己信仰"长期主义"，但到目前为止，似乎并没有谁给"长期主义"下过一个严格定义。

无论是金志国的案例，还是其他人关于"长期主义"的描述，我们看到的都是一些不被短期利益所困，而注重长远的商业谋略。

这些谋略的确很有智慧,让人脑洞大开。

"长期主义"是一把利器,它告诉我们不要只在乎眼皮底下的好处,用更好的耐心,有更长远的眼光,从更宽的视角来决策,常常可以让你获得更丰厚的回报。

但那些谋略也并非放之四海而皆准。放弃或降低当前收益的决策,并不一定能成为所有企业的制胜法宝。很多时候,我们也会发现落袋为安才是最佳选择。你能想象把碳交易业务做成百年生意吗?

对啤酒这类复购率高的商品,可以放水养鱼,而对一次性购买程度更高,特别是不依赖渠道销售的产品,这种谋略就不一定符合卖方的利益最大化原则。殡葬业被很多人抱怨为暴利行业之首,但估计没哪家"一条龙服务"愿意放长线钓大鱼,因为放弃短期收益并不会给它带来额外的长期收益。

另外,与出身于稀缺年代的老一辈创业者不同,那些成长于丰裕时代,特别是那些"95后""00后"的新一代创业者,对财富的观念发生了很大变化。对他们来说,从长计议以便能赚取更多的钱,不见得是一个更有说服力的决策依据。创业的推动力越来越来自"热爱",而非"财务自由"。所以,他们也许会认同在创业中要坚守一些东西,但并非一定是出于功利的考量。

二、企业在起步阶段不应早早落入俗套

从思想方法上来说,不要鼠目寸光,不要竭泽而渔,要更长远、更深入地做经营谋划,这永远不会错。但"长期主义"的着眼点不在短期,这就需要有相当的实力来支撑以渡过眼下的难关。很多早期项目的投资人不喜欢听创始人侈谈"长期主义",就因为初创

企业更需要当心的恰恰是危机四伏的"短期"。

初创企业就像一个婴儿，人参、灵芝很补，但他稚嫩的胃还消化不了，在这个阶段他更需要的只是一口母乳。我们常说长期主义于初创企业而言，就是一件奢侈品（参见《初创企业谈论"长期主义"，其实是很奢侈的》）。对奢侈品的评价不是好不好、值不值的问题，而是你有没有实力消费。大牌包包的确好，法拉利跑车确实吸引人，但刚毕业的你还买不起。

更何况许多声称自己因坚持"长期主义"而获得成功的企业，那些"成功"其实并非提前设计而成，而是一步步摸索出来的。所以等你的企业从婴儿长大成人，有能力了，获得成就了，就有资格回过头来总结一下创业的经历，然后指着走过的那条弯弯曲曲的路说，幸亏我这样坚持了，感谢我的"长期主义"。

如果你反过来，刚刚开始蹒跚学步就跟跟跄跄地说，我一定要这么走，决不变道，那大概率会撞得鼻青脸肿。

三、创始人更应坚守的是"良心"，而不仅是"初心"

有很多次和一些创始人讨论未来方向时，他们常常会说道：这是我们创业的"初心"。这意思可能就是告诉我，那是不容更改的，如果变了，就不是"长期主义"了。

但如果你明白了"长期主义"其实只是一种策略，而策略当然是可以修正的，那所谓的"初心"为什么就不能变呢？

当然，这些"初心"里面也许有立过的誓言，做过的承诺，拍过的胸脯，夸过的海口，要改口会觉得有压力，有点丢面子。

可是就像没有哪个成年人会计较小孩的山盟海誓一样，初创企业在摸石子过河的阶段，不断修正方向、改变策略是很正常的。

值得创始人一以贯之坚持追求的，还是无论面对成或败都能坦然接受并且问心无愧的态度。这种能够胜得光明磊落、输得坦坦荡荡的底气一定是来自企业始终秉持的商业善意，或者叫商业"良心主义"。

为客户提供真正的价值，能让各方获益是最大的商业善意。当然，商业的基础仍然是投资有回报，所以商业的良心并不是不赚钱，而是不赚作恶得来的钱。

在《创业企业成长的"通关密语"》中，我们会解释，企业行善也要与能力匹配。也就是说，在不同的发展阶段，商业良心的表现形式是不同的：从"利己不损人"，到"利己利人"，再到"利人利己"，有实力了更可以"利人不损己"（如果"损己利人"，那就不是商业，而是慈善了）。始终不作恶，有能力了给社会更多回馈，这才是企业应有的长期使命。

只要是本着一颗善心经营，企业用的是短期获利，还是长期获利的策略，其实并没有本质区别。

小结一下："长期主义"是策略，"良心主义"才是原则。策略可以也应该随环境变化而调整，而原则才是必须坚守的底线。

2 认清自己不容易

> 自知者明，自胜者强

创始人必须是好人，但不能只是好人

据说猎豹移动董事长兼 CEO 傅盛曾经说过，执行力就看三样：目标、路径、资源。当然。一个项目能否完成预期使命，光有这三样应该还不够，还可以加上"时机"。所以我们认为评判一个项目能否成功，就看它能否同时把握住这四点：

目标、路径、资源、时机。

一、创业团队需要的能力

一个创始团队最终创业成功，一定需要有合适的目标；有了目标还要选择恰当的路径，要保证有足够的体力和技巧；中途还要有不间断的补给（资源）来支撑走完这艰辛的旅途。创业旅途中还总会有许多偶发因素的影响，助力或阻碍创始团队去达成目标，有些人会得到运气的眷顾，而有些人却总是不顺。

这其实也是创业项目的四项使命。除了"时机"很大程度上需要由老天恩赐外，完成另外三项使命，需要的是不同的能力。

制订目标，需要的是对未来的透视能力，能在层层迷雾中看透各种变量的此起彼伏，看到大势，看清趋势，看准机会。这种人，通常都是思考者，见多识广，洞察力极强。具备这种能力的都是"高人"。

择路而行，需要的是敏锐的判断、坚韧的耐心；关注执行，追求实效，既要百折不挠，又要懂得妥协、善于纠错；会在夹缝中求生存，绝望中找希望。这种人，通常就是天生的行动者，给定目标，就会想尽办法去完成。具备这种能力的都是"能人"。

拢聚资源，初创团队最缺的往往就是资源，能否动员更多的资源来支持项目，是创业项目能坚持多久的决定因素。有些创始人往往能左右逢源，因此能绝处逢生。能最大限度地调动资源的人，不一定是交际者，也不一定是"外交家"，但一定要有好人缘，是一个让大家觉得放心、靠谱的人。具备这种能力的必须是"好人"。好人，但不是"老好人"。"老好人"尽管客观上也具备了调动周边资源的可能性，但"老好人"往往会在主观上缺乏整合资源的动力，管理团队也会缺乏威信。

二、成功的创业团队要有三种稀缺人才

由以上分析可见，创业团队需要具备三种能力，而这三种能力集聚一人之身的概率很低，团队就要去找到这三种人，高人、能人和好人。好人能感动人，因此能获得更多的支持和帮助；能人能搞定事，逢山开路、遇水搭桥；高人能看清人和事，知道可为与不可

为。如果再加上踏对节奏，时机把握准确，项目就一定会成功。

可惜的是创业之初，创始人包括整个团队的经验和知识都不一定充足，因此是不太可能同时具备这三种能力的。所以创始人是否为"好人"就很重要，如果是"好人"，哪怕不具备其他两种能力，也可以调动资源，找到"高人"，觅到"能人"。

比如，以体育科技为方向的每步科技的发展势头一直不错，但回顾创业走过的路，就会发现其与创业起步时的设想有着很大差别，几年里已经有了多次大转折，而每当调整方向让旁人都在担心时，他们总会化险为夷。这就与创始团队的为人有很大关系，是"好人"就常会有贵人相助。

也许，创业项目能够成功，很大程度上是依赖了人缘的变现。

当然，有些创始人十分有情怀，讲的故事都能感天动地，以为自己是个"好人"就一定能成事，其实没有了"高人"和"能人"，"好人"也只能赚到同情罢了。

无怪乎袁岳会说，创始人必须是好人，但不能只是好人。

创业"动力—回报"四环，你能中几环？

对创业者观察多了后我就总会想，为什么有些创业者会越干越有劲，遇到的困难再大也是乐在其中的感觉；而有些创业项目看起来发展还顺利，但创始人有种心不在焉的感觉。其中原因何在？

一、创业的内生动力

在与创业者交流时我常常会问，你为什么干这件事？得到的答案无非是三个。

（1）爱干。喜欢干这样的事，热爱会产生强大的动力。比如，认为有趣、有意思，觉得干这件事是一种享受。

（2）会干。擅长干某一类事，觉得自己在这方面的能力胜过别人，成功的机会比其他人更大一些。

（3）该干。既不会干，也不爱干，只是由于某种原因不得不干一把。比如，继承产业，或受人之托，甚至是赌气想证明自己，等等。

不爱干、不会干，但也要干的"该干"，可以看作为类似先结婚后恋爱的范式。能培养出感情了，就是"爱干"了；能锻炼出能力了，就是"会干"了；如果始终培养不出感情或能力，那就只能死耗了，创业不会成功。

如果是价值观使然，我必须去干某件事，通常也可以归为"爱干"，因为即使对所干之事不一定有感情，但"干"本身就能让其满足。

所以，创业成功的内生动力归根结底来自两种类型："爱干"和"会干"。

二、创业的外部回报

另外，你如果问一下创业者们，通过创业能得到什么样的回报呢？答案基本也是三个：

（1）有利。项目有商业价值，能满足社会需求，能带来物质（财富）上的奖励。

（2）有益。项目有社会价值，符合主流价值观，能满足自己的情怀，或可以了却自己的某个情结、提升自己的能力或素质，等等，总之能带来精神上的奖励。

（3）有名。创业往往能使创业者受到社会更多的关注，提升创业者的社会地位，为其带来名声。名声能带来流量，而流量要么能带来物质上的奖励，要么能带来精神上的满足。

所以，创业成功后的外部回报归根结底也是两类："有利"和"有益"。

三、创业"动力—回报"四环

我们可以把"爱干""会干"和"有利""有益"组合起来看（下图为创业"动力—回报"四环）：

最理想的创业成功当然是四环皆中，既擅长，又享受，同时物质和精神上都有奖励。但大多数的创业小伙伴可能没有那么好的运气，四环能中三环，也算不错了：

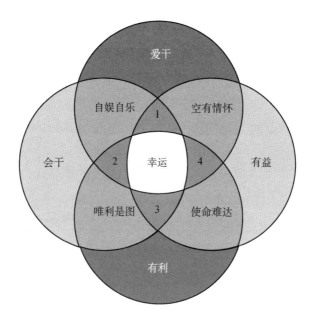

（1）所干的项目正是自己的所爱，自己也擅长，而且项目对社会有贡献，但是不怎么赚钱（比如一些传统继承类项目）。这种项目能为创业者带来精神上的满足，但如果没有其他收入来源，经济上的窘迫会使得享受的快乐中有一丝苦涩。不过即便如此，项目的意义和使命感仍然会成为支撑创业者长久坚持的动力。

（2）所干的项目正是自己的所爱，自己也擅长，而且项目有很好的经济回报，但是不怎么被社会认同（比如某些线上娱乐项目）。虽然比较容易实现财务自由，但即使成功后也可能得不到社会更多的认可，因而这种创业者会比较喜欢加入高级社交圈，或通过一些公益活动来获得某些心理补偿。

（3）对所干的项目很擅长，项目对社会有贡献，而且很赚钱，可惜不是自己的爱好。虽然这种创业者大多对项目很满意，表面也风光,但总有一点不满足。

（4）所干的项目自己很喜欢,社会对项目高度认同,赢利机会也很大,可是不是自己擅长的领域。除非能找到非常信任的搭档,否则你就会像追一个追不上的姑娘,单相思可能有的所有痛苦和甜蜜,你都有机会尝到。

将内生动力和外部回报结合起来看,四个要点一共有十几种组合。除了四环皆中外,这里只分析了四种,另外在图中简要提示了四种。小伙伴们可以对其他各种组合自行罗列并对照一下,看看自己落在哪种组合中,从而从中找出使自己快乐或不满足的根源。

创业是条不归路,如果起步之前就能想明白未来会面对怎样的快乐或尴尬,也许就会更少一点盲目了。

现代企业家应该是交响乐指挥，
还是足球队教练？

法国里昂商学院的副校长王华，一表人才，博学而谦虚、儒雅又勤奋，深受学生们的欢迎，特别是他在电视节目上有理有据地侃侃而谈的形象，迷倒了一众粉丝。王华教授还在马赛商学院任教职时，就将风靡欧洲的音乐领导力课程引进到国内。马赛商学院与上海交大安泰经管学院有一个合作教学项目，这个项目几乎每年都要在上海音乐厅举办至少一次跨界教学活动。

据说有攻读 MBA 的学生从交响乐的形式中可以领悟到许多关于企业管理的精髓。比如，指挥就如同首席执行官（CEO），他们都要把控整体，同时还要关注细节，指挥和所有管理者一样，要借助他人来完成自己的目标；而乐谱就像是企业的业务订单，分解后形成各种工作指令；参与交响乐演出的众人则听从指挥，各司其职，严丝合缝地组成整台作品，简直跟生产流程一样。

尽管我不确定学生们在艺术氛围中是否就真的会领略到比平时更多的在实际工作中感受不到的管理思维，但学生们对这样的跨界教学确实挺喜欢，毕竟世间万物均有联系，能触类旁通哪怕一点点，也是一种收获。

真正让我感到还可以进一步讨论的是现代企业，特别是创新型的创业企业领导人,应不应该像交响乐指挥一样来管理他的企业? 或者反过来说,那些创业企业与交响乐团真的相似吗?

一、交响乐团是职能导向的

在交响乐团内,每一个演奏者都有自己清晰的任务,有确切的开始和结束时间,按照乐谱发出每一个音符;同时各司其职、各负其责,倘若大提琴手缺位,小号手是没法顶替的。名义上整体的效果由指挥掌握,但实际上乐谱留给指挥可发挥的余地并不多。哪一位演奏者想即兴创作一下,超越乐谱的规定,更是想也不要想——演奏者看上去是不是更像流水线上的装配工。

所以一定要类比的话,交响乐团更像传统的职能导向型企业。

二、足球队是任务导向的

足球队的每个队员尽管有分工,有前锋、后卫,但每个队员的位置是灵活的。随着比赛的进行,所有队员都只围绕着"球"的变化来确定自己当时的职责,后卫可以进攻,前锋也要防守,甚至守门员在必要的时候也可以冲进前场踢一脚。整场比赛是不可能按照事先编好的剧本来推进的——初创企业是不是都这样? 白天当老板,晚上睡地板;有了活,人手不够,后勤、财务也会一起上前台;全员销售,人人都是业务员;计划总是赶不上变化。

所以,如果将创业企业做类比的话,可能与任务导向的足球队更像一些。巧合的是,足球队实际上只有两个任务,"进攻"和"防守";企业作为一个营利组织,本质上也是两个流程,"产(购)"和"销",无论是制造业,还是服务业,那些让人觉得再复杂的工作流程,也不过是这两个流程的演化或延伸。

三、网络经济的企业更像足球队

事实上,在工业化时代,企业面对的市场相对稳定,可以有计划地组织生产和销售,因此更明确的分工有利于提高效率,员工只要知道"如何做",按照岗位职责完成本职工作就可以了。企业如何面对市场信号,由董事会和 CEO 来把控。

可是进入网络经济时代后,产能和信息都过剩了。企业面对的市场瞬息万变,不仅有业内竞争,还有随时可能发生的跨界打击。但反过来,竞争维度增加了,企业的机会也扩张了,按图索骥地组织经营活动很难抓住新的机会。面对更不确定的未来,任务导向的组织显然更有弹性和优势。这样的企业员工不仅要懂"如何做",还要知道"为什么要这样做"。到了一定规模后,企业高层管理人员更可以像球队教练那样,在场外进行指导和点拨,让"听得到枪炮声、闻得到硝烟味"的一线人员拥有更多的决策权。

不过要提醒企业家朋友的是,虽然足球比赛不会像交响乐表演那样,每一个站位、每一个动作都合乎规矩、无可挑剔,从表面看,任务导向的组织会比职能导向的组织纪律性差,局部效率可能更低,但它显然会更富有创意,更具有活力。正如凯文·凯利所言,面对一个很难预测的多变环境,组织需要不断进化,但你必须容忍它的混乱及必不可少的瑕疵。

据说创业者中球迷众多，而且喜欢自己下场踢一脚，可能就因为活力四射的创业者们天然地对球队的流程更有心得。

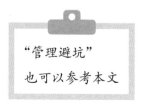

"管理避坑"

也可以参考本文

创业小船有点漏，堵洞还是继续冲？

——补短与避短

　　一个初创企业，不管是业务模式还是团队都会有许多不足之处，创始人总会苦恼，是不管这些短板继续往前冲呢？还是要抽出一部分资源来补齐短板？

　　其实，由于发展总是不平衡的，不管企业发展到什么阶段，究竟应该"扬长避短"还是"取长补短"，这个问题总会如影相随，不断逼问企业的管理者。

　　曾经，一位创业者在与我讨论他的企业近期的工作重点时说，"补短"的观点已经过时了，不要去管短板，拉长长板才是最要紧的。为了证明自己所言不虚，他还接着演示了当时网上正流行的"新木桶理论"的图（见下图）。

　　按照这张图，不仅不必取长补短，甚至可以截短补长。将手中的资源都堆积到某些方面，以突出竞争优势，这样的见解很受一部分创业者的欢迎。

　　因为人们总是喜欢做自己擅长的事，排斥自己不喜欢的工作。一个企业的短板，通常就是这个企业最不擅长的方面，因而也是最不乐意去做的事。

　　劳伦斯·彼得提出的木桶理论，是说一只木桶能盛多少水，并不取决于最长的那块木板，而是取决于最短的那块木板，所以也称

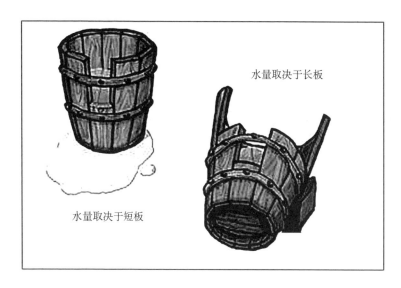

水量取决于长板

水量取决于短板

为短板效应。而新木桶理论则认为,木桶能够装多少水,有可能取决于最长的长板。

这些理论听上去都有道理,但企业究竟应该根据什么原则来分配资源的投入方向? 我们真的可以不关注短处吗?

其实,判断的标准非常简单,关键看代价。

我们可以通过评估"补"或者"不补"各会带来怎样的后果,来选择"补短"还是"避短"。

一、要不要补短

在资源有限的情况下,将资源投入企业的长项,一般总会比投入"补短"得到的回报更大,所以新木桶理论确实有其合理之处。

但如果企业面临的短板涉及企业的生死存亡,这样的短板不补就不行。关键技术、上下游关系、成本控制、营销能力、财务管理、人力资源等环节中的某一点或几点,都有可能成为关键短板,一旦出事,企业就可能命悬一线。中兴通讯依照新木桶理论,拉长了它的长板,一时风光无限,但最后因克服不了短板被人锁喉,就不得不屈辱求过关。

当然,也有些创业者是理想主义者,容不得自己的项目有任何不完美之处,所以总想着要千方百计补齐短板。其实,完全不必如此。就和人一样,绝大多数人的身体多少会有这样或那样的状况,差不多是处于亚健康状态,但这并不影响我们的生活;几乎所有的企业也都是有瑕疵的,只要不影响企业长期、持久的发展和运营,带病生存也没什么不可以啊。

二、什么时候补

小时候我常听老人说,小洞不补,大洞吃苦。意思就是,衣服如有了破洞,就要趁早赶紧补,否则破成大洞了就很不好补。企业也是一样,有问题不及时处理,等到后期再应对可能就要花很大的代价。

但也有一种情况,比如有一艘船,遇上了风暴,突然发现船漏了,港湾已经不远,这时若停下来捉漏堵洞,那要面对很大的风浪危险,但若抓紧划船,快速到达港湾后再去补漏,反而更安全。

一般而言,创业早期,扬长更要紧;有了一定规模后,补短就很重要。

资源约束条件下的企业要不要补短、如何补短,就是要去比较总体的收益与代价。当然,做这样的决策难度不小。

创业在很大程度上是一门艺术,创业者在每个关节点上的表演,其实并没有标准答案。

创始人潜然流涕为哪般？

——"示弱"也是领导力

曾经一篇《成年人的崩溃，都是静悄悄的》的网文被疯传，文中说了六个"有苦不言"的故事。这种有苦往心里咽，止不住的泪水只能在卫生间静静流的场景让人心痛，也引发了许多创业小伙伴的共鸣。

可是，创业者是不是就该这样，即使已经走投无路，人前仍然得是一个硬汉？

星巴克创始人霍华德·舒尔茨，在清华大学演讲时说道："说到领导力，在很多不同的教科书里对它有不同的定义。其中一个特质我认为被低估了，就是脆弱，尤其是对于男性。人们一般很难想象一个男人在一群人面前展示自己的脆弱，承认错误并道歉。在过去这么多年里，我学到的是，你越脆弱，会有越多人帮助你。所以，脆弱也是领导力的一个特质，作为企业的领导人，寻求帮助也是一种力量的表现。"

提到乔布斯，很多人立刻联想到的是苹果公司创始人，其实乔布斯还有一个身份，他曾经是迪士尼最大的个人股东。说起这，还有一段故事。

1986年，乔布斯无奈离开苹果后，用1000万美金收购了一家影业公司的电脑动画部门，然后成立了皮克斯动画工作室。皮克斯成立之初由于实力不够，就与迪士尼合作，由迪士尼投资，皮克斯出创意与技术，迪士尼负责发行，然后双方分成。之后，因为迪士尼自己的动画部门一直不怎么争气，反而不如皮克斯发展得好，于是迪士尼在合作中就总想控制对方，双方闹得很不愉快。一直到 2006 年，迪士尼新的掌门人罗伯特·艾格担任 CEO 后发现，迪士尼最近 10 年中新的卡通人物几乎都是由皮克斯打造的。

于是艾格就与乔布斯谈判。艾格一上来就直截了当地告诉乔布斯，他发现最受粉丝欢迎的卡通形象几乎都是皮克斯的创意，所以艾格认为，迪士尼太需要皮克斯了，他希望收购皮克斯。这是一种非常不同寻常的方式。

乔布斯事后回忆道："这就是我很喜欢罗伯特·艾格的原因，他是个心直口快的人。在谈判中这么早就泄露底牌是一种最愚蠢的做法，至少按照传统的规则来说是这样的。他就那么把他的牌摊在桌面上，说了句'我们完蛋了'。我立刻就喜欢上了这个家伙。"

艾格的示弱，赢得了乔布斯的配合。迪士尼最终如愿以偿将皮克斯收入囊中，而乔布斯也因皮克斯作价 74 亿美金，成了迪士尼最大的个人股东。

其实国内也有一个案例。一家知名上市公司的创始人由于商业违规，被判入狱。企业内部一时人心涣散，当时的董事会主席是个小股东，就趁机联合部分投资人针对公司的控制权做了一系列动作。当时创始人的太太也因涉案，被判缓刑，虽未入狱但毕竟是戴罪之身。面对踌躇满志又精明老到的董事会主席，谁都认为创始人家族在这场股权争斗中将毫无胜算。可是仅仅 6 个月，在董事会中并无席位的创始人夫人，就扭转了形势，改变了许多股东的立场,最后反而让董事局主席黯然出局。

能赢得这场胜利,除了创始人夫人本人的聪慧外,创始人的旧部及各利益相关方最后更愿意接受一个让大家相对更有安全感的老板这一因素可能也起了非常大的作用。更柔一些,看上去进攻性不那么强,反而帮助一个弱女子扭转了乾坤。

我们已经听过太多通过实力展示不战而屈人之兵的故事。很多领袖人物总是千方百计隐藏自己的脆弱,用自己强大的一面去吓阻对手。网络经济时代,任何表面强大的企业都显得脆弱,所以越来越讲究互相成就,帮助和寻求帮助将是一种常态。

老子曰:弱之胜强,柔之胜刚。

其实我已经记不清有多少次面对创业者的泪水了。但从这些潸然泪水中,我读到的不是可怜,也不是退却,也许有些许无奈、些许疲惫,而更多的是不甘放弃的执着,使人看了忍不住有想帮助的冲动。

兵无常势,水无常形。"秀肌肉"与"秀泪水"都可以成为传递力量的手段,就看什么人用,用在什么场合了。

不过,我更乐意相信的是,创业本来就是一次历险,无论成与败,创业者们既有权利去享受欢乐,也不必刻意隐藏失落与沮丧。

好汉未必不流泪。

泪水可以是某一时段的情绪释放,是一种无伤大雅的宣泄,但它并不需要成为一种算计的武器。泪水可以流,但不必"秀"。

哭完了,抹把泪,该干吗干吗!

当一个扛猎枪的农民吧

很多人知道"胡焕庸线",即瑷珲-腾冲线。这条假想连线可以作为中国人口地理的分界线,它更像是一条经验线。历史学家黄仁宇在《中国大历史》中提出"用 15 英寸等雨线"划分游牧民族和农耕民族。这条线大致与瑷珲-腾冲线相似,线的一边雨量充沛,成了农耕文化的家园,另一边气候不适合农桑,是游牧民族的天下。

黄仁宇这样描述:"中国的农民和塞外的牧人连亘了两千年的斗争记录……尤其是气候不利的时候,马背上的剽窃者就不由自主地打算袭取种田人,后者通常有半年的积蓄。"

15 英寸等雨线当中一段与长城的走势重合,实际上是生活相对稳定的农民用来防备另一边常常饥饱不定的游牧骑兵的。这也印证了大多数人的印象,农耕民族总是被游牧民族欺负。马背上的民族因为习惯狩猎,对拼杀很熟悉,所以一对一的话,循规蹈矩的农民显然打不过彪悍的牧民,就不得不垒一堵高墙来挡住抢劫者的袭扰。

但有人研究了历史后认为这可能只是一个片面的观点。无论中外,历史上农耕民族对游牧民族的战争,其实是胜多输少。因为人类出现农耕文明后,农民比游牧民有更丰富的食物来源、更强的抵御自然灾害的能力、更稳定的社会结构,因而也更富裕,这样在武器装备上可以更先进,人力、财力、物力上都有更强大的动员力。所以总体而言,农耕文明是更占上风的。

这使我想到了那些创业者们。有一位连续创业者,做了一个动漫形象产品的新项目,有两条业务线,一条业务线目前有稳定但不算大的现金流;另一条业务线现金流不稳定,但一旦有突破,就会有"三年不开张,开张吃三年"的效果。创始人问应该用怎样的策略往前走?

很多创业者是不是经常会遇到这样的交叉路口:做"农民"还是当"猎人"?

做"农民"很辛苦,常常在见投资人时会被质疑那些细水长流的现金流业务"只不过是一种生意而已,做不成一番事业"。但农民一分耕耘就有一分收获,虽不会大富大贵,却能保得温饱。

可要是当个"猎人"呢,不管能不能打到老虎,纵马飞驰就很拉风。瑞幸咖啡上市之前,曾高调张扬地大把撒钱,虽然当时还看不出企业将怎么进一步赚钱,但创始人骄傲地宣称亏 8 个亿完全在预期之中,还说投资人嫌他亏少了。这样的投资人很像是看武松喝了几碗酒过景阳冈能打虎,于是逮一个人灌了他加倍的酒,就以为这人无论去哪都能打死老虎了。这看上去确有一股子豪气。可是如此进山的猎人常常会一无所获,就像当初的瑞幸咖啡虽然火速上市,终究又因造假被旋即赶出股市一样。

如果看个案,那些追风口的创业者时不时会有令人咋舌的表现,就像狩猎者看上去比农民更厉害那样。但总体来看,农耕终究会胜过游牧,踏踏实实地做生意不见得会输给追风者。一度被扫地出门的瑞幸咖啡,在换了经营层后,老老实实地运营,几年后终于看到了起色,甚至全国门店数已经超越了星巴克。

那位连续创业者谈到自己的可以细水长流的新项目时，感到有点不好意思，问道："我是不是志向不够高，就此把事业做成了生意?"其实把项目做成生意了，又怎么样呢？如果连生意都做不成，也不可能做得成事业。

当然，创业者确实不能只有眼前的苟且，还要有"诗和远方"。所以要把满足温饱以后的余粮，换成纸笔来画梦。

如果创业环境真的遇上了寒冬，创业者们就站到等雨线的右边来吧，当个踏踏实实的农民，但别忘了身上背支猎枪，在田间作业时见到有野兔从眼前晃过，就放一枪。

"管理避坑"
也可以参考本文

艺术家不在乎"工匠精神"？

——多点匠心，少点匠气

香港的国际猛犸牙雕大师朱忠盛享誉海内外，其成果累累，作品屡屡获奖。曾任上海文化出版社社长的王刚，也是雕刻艺术方面造诣颇深的专家，曾经研究过雕刻艺术史，出版过专著。王刚见到朱忠盛的艺术作品后，大为欣赏，力主要为朱先生出一本作品集。有一次王刚社长评价朱先生的作品时，称赞其为"鬼斧神工"。可是朱先生却在背后对我嘀咕，说他不喜欢"鬼斧神工"这个词，认为这是夸手艺的词，工匠才在意手艺啊。

那时正是"工匠精神"一词火热之时，每个人都巴不得被人贴上"匠人"的标签，当时我理解不了朱先生的顾忌。

直到一次红座老友俱乐部的周总和施总指点我如何欣赏书画名家董芷林的画作时，我才若有所悟。他们比较了几位画家的作品，尽管表面看上去差不多，但仔细观察可以发现，不同于董先生的作品，其他画作有模仿的痕迹，笔触显得僵硬、刻板。他们对此评价：充满了匠气。

这时我忽然就理解了朱先生当时为什么会介意。一件艺术品，如果只有技巧，没有创意，那作品透露的就是匠气，艺术价值并不高。

不仅是缺乏创意的艺术家会有匠气，其实很多领域，甚至学者也会沾染匠气。有些教授写出的论文虽然不少，写作规范，引文、标点符号，甚至字体、字号一个不错，可是没有真正的创见，只是一个陈旧知识的重复包装；社会上的一些所谓的明星讲师，对社会经济现象有观察，没洞察，辞藻华丽，段子不少，演讲时尽管看似现场效果不错，但因为缺乏真正独到的见解，所以我们仍能从中闻出一股"匠气"。

我们提倡"工匠精神"，希望每个人都能认真对待岗位工作，一丝不苟，注重细节，追求极致，但如果其中缺了激情和创新，那就成了例行公事，所有的认真和细致都不过是在对标准、走程序。如果过程中不能注入"灵气"，结果就一定有"匠气"。

2003年前后，我经常搭乘上海航空公司的航班外出，巧遇过几次吴尔愉当值。她已是一位从业多年的空嫂，不再具备年轻的优势。同样是巡视，动作、语言与其他空乘看似区别不大，但经她手递来的一杯水、从她口中说出的一句问候却令人如沐春风，她的细致周到、轻言轻语能让机舱里弥漫开温馨的气氛。后来据说吴尔愉退居二线了，但我也遇到过几次"吴尔愉乘务组"，服务更标准了，应对也更规范了，可以明显体会出培训的痕迹，但感受却不一样了。

以"变态"服务起家的海底捞，用那些变着花样的其他餐饮店想不到的各种服务招数让消费者蜂拥而至，以致有人写了一本书《海底捞你学不会》。可是登上神坛之后的海底捞，规模一扩大，就势必要推行标准化，各种质疑也随之而来，当擦皮鞋、送眼镜布、涂指甲、送小食都成为标配之后，笑一定要露八颗牙，鞠躬必须45度的僵硬标准，再也不能让消费者感受到更多的温度。如果海底捞不能持续推出新的招数，就不是你学不会，而是没啥可学的了。

就像有些人很推崇的日式服务，周到细腻、体贴入微，一开始确实会让消费者惊奇，但久了后难免会对这种千篇一律的殷勤感觉麻木。

那些原本"匠心"独具的巧思、巧为，一旦被多次复制、粘贴，就成了印刷品，一定自带"匠气"。

我们提倡工匠精神，就是要倡导怀抱匠心，追求匠艺，警惕匠气。

"管理避坑"
也可以参考本文

关键不是"会变通"，而是能抓住本质

有人提到吴晓波与罗振宇的一段往事，想用来证明决定人生高度的是会不会变通。也就是当你遇到阻碍时，懂不懂得绕开、不硬碰硬，决定了你能不能成功。

这段故事说的是，吴晓波准备将他的《激荡三十年》拍成一部纪录片，节目组请来当时还不太出名的罗振宇做策划。30年的故事准备拍成30集，可是时间只有3个月，最大的困难是根本不可能找齐那么多的《激荡三十年》中的故事当事人，即使找到了也不可能在3个月里预约到所有人的时间并完成采访。

就在所有的人都一筹莫展之时，罗振宇发声了："为什么非要采访当事人呢，不能采访旁观者吗？"

罗振宇提出，书中的当事人一个都不请，只做外围采访。比如张瑞敏砸冰箱的故事，不采访张本人而是采访报道他砸冰箱的记者。这一招使得节目组如期约到了近300名采访对象，完成了节目制作。这一另辟蹊径的方式也令观众耳目一新。《激荡：1978—2008》播出后，囊括了当年几乎所有的年度新闻纪录片大奖。

有人因此认为，罗振宇能有这样的神来之笔，就因为他会变通，会变通的人才会有成就，是"变通商"决定了人生的高度。这种看法对吗？

当然不被固有思维所困，不迷信权威，出牌不循常理，会见机行事、能屈能伸，会以退为进、借力使力，等等，这些招数常常能让人在山穷水尽时出现柳暗花明。但如果把这些都归结为"会变通"的话，就太过简单了。

其实会变通只是表象，能识别问题的本质，并有办法解决它才是关键。罗振宇抓住了要解决的问题本质：能让观众通过荧屏重温当年的故事。而当年的故事，并非只有当事人才了解，旁观者的角度还可能更接近观众的感受。看上去是罗振宇做了一次"变通"，实际上是他识破了真正的问题。

"变通"一词的着重点在"变"。一根筋（不会"变通"）的人当然很可能处处受阻。但一个人如果总是见风使舵，凡事都可酌情处理，规矩不必遵守，制度可以无视，底线可以突破，看似左右逢源，"变通商"是高了，但人生就一定会有高度吗？

事实上，我们在观察创业者时，会很在意他们有没有长期坚持的东西。人们当然不喜欢钻牛角尖的创始人，但对一个过于圆滑善变的人，我们也会很警惕。特别会"变通"的创业者，不见得会让投资人喜欢。

总之，不是什么"变通商"决定人生高度，而是能剥开表象见本质，找到真正需要解决的关键问题，然后用最小的代价去解决这个问题的能力，决定了你的天地可以有多大。能抓住问题本质，才能知道什么是必须坚守的，什么是可以权变处理的。

并非所有的人都能掌握这种透视本质的能力，但这才是一个成功者真正必须具备的特质。

改变一个行业的可能是那些外行

曾总创办了一家物流服务企业。前不久听他感叹，由于发展的新业务是行业中的全新模式，所以不存在所谓的"同行"，更不可能找到熟练的"内行"，连挖角都做不到，业务发展得快，人才就成了瓶颈。曾总说，我们现在就如同一群外行在折腾，虽然很兴奋，但总有一些不踏实的感觉。

无独有偶，王总进入财经知识教育领域才两年不到，但其公司发展非常快，预计当年的营业额会超过 2 亿元。可是最近与他交流时，总能感受到他有隐隐的焦虑。有一次我忍不住问了。王总说，我们过去并没有做培训业务的经验，突然闯入后，越是发展快，就越是疑惑，继续走下去会不会踩到行业的什么坑，外行能成事吗？所以现在就特别想交一些"内行"的朋友，来帮我们出主意。

两位创业者有着同样的忧虑："外行"搞成事的机会大不大？

曾经在十几年里连续创办了三家百亿级上市公司的传奇人物季琦，据说也常常被责疑是外行。季琦在《创始人手记》中讲述过这样一个故事。有一次，他们收购了一家行业内领先的酒店，这家店当时的经营毛利（GOP）率在 30% 左右，在行业内算是比较高了。可是，季琦给新的经营团队提出了 GOP 率要达到 70% 的要求。团队的领导就跟季琦说：老季啊，你不懂行，这个行业从来就没有这么高的 GOP 率。(估计季琦当时听了这话心里很不爽，所以多年以后还会重提旧事。)然而，就在季琦这个"外行"的领导下，最后酒店的 GOP 率甚至超出了预期的 70%。

其实，我们可以找到很多外行逆袭的事例。马云早期不是从事零售业的，马化腾以前不是媒体人，程维早年也没接触过出租车行业，可是阿里巴巴颠覆了零售模式，腾讯开辟了新的媒体疆域，滴滴打车改变了许多人的出行方式。

给一个行业带来革命性变化的也可以是那些"外行"。原因其实也很简单，"内行"们在某个行业中沉浸一久，就很容易形成思维定式，过去的成功经验会导致路径依赖，过去的挫折教训也可能会形成条件反射，在新的环境变化条件下，"内行"们往往更不容易识破庐山真面目，对行业的结构性问题反而不如跨界的"外行"敏感。

要完善一个行业，需要依靠内行，因为只有内行才能更深切地体会到行业内的运营问题所在。

但深刻改变一个行业，给行业带来真正冲击的，可能是那些外行。因为外行更容易从外部视角观察、审视行业在价值链中的地位与缺失，对行业重新进行解构，甚至跨界整合。

所以我们给曾总和王总的建议就是，如果你只是想在行业内做些修修补补，那你就多琢磨琢磨"内行"的意见；如果你想做一番更不一样的事，那就不要被"内行"们的见解束缚了。

如果一个创业团队，由富有远见又充满激情的"外行"领头，再辅以"内行"来执行落实，这样的创业组合就会更让人期待。就像菜鸟网络的童文红与万霖。2013 年 5 月，阿里启动"菜鸟"物流项目,领头操盘的是童文红,她是一个从阿里巴巴的前台小妹起步的真正的物流行业"菜鸟",大约 1 年后,原来亚马逊负责物流的万霖加入,成为童文红的副手。如今菜鸟已经成为全世界最大的物流数据平台公司,中国 70％以上的快递包裹运行在菜鸟平台上。

外行创业当然并不一定成功,但一旦成功就更有可能成为颠覆者。

其实无论是"内行"还是"外行",只要能自如地不受思维定式束缚,具备更深厚、更宽广的视野,能透视行业面临的发展问题,就都可能成为行业的领先者。

创业避坑

做一个好老板，而不是好人老板

上个月，小伙伴们告诉我，夏总的团队发生了一些变化，有两个创始合伙人相继离开，夏总情绪有点波动。知道消息后，我赶紧联系了夏总。

夏总是个很重感情的创业者，他经常会挂在嘴上的就是，我一定要让团队的兄弟们过上好日子。可是，好日子还没看到，兄弟却要离开了，这种伤感很让人共情。

可是我与夏总见面不是为了安慰他。

我告诉夏总：

（1）创业团队要成长，不会所有的人都一直跟得上。有人完成了阶段性任务，下车了，很正常。还会有人继续搭车，但再走一程，又会有人下车，要习惯团队的变动。

（2）为什么有些人，你觉得已经很照顾他，很为他着想了，而他还是不领情？有两种可能：一是对方很自私，不懂感恩，同路不同心，一遇风浪就先跳船了，这种人并不值得留恋；二是你对他们的付出，也许并不是他们真正想要的。

那什么才是老板应该努力为团队去付出的呢？

我们常说，将军的职责不是讨士兵喜欢，而是打胜仗，打赢才是对士兵最大的爱护。

同样，一个好老板不必曲意去逢迎员工，让团队能在市场上战斗，经常打胜仗，才是最重要的事。

好老板的真正职责是将公司经营好,使产品或服务能给用户带来价值,对社会有贡献。这样团队中的每一员的价值,才真正有机会表现出来。

当然,一个不被士兵敬重的将军,是不可能百战百胜的。也很难想象,一个不能善待自己员工的老板,能让团队甘心追随。

但什么才是真正的"善待"?

老板的责任不是让员工舒服,做老板该做的,才最符合员工的根本利益。

我曾经在一所学校工作,分管过一个学院的对外培训业务。上任后不久,就停止了业务部门的寒暑假,改为轮休,以保证招生工作不断线。因为招生有如销售。试问有谁听说过一家商业机构,客户没放假,却让自己的销售人员全体一起放长假的吗?

可是,据说我退了后,继任者就着急恢复了全体休假制。显然,从员工的角度来看,享受寒暑假的福利自然是好事。但从组织目标来看,就不一定了。

员工的福利是否恰当,评判的依据不仅仅是员工是否喜欢,而更要看是否有悖团队的根本目标。

为人一定要带感情,可是处事就不必被感情左右。

好老板一定不会亏待员工,但刻意讨好员工的通常当不成好老板。

这样的辩证法,值得每一位创业者思考。

"管理避坑"

也可以参考本文

一句话让你明白"企业文化"

经常有创业者朋友问,什么是企业文化?

我的回答是:企业文化就是企业的团队成员之间所形成的默契。

也就是无论人前背后,不用提醒,不必监督,当面临相似情况时,所有人都会用类似的态度或方法来对待。这种企业成员共同拥有的处事(待人)的方式,就是企业文化。

创业者们经常被告知,企业文化十分重要,不重视企业文化的建设,就会制约企业的长远发展。

而按照教科书的定义,企业文化是个非常复杂的概念。它包含了企业愿景、文化观念、价值观念、企业精神、道德规范、行为准则、历史传统、企业制度、文化环境、企业产品等。

如果要求初创企业的创业者们从这么多角度去思考和构建所谓"企业文化",这往往会使得创业者们觉得无从下手、力不从心。有些创业者就把设计一个 logo(标志),搞一本宣传册,把企业愿景、价值观、企业使命及各种制度等表现成口号或文字,就当作文化建设了。

其实,企业文化的形成,更重要的不是文字(当然文字会有很大的催化作用),而是团队成员之间到底能演变出怎样的默契。

写在纸上,挂在墙上的口号,如果不能形成团队的共同默契,有和没有就没啥区别。

　　企业文化的形成应该是流动的。自然而然演变而成的行为默契，要比刻意要求员工遵守的规则、制度的力量更为强大。

　　创业者们可以经常检视一下自己的企业，看看在团队中已经形成了哪些默契。这些默契中有哪些是应该坚持的，又有哪些其实不是自己想要且需要摒弃的？还有哪些是自己想要，可是还没有形成的默契？

　　如果搞清了那些已经形成和还没形成的默契，就可以去想一想构建匹配自己企业文化的途径到底在哪里，而不必拘泥于一定要采用什么形式或形成怎样的文字。

根植于内心的默契

贵州财经大学副校长肖小虹教授看了《一句话让你明白"企业文化"》,对文章中的"企业文化就是企业的团队成员之间所形成的默契"有此评论:是根植于内心的默契。

因为是"根植于内心"的,所以无论人前人后,不用提醒,不必监督,在相似的场景下,所有人都会采用类似方法或态度来对待。

这种默契的保持不是只依靠于制度规范和监管,也不是仅仅因为奖励机制或利益诱惑,而是一种发自内心的自觉。也就是说,当一种行为不能给你带来奖赏,也不会避免惩罚时,团队成员依旧能产生共鸣并引发行动,这才是根植于内心的"默契"。

巴里·施瓦茨被认为是世界心理学领域最具代表性的学者,他写过好几本颇有影响力的书,其中一本是《遗失的智慧》。施瓦茨在这本书中从各个角度对制度作用的局限性做了分析。他认为仅仅依靠制度一定会走入困境,要冲击僵化的习惯和体制,就需要找回亚里士多德所说的"实践智慧"。当制度失效时,不应该寄希望于打更多的制度补丁来挽救,而是应该依靠"实践智慧"来补救。也就是能理解什么是终极目标,并且懂得如何去达成终极目标的智慧——既有意愿,又有技巧,不依赖于制度指引的"实践智慧"。

其实，那些制度外的所谓"实践智慧"，如果在组织中能有所贯彻，实际上就是成文制度外的隐性规则了。隐性规则与成文制度一起组成了完整的企业运行制度。当成文制度有缺陷或不能完全覆盖，使得组织运行不正常时，如果有隐性规则补救，就仍然能让企业的运营继续。

隐性规则与成文制度并不一定总是配合的，也经常会起冲突。与成文制度有冲突的隐性规则，实际上也是更高阶的制度，因为它在与成文制度的冲突中是会占上风的。

也就是说，组织中的一些隐性规则，才是真正的"根植于内心的默契"。隐性规则有些是对显制度的补充，而有些则是对显制度的抵消。当然，即使是一种"抵消"，也并不一定都是破坏性的，有可能是一种良性的修正。

比如，很多企业制度规定：要平等对待每一位消费者。可是你如果区别对待老人或其他有困难的消费者，实际上是对制度更好的补充。因为"平等对待"的真正目的是希望让每一位消费者都能感受到同样优质的服务，而如果不给行动不便的老人或其他困难人群特殊帮助，他们就无法享受到与普通人一样的服务。如果企业的员工都会如此"区别对待"消费者，尽管似乎从字面上看是抵消了明文规定，但实际上这种默契是对制度更好的修正。

如果制度规定了"平等对待"，但只要是自己的熟人，或是给了什么好处，就可以享受不同待遇，那就说明制度之外另有破坏性的"潜规则"。

背离正式制度的"潜规则"也是"规则"。"潜规则"对正式制度可能会有冲击，但对组织更有破坏意义的还不是"潜规则"，而是"没有规则"，也就是没有"默契"，因为这时组织文化的方向是混乱的。

曾有位苏州的企业家朋友问我，如何看待企业文化与企业成长的关系。我给了他三句话：

（1）用文化来塑造组织。

（2）用组织来保障生意。

（3）用生意来反哺文化。

尽管真正根植于内心的"默契"并不依赖于利诱，但企业内形成的合理而有效的"默契"的确可以带来物化的收益（当然这种收益有可能是远期的或间接的），而物质利益的刺激反过来会更强化"默契"。

管理者的时间刻度

记得有一位勤奋过人的教授新任领导后召开会议,他把开会时间定在 8 时 29 分 35 秒。看到这样的会议通知,很多人感到愕然,为啥定这么奇怪的时间?后来他特意解释,就是要用这样的方式来提醒大家加强时间观念,要有用分、秒来计算时间的紧迫感。

可是,分秒必争是领导力的必备条件吗?

一、不同的时间刻度

上海市委组织部曾经委托上海交大安泰经管学院办过几期厅局级领导干部领导力提升选修课程班。其间我们请了当时上海交大人文学院的江晓原教授讲了一期关于科技史的课。没想到第一堂课结束后,就有一名学员大声质疑,为什么要为我们安排这样的课程?言下之意就是,这与领导力提升有啥关系。江教授估计也是没有料到,就回应说这个问题该由主办方来回答。同事们向我反映后,我去班级做了回应。

我说:"各位领导可能都有秘书,他们通常是以小时为刻度来安排时间的。比如,局长下午 2 点到 3 点有专题会议,要通知参会人员;3 点到 3 点 45 分,接受记者专访,要准备资料;4 点局领导接待外地同行交流,要提前安排,等等。

"而一个班组长,通常是以天为刻度来管理时间的。比如,按照生产进度，明天要准备多少物料，后天劳动力要怎么调配，等等。

"一个厂长或经理，会以月或季作为把关生产的时间刻度。比如，为了完成董事会下达的年度指标，3 月份必须完成采购计划，5月份要完成新的流水线验收，7 月份的现金流预计有缺口要提前调度，等等。

"像你们这样的干部，通常是以年为刻度的。比如，年度民生项目、'十四五'规划、本届政府承诺的五年目标，等等。

"可是史学家的时间刻度往往是年代，比如江教授讲的科技史，通常讨论的是 100 年、50 年间发生了什么，发明了 100 年的DDT（双对氯苯基三氯乙烷）的作用及给后世带来的危害，等等。

"我们希望在我们的教室里培养的是领袖级的人物，安排一些史学课程，目的是希望把你们的时间刻度拉长，当你们在做日常决策时，考虑的不仅仅是本届政府的任期政绩，也要想到十年、几十年甚至上百年后对我们子孙的影响。"

以后每逢江教授的课，我都要在开课前如此这般地先做一个说明。

二、配合不同时间刻度的管理方法

很多人工作职位提升后，思维角度没有跟着变化。创业企业也一样，创始人的时间刻度也要跟着企业的成长变化，始终以天、月为时间刻度的企业当不成行业领头羊。

但层级越高的领导，时间刻度越要拉长，并不是说高层领导不必关注日常。古语云：不谋万世者，不足以谋一时。反之，不谋一时者，何堪谋万世。高层领导既要手持望远镜，也要戴好放大镜，远近之间收放自如。

以天为单位的管理者,应该是问题导向,要能实实在在地解决面临的问题,关注细节、重视过程;以月、季为单位的管理者,可以是目标或结果导向,更关注行动的结果,而不仅仅是过程;以年甚至是以年代为单位的管理者,应该是灰度管理导向,结果和目标都不必是刚性的,各种"利""害"相权,在所得和所失之间找到平衡。

目标导向不是不关注问题,而是紧紧抓住关键问题,有意放弃去解决所有的问题,或者说可以容忍存在一些问题。有时基层会看到问题有一大堆,还会抱怨上司不够重视,其实在上级眼里看到的则是,尽管跌跌撞撞,但目标终于达成了。

灰度管理不是没有目标,而是不刻意执着于一定的目标。在一个不确定的环境里,通常要有多手准备,尽最大的努力,追求最不坏的结果。有时下级会抱怨,计划不如变化快,而上级可能正庆幸,还好调整及时,躲过了一劫。

时间刻度不一样,看到的画面就不同。

"管理避坑"

也可以参考本文

创始人的三种思维叠加

一个创业者从起步开始，逐步成为一名合格的企业家，再到优秀企业家，甚至成为一名有影响力的杰出企业家，这三个台阶背后实际上有三种思维在主导。这三种思维互不相同，又互相影响、互相支撑。

一、价值思维——企业家的底线

企业存在的根本理由是能够满足客户的需求。所以对企业家最基本的要求就是懂得如何创造出能满足市场需求的价值。

能组织生产出满足市场需求的产品或服务，这就是企业家的价值思维。

衡量是否有价值思维，不是看你对业务有多精通，而是看能不能真正懂得消费者（客户）想要的究竟是什么。有很高的专业学位或专业经验的人，比如电子专业博士不见得比非专业出身的人更理解电子产品的"价值"。

也就是说，专业知识并不是具有价值思维的必要条件。一个没有很多专业知识积累，但对市场把握准确的企业家，同样能够通过组织专业人士来完成满足市场需求的业务活动。当然，一个有着深厚的专业基础，又对客户需求有灵敏嗅觉的企业家，与专业团队的沟通会更顺畅。

专业知识能告诉我们"可以做什么",价值思维则强调"应该做什么"。

如果只有专业知识没有客户立场,则很容易陷入"产品导向",也就是以产品或技术为中心,而不是以客户需求作为思考的出发点。

很多人认为既然核心是"以客户为中心",就应该不折不扣地满足客户提出的要求。这其实也是一个误解,客户提出的要求,并不一定是真正的问题,或真的符合客户的根本利益。一个顾客提出要一件更厚实的羽绒服,于是一名店员就推荐可以往衣服里充更多的鸭绒,而另一名店员则推荐了几款高科技保暖内衣。顾客最后选择的是后者的推荐。

所以"以客户为中心",应该是"以解决客户真正的问题为中心",这就需要洞察力和解决问题的能力。

没有价值思维是成不了一个合格的企业家的。

二、管理思维——企业家的本分

创始人具备价值思维,能够洞察客户的需求,并且通过业务活动满足了客户的需求,并不见得就能成为一个优秀的企业家了。

按照科斯的观点,企业家区别于个体劳动者,就在于个体劳动者是用价格机制来完成分工的,而企业管理者则用企业内部交易的方式(内部的管理协调)来完成分工。

所以企业家必须有能力协调好企业的内部分工来应对外部环境,更高效、优质、持续地创造出客户所需要的"价值"。

管理好一个组织,生成良好的组织基因,就是创始人的管理思维。

对一个懂得产品或服务的价值但不具备管理思维的创始人，如果不能通过组织来放大他的能力的话，那他还不如当回个体劳动者。同样，有管理思维但不具备价值思维的创始人，根基是不稳的。

优秀的企业家应该同时具备价值思维和管理思维。当然，就像企业家可以通过聘请专业人士来提升业务知识的短板一样，他们也可以通过聘请专业管理人员来弥补自己管理方面的不足。

三、社会思维——企业家的高度

创始人能同时在价值思维和管理思维上胜出一筹，就具备了成为一个优秀企业家的基本条件。但一个有格局有胸怀的企业家，他们的使命感和责任感不会止步于此，不会只对自己的企业或客户负责。

具有社会思维的企业家，将引领行业、影响社会，不仅贡献产品，还能贡献思想，促进社会进步。

杰出的企业家应该同时兼备价值思维、管理思维及社会思维。

具有社会思维并不是说鼓励企业家热衷社会活动，而是你要站在社会的角度来思考你的企业和产品的利弊得失，权衡你的企业和产品给社会带来了哪些有利或不利的影响，促进了社会哪些正面的变化。

不过，有些企业家在企业取得一定成功之后，不再把精力放在企业经营上，而是成了一个公众人物，四处布道，八方指点，影响力是有了，但同企业关系不大，所以他这时的真正身份其实不是企业家,而是一个社会活动家。

　　具备价值思维的企业家能完成一个为客户创造价值的业务活动;具备管理思维的企业家能通过管理好价值链来持续不断地改善业务活动过程;具备社会思维的企业家能站在有利于社会的角度思考如何管理价值链,并引领行业风气。

　　换言之:价值思维是能理解并解决用户的问题;管理思维能帮助区分处理问题的优序,更高效、合理地解决客户的问题;社会思维就是你能判别解决问题的过程和结果会带来的连锁反应,并用你的良知去取舍。

判断创业者成功概率是否高，就看这两点

很多朋友会问，你们是如何判断一个创业者有没有机会的？大多数情况下，我的经验是主要依据以下两点。

一、学习能力

很多人认为，创业项目的方向决定了企业未来的生死，所以判断项目长远与否的关键主要是看"风口"、"赛道"或者"商业模式"等等。这些的确很重要，但对一个早期的初创企业而言，初始的几步走点弯路不足为奇，相比较而言，判断项目时我们更注重的是创始人的学习能力。创业项目起步时哪怕起点低一点、方向跑偏一点，只要错不致死，学习能力强的创业者自会不断纠偏，在一次次的碰壁中摸索出最适合自己的发展途径。

创业的学习能力是一种综合能力，它是创业者通过创业实践、交流和思考，获得商业认知和掌握商业技巧的能力。学习能力强的创业者会以更小的代价在竞争环境中成长起来。

学习能力强的一个标志是勤于思考，会追根究底，对新鲜的事物，特别是行业动向和新的知识十分敏感，但又总是保持一份警惕。也就是说始终不失好奇心，但又不会莽撞冲动。

学习能力强的另一个标志是心态开放，能多维角度思考，逻辑强、直觉准确，总能在管理实践中发现苗头性的问题，并且有能力

归纳出可以指引下属工作的业务框架。

学习能力强的创业者也会更恰当地处理好人际关系,他们会从人际交往中汲取有益的养分,但也会理性地避免人情羁绊。

从某种意义上来说,"人品"也是学习能力的一种体现。学习能力强的人不需要在现实中被狠狠教训后才醒悟,他们早早就明白"言而有信"才会使你机会越来越多,而"斤斤计较"并不会给你带来更多好处,对朋友和伙伴"不忠"会使你的路越走越窄,等等。因此,"人品"不好,某些程度上也反映出学习能力不够。

学习能力并不等同于受教育背景。比如你名校毕业,可以证明你有能力应对"确定"知识的考核,但并不代表你在应对不确定的、不存在唯一解的动态商业竞争中,能领悟得更快、学得更好。

二、是不是一项"事业"

创始人有没有将创业项目当成他自己的一项"事业",是我们判断创业者能否成功的另一个重要依据。

很多投资人把"规模"看作创业者从事的项目够不够得上一份"事业"的标志,认为不到一定规模就最多算是一笔"生意",不能算"事业"。对此我们并不完全认同。即使创业者的创业项目只是一家便利店,也未必不能成为他追求的"事业"。

心理学家艾米·瑞兹尼沃斯基认为,吸引人、有意义、拥有自主权的工作可以区别于"任务"或"职业",而被称为"事业"。所以我们通常观察以下三点:

1. 创始人是不是真的被项目吸引

也就是观察创始人真正的兴趣所在,创始人有没有对项目迸发出创业激情,在创业途中会不会全身心投入。把创业项目当成

"事业"的创始人会表现出很强的韧劲,绝不轻易放弃。我们的确看到不少这样的创始人,当周边的人都在动摇时,他仍然会选择咬牙坚持。

2. 创始人是否在乎项目真的能为别人创造价值

我曾经问一位创业者为什么要创业。他说:"因为穷怕了。"的确有许多创业者是抱着希望经济上翻身的目的走上创业之路的,这本身没错,但创业项目的真正价值来自项目能为客户创造的价值,创业者实现财务自由只是一个附带的结果。如果创业的目的只是赚到更多钱,那创业就只是一种谋生手段,只是一份"工作",就算不上是一份"事业"。

3. 创始人对项目的可控程度

如果没有足够的自主权,这样的创业就像是在完成一件"任务"。所以创业项目有没有适当的股权安排,项目在产业价值链中的位置,都是重要的观察点。

正如艾米·瑞兹尼沃斯基所说,吸引人、有意义和拥有自主权的工作最具满足感,会使人充满幸福地工作。所以把创业项目当作自己"事业"的创始人,经历再多的挫折,也不会沮丧,不会轻易退缩,很少抱怨,总是元气满满,因此在创业路上也能走得更远。

一个学习能力强、把创业当成事业的创业者,一定会百折不挠,绝处逢生,这样"成功"离他(她)还会远吗?

貌似"人格分裂"，是厉害老板的标配？

在杭州，一家年营收1000多亿元的上市公司的高管跟我说："我们的董事长很厉害，他的性格看上去是矛盾的。"他举例说，董事长以前是学财会的，当年做财务工作成绩突出，又被调去做销售，居然在销售岗位也能做成销冠。

我明白他的意思，一般财务工作做得好的人，作风稳健，而销售要做得好，就不能太中规中矩，要敢冒风险，这两者是有点冲突的。所以在日常工作中，能在这两个岗位上都做得有声有色的人极少。

其实，一个好老板，在很多方面都会表现出类似的矛盾现象。

一、既心软又手硬

网上曾经有过争论：老板对员工究竟应该"好一点"，还是应该"狠一点"？其实这是个伪命题。

古语说"慈不掌兵"，但一个好老板，不能没有人情味，不能没有同理心，所以一个好老板在管理上看起来就会是矛盾的。一方面，老板必须站在企业的立场，面对棘手问题时下得了狠心；另一方面，他也要能站在员工或对方的角度，充满同理心。

好老板，他会把公私分开。在私域可以宽厚待人，处理问题温情脉脉；在公域则必得铁面无私，处理问题手起刀落，绝不拖泥带水。

心不软，不通人之常情，不会悲天悯人，就会缺少追随者；手不硬，当断不断，反受其乱，你就没有了成大事的机会。

所以好老板对员工既应该"好一点"，也必须"狠一点"。

二、既大方又抠门

曾经有一家控制了四家上市公司的民营百强企业的董事长助理向我抱怨，一次出差时他和老板到机场早了一点，于是就为老板购买了一份贵宾室休息券，没想到被狠狠批评了。他说，昨天刚被老板指责对合作伙伴的接待标准太低了，不会花钱，这回机票也没办头等舱，花100多元休息2个小时又成乱花钱了。

好老板都是这样，在觉得该花钱时绝不犹豫，但能省的地方多花一分都舍不得。投入研发可以不惜成本，招揽人才可以允诺重金，接待客人可以极尽诚意，但在自己的办公室里，用了一面的A4纸反过来还要写字。

虽说是当守财奴葛朗台不会有出息，但只会大手大脚又很容易成败家子。

三、既大胆又谨慎

好老板必须是下属的主心骨。很多朋友说，工作中最讨厌的就是那种总结经验时一套一套，碰到难题时束手无策，不敢担责，出了问题就甩锅的领导了。

所以好领导必得是关键时刻敢于拍板的人。在没人敢决策的时候，下得了决心，这需要胆略。

没有过人的胆识，不可能出类拔萃；但一味莽撞，早晚会翻车。

所以，好老板总是看似冒险，却又事事小心。在所有的人都感到无望时,他能力排众议,放手一搏;而在众人都感觉平安无事时,能嗅出危险气味,谨慎防范。平时布的闲棋冷子,你以为无用,关键时刻,却能一招定乾坤。

四、既放手又管控

不会放手,对下属一百个不放心,事事亲力亲为的老板,自己累死累活不算,还干不好活。几乎每个有点能力的人都不喜欢被管头管脚,所以企业要发展,毫无疑问老板必须要放手。

古人说,用人不疑,疑人不用。但马云反其道而用之,说"用人要疑,疑人也要用"。其实,马云的看法也有其道理。早年因为信息手段落后,用人不疑不过是无奈之举。而现在管理工具越来越多,信息可以越来越通畅,老板完全可以做到放手不放任。下属在合理范围用权,老板不要去干涉,但一定要让下属清楚,如果滥权,老板是会明察秋毫的。

曾经有一位创业者找我讨论,每天那么多的票据要签字,怎么可能每张都搞清来龙去脉呢? 我告诉他我过去的经验:一方面要给下属一点空间,没必要每张票据都弄得一清二楚;但每隔一段时间,要在一些隐蔽的、容易有问题的收支上留心。只要你时不时地能看出一些问题,下属自然会明白不能随便糊弄老板。但不要眼睛只盯着金额大的,特别是要注意一些小地方。如果下属感觉老板连这么细微的地方都能掌握,以后会更倍加小心。

不放手,一潭死水;不管控,一团乱麻。

五、入得了庙堂,行得了江湖

庙堂之高,江湖之远,而一个企业介于其中,脱不了与这两者的关系。但要穿梭于这两者之间，能做到自如切换不同的频道，的确不易。

一个真正厉害的老板，可以运筹帷幄，国际大势、国内政策、经济趋势、消费动向，了然于胸；而对于蝇营狗苟、鸡鸣狗盗，也能一眼看穿，见过世面，深谙人性。商业交易中，你守规则，我比你更规矩；你要无赖，我比你更强悍。

很多成功者其实都心埋着"事了拂衣去，深藏身与名"的侠气，所以平日入庙堂能忧国忧民，行江湖能肝胆相照也就不足为奇了。

也许一个"好老板"就应该是复杂的。你会说不清他到底是大方还是小气；也不确定他到底算是好说话的还是不近人情的；他好像很果断却也有纠结的时候；有人觉得他很平和，有人却觉得他难以接近……

老板一做大就会让人嫌弃？

——彼得原理与创业

我们常常会见到有些创业者，开始做得很成功，成绩明显，谁都会认可他们的能力；可是企业规模大了以后，就出现了各种问题，且会让舆论一边倒地认为，原来他们的水平很低。到底哪个才是真的？

比如，媒体报道南京有位沈老板，原本出身平常，因为娶了人称"翡翠王"的珠宝玉石专家的千金，早年倚仗老丈人的背书，在珠宝街卖翡翠一炮打响。此后他又果断转行，创办了一家珠宝企业，在钻石界异军突起，凭着灵敏的市场嗅觉，频频推出爆款，一跃成为行业霸主。沈老板后又涉足娱乐圈，在电视节目中频频亮相，更是一时风头无两。有熟悉他的人称，这时的沈老板喜欢被讴歌，喜欢被称颂。据说员工还被要求每天花大量的时间，背诵他的语录，写感想，还要考试。

可是随之而来的不是公司更上台阶，而是不断地走下坡路。2019 年开始他大量关闭全国的门店，市值蒸发几十亿元。后来他又与妻子离婚，更爆出许多花边新闻，人设崩塌。直到 2022 年，在其他股东的压力下，那个号称珠宝界"乔布斯"的沈老板离开了自己创办的公司。

一、彼得原理也适用于创业者

在《讨厌你的上司？——成就他或许是摆脱他的最好策略》中，我们提到了彼得原理：在各种组织中，由于习惯于对在某个等级上称职的人员进行提拔，因而雇员总是趋向于晋升到其不称职的位置。或者反过来推论：组织中的职位最终都将被一个不能胜任其工作的职工所占据。其原因就在于，职工只要干得好，就会被升职，最后一直升到他不称职为止。

这个有趣的观察不仅适合于各种组织，创业者的成长似乎也符合这个"原理"。当一个创业者获得一定程度的成功后，通常社会环境会给予正面的回应，各种资源会向其聚拢；当创业者连续获得成功后，得到的社会"奖励"就会更多，就有机会取得更大的成功。而掌控越多的资源，就需要越强的能力。当手中掌握的资源超出了创业者的驾驭能力时，难免会暴露短板，最终被打回原形。

经营珠宝企业，沈老板显然有过人之处，取得过往的成绩的确也很不容易。只是他有自身的不足，经营规模小的时候，这些不足构不成大的影响，或者被掩盖了。可是经营规模一大或时间一久，负面的因素就会暴露甚至被放大。

很多人创业也是这样，开始小日子过得还挺滋润，但不满足，还想着折腾，等老板一做大，控不了局，就会应对失措，以前还被人高看一眼，之后就人人嫌弃。

在创业路上如果不能正确认识自身，看不到自己的天花板，那就总有一天会被惩罚。

二、如何突破彼得原理？

1. 学习能力

彼得原理隐含了一个假设的前提，就是被观察者的能力是恒定的，或者是变化缓慢的。但实际上人的能力是可塑的，如果能力提升的速度不低于权力扩大的速度，那彼得原理就失效了。

这也是为什么我们观察创业者时，最注重的总是他的"学习能力"。因为只要创业者的学习能力够强，他就能应对环境的不断变化和企业规模的持续扩张。

当然有些创业者，喜欢听各种培训班的课，参加各种论坛，对风向、流行特别敏感，满嘴新名词，看上去似乎在学习上花了很多工夫，其实对这样的人我们并不看好。因为跟风可能并不是一种学习能力，而只是模仿能力。

2. 保持谦卑

据报道，沈老板在企业里一直希望被认为是神一样的存在，所以会要求下属学习和背诵语录，有点自恋自然就认识不清自己的短板，错以为自己是无所不能，最后被彼得原理验证，也很正常。

谦卑的人，能认识到自己的不足，就会始终保持主动学习的愿望；同时也会懂得寻求外界帮助。即使自己的学习能力到顶了，如果有能人、高人助力，团队一起努力，那么超越自己的能力边界，突破彼得原理，岂不也在情理之中。

有些创业者喜欢把自己的愿景定义成"全国第一""世界500强"等。在讨论时，通常我们都会请他们再思考一下，有没有更合适的表达。相比较而言，从客户角度来定义的愿景或使命，比如

"让体育精彩生活"，或是"给女人一双更美丽的腿"，等等，就更容易打动我们。因为如果追求的只是证明自己，目标一旦达成，就不必坚持谦卑；而目标如果是服务他人，就会发现自己的追求将永无止境，便不得不始终保持谦卑。

当然，抵御彼得原理的最简单的解决方案，就是既然人的能力总是有限的，如果在你所处的行业中，规模并非必要的竞争壁垒，你又何苦非得把企业往"大"里做？只要做得好、做得美，小一点又何妨呢。

老子曰：祸莫大于不知足，咎莫大于欲得。

到底哪一行更适合创业

——"男怕入错行"吗？

朋友有一天告诉我,他想创业。他说:"你帮我参谋参谋,我去干这一行怎么样?"

我说:"行啊,这一行最近很热,很好!"

他一听又说:"哦,那这一行是不是太热了? 要不我换一行,去干那一行,听说很赚钱的,怎么样?"

我说:"不错,那一行很成熟了,打法清晰,挺好的。"

朋友不乐意了:"你是不是在敷衍我,哪能这也可以,那也不错的。现在到底哪一行更适合创业?"

其实,我们经常会被问到,现在创业到底应该选择哪一行好?

我通常的回答总是,你喜欢哪一行?

也有的朋友会问,我们这一行不景气,我要不要改行?

我的回答一般也是:你是不是真的厌倦了?

一、有糟糕的行业吗?

行业有没有好坏之分? 当然有,但这要看站在什么角度来认识。

站在投资机构的角度,预期会被资本追捧的行业,就是好行业,反之就不是;站在地方官员的角度,符合其任期内施政目标的行业,则是好行业,不符合的就不是。

但投资热点会更替,考核 KPI 会变,所以投资人和官员眼中的行业好坏不是一成不变的。而且投资方向和政策导向这两者有时一致,有时背离。而创业者的判断却常常不自觉地受到这两者的影响,所以总会纠结什么才是创业的好行业。

投资热点、政策扶持的当然是"好"行业。但资本嫌弃或政策阳光洒不到的行业就是创业的禁区吗?

如果从创业的视角看,通常人们认为市场规模将会快速增长、竞争烈度较低的行业,就是创业的好行业。可是,很多年前我曾读过一本书,是当时广受 EMBA 学员欢迎的荷兰籍教授柏唯良写的《细节营销》,其中有一节专门分析"寻找最糟糕的行业"。他说用波特五力模型来分析进入哪个行业参与竞争更合适,其实结论是与实际自相矛盾的。在那些看起来不理想的糟糕市场,创业者反而可能更容易找到安身立命的角落,并且不愁没钱赚。很多成功的知名企业都是杀入哀鸿遍野的"坏"行业后起家的。

在《创业"动力—回报"四环,你能中几环?》中,我们分析过创业成功的内生动力归根结底来自:"爱干"和"会干";而创业成功后的外部回报归根结底也是两类:"有利"和"有益"。无论是资本还是地方政府,更多的是站在外部回报的视角。而从创业者的视角来看,只有具有了强大且源源不断的内生动力,创业才可能无畏付出,百折不挠。换句话说,当你"爱干"且"会干"时,即使没有丰厚的外部回报,你仍然会不离不弃。

一个能让你乐在其中的行业,对你而言会是"糟糕"的行业吗?

所以,站在创业者的角度,行业的好坏之分,依据应该是你喜欢还是不喜欢。

二、重要的不是你身处什么行业,而是你会怎么做

很多创业者之所以会对待选择的创业行业心生纠结,可能是因为老话说"男怕入错行"。其实与"男怕入错行"对应的另一句是"女怕嫁错郎"。如果问我太太,她肯定不同意这句话。因为她始终坚定地认为,是她数十年如一日的教育才塑成了今天的我。她当初的选择并不重要,选谁都是一样的结果。

只要不是违逆政策或有悖公序良俗的行业,几乎任何一个行业都能找到创业机会。在一些看上去似乎行将就木的传统行业,很多独具慧眼的创业者,照样获得了令人惊讶的成功。

20 世纪 90 年代中期,纺织行业全面陷入亏损危机,山东邹平的张士平逆袭杀入,到 2005 年魏桥创业集团就成了世界第一的棉纺织企业,张士平被称为"亚洲棉王"。更奇妙的是,在不具备任何明显的先天资源优势的鲁北平原,张士平的魏桥创业集团把电解铝产业也做成了世界第一,而当时我国的电解铝产能严重过剩。高盛集团的报告曾评价魏桥是"当下全球铝业中少数可以维持利润者,甚至是唯一的一家还在赚钱的公司"。

2017 年,我在中国铝业重地广西百色上课时,提到了张士平,很多在场的业内人士当时反应非常茫然,他们无法相信在全行业如此不景气的形势下,一个外行闯入后创造的业绩居然还能打败所有竞争对手。

其实在整个行业都意兴阑珊时,也许正是奇兵突袭、攻城略地的好时机。

在两个公认的夕阳行业中都能咸鱼翻身,张士平让众多专家大为震撼。可见,无论是男人入行,还是女人嫁郎,怕的不是

第一步走错，而是你不会走接下来的第二步、第三步，乃至更多步。

当然，还得提醒一下，尽管无论是嫁郎还是入行，只要你喜欢的就都可以是对的，但如果你要能持续地接纳，那你还得要有适应对方具备的，但你不喜欢的那部分的雅量。倘若不是真爱，还真的很难做到这一点。

所以，对我的那位朋友，如果要问我真话，我只能说："抱歉！其实现在你无论从事哪一行的创业，可能都不合适，因为你内心还并没有出现那种非得要干一把的冲动。"

德近佛、才近仙，也是对优秀创业者的要求

有一个学生创业项目，是一个关于如何更好地服务孤独症患儿家庭的商业设想。同学们估算，孤独症患儿家庭每年愿意支出的预算平均为 8 万元，而目前实际的支出在 2 万元左右，因此市场规模还有差不多 4 倍的增长空间。

洞察客户的支付意愿，并努力找到能使客户最大化完成实际支付的途径，这是卖方再正常不过的商业思维了。可是是不是对每个创业项目都应该这样思考呢？

我们知道目前的医疗手段对孤独症无法实现完全治愈，只能缓解或减轻症状，有这种患者的家庭已经够痛苦了，有必要再去把他们的预算耗尽榨干吗？

私下里这些同学也表达，开始他们并没有这样思考，本来做这样的项目更多的只是出于对孤独症孩子家庭的同情。可是每每参加路演，总有投资人会质疑，怎么能靠情怀来做商业项目。这样就迫使他们去思考怎样才能让项目的商业利益看上去更大。

一、创业一定要有商业思维，但不能只有商业思维

曾有人在医疗机构做内部培训时这样说："好药的标准是什么？治不了病的药，肯定不是好药。那么能药到病除就是好药吗？也不是。真正的好药是能让病情好转，但不会根除，能持续用于治

疗的药才是好药!"

相信很多人听到这样的培训内容都会感到不适甚至愤怒,因为这名培训师把本来公众期待的良心行业纯粹当成了利欲熏心的生意场。

创业一定要有商业思维,但不能只有商业思维。

当创业者在追求项目商业利益最大化时,一定也要顾及是否真的总体上让利益相关方都受益(至少不受损),是否违背公序良俗。

针对孤独症孩子家庭的好服务方案,应该是要么能减少家庭的痛苦,要么减轻他们的经济负担,更好的是两者兼而有之,既能减少痛苦,还能减轻负担,而不是光想着还能从他们的口袋中拿到多少。

二、社会价值是创业项目的更高标准

无论什么行业,其存在的意义都在于能为社会创造价值,但这个价值并不只是商业价值。尽管商业价值可能是其中很重要的部分,但一定不是全部。

而投资人看项目,更关注的总是项目的商业价值。因为商业价值大的项目,才能为投资人带来丰厚回报。

但创始人在这一点上不能只有与投资人一样的立场,不能把创业项目仅仅看成是一个商业活动,要认识到本质上它也是一个社会活动。创业不能光看项目的直接商业价值,还要看它会引起的连锁反应,看整个社会会因此得到什么、付出什么。要从社会整体看,这样做是不是值得。

有些看起来商业回报不错的项目,如果会对社会造成伤害,通常也一定做不久。所以哪怕从商业角度看，你把眼光拉远，凡是社会价值为负的项目，即使短期商业回报再高，其实都有很大的经营风险。

三、德近佛、才近仙

创业者的创新活动不仅可以让其自身实现人生理想，实际上也在改变着我们的社会生活质量和方向。正如医生可以改变我们的身体状况和寿命，创业者也在改造着现实社会和我们后代的未来。

古人曰：学不贯今古，识不通天人，才不近仙，心不近佛者，宁耕田织布取衣食耳，断不可作医以误世。被誉为"中国外科之父"的裘法祖院士将其归结为，德不近佛者不可为医，才不近仙者不可为医。

同样道理，德近佛、才近仙不单是对一个好医生的要求，其实也应该是一个真正优秀的创业者追求的目标。

当然，德近佛，未必就是不求商业利益，德近佛指的是决策判断必应心怀善意，评判创业项目最终还是要看给社会带来的净结果是什么。

关于"战略"你还可以参考：

"管理避坑"：

"融'资'避坑"：

第二篇　管理避坑

如果不懂你的管理对象，不会根据场景选择
合适的管理工具，那再好的管理思想都是空谈

1 理解你的客户

> 客户不是上帝，客户就是客户

管住你的小聪明

——不要诱导，更不能误导你的客户

微信的掌门人张小龙在回忆一件往事时说："有一次在一个产品讨论会上，同事提出了一个方法，很巧妙的方法，能引诱用户点击而提高点击量和下载数。我当时就脱口而出'还是不要这样误导用户'。对产品人来说，善良比聪明更重要。虽然我们在产品中，会有意无意地利用人性的弱点，去击中用户需求的要害，但是，不能把这种聪明过度化，需要站在一种坦诚的角度和用户对话，而不是给用户下套……希望我们的产品能成为用户的朋友。"

在《牵一发而动全身的"价格"》中，我们也提到，激发和引导买方的支付意愿，其实只是在唤醒消费者潜在的购买欲望，它不应该成为消费的诱导，更不能是误导。

也有一些朋友就问了：如何区别什么是引导消费，什么是诱导和误导消费呢？

我们对这三个词有如下解释。

引导：购买者正在搜寻消费信息或本来就有潜在的购买欲望，卖方帮助他们完成信息判别后达成了消费。

诱导：购买者本来无意消费，经过暗示或设计，在卖方的引诱下完成了非必要的消费。

误导：卖方用虚假或夸大的手法，让购买者误以为消费对其有利而完成了购买。

沃尔玛的"啤酒与尿布"是一个经典营销故事，出现过许多版本。大体说的是 20 世纪 90 年代，美国的沃尔玛超市在分析销售数据时发现，看上去无关的啤酒和尿布会经常出现在同一个购物篮的数据中。于是调查后发现，美国有婴儿的家庭中，通常母亲要在家照顾婴儿，所以只能是父亲负责买尿布。而负责采购的年轻父亲，总是会顺便犒劳一下自己，在超市再买一点啤酒。于是，沃尔玛就有意识地把原来不同货架上的尿布和啤酒放到了一起，有时还会搞点促销，这样果然促进了销售收入增长。

当知道了实际上买尿布的总是年轻男性后，在尿布旁放啤酒，方便了本来就要消费的顾客，这就是"引导"。

如果在尿布旁放单身酒吧的折扣券，还配上性感美女的图片，那可以算是"诱导"了。

如果在配有挑逗图片的单身酒吧折扣券的边上，还打上"人生苦短，及时行乐"或者"人生赢家就要对酒当歌"之类的广告，那就要成为"误导"了。

马云曾说，有一回，公司有培训师在讲课，正唾沫横飞地讲解如何把木梳卖给和尚的案例，恰好他路过听到，就感到很生气，因为他认为这像是在教骗术。

把木梳卖给没有头发的和尚，是销售培训的经典段子。其中的一些思路，不一定都是如马云所认为的那样纯粹是忽悠（比如，建议在庙里放几把木梳，方便香客在礼佛前整肃仪容）。但诱导与引导确实有时比较难以辨别，尺度把握可能只在一念之间。比较简单的把握方法是，卖方可以问一下自己的内心：你真的认为这样做对消费者是有益的吗？也可以这样设想一下：当消费者掌握全部信息后，他会有不适感吗，会有上当的感觉吗？

与 20 世纪 90 年代的沃尔玛相比，现在的厂商特别是 DTC 模式的品牌运营商，有了更多挖掘数据的手段，可以知道更多能引发冲动消费的穴位。

厂商了解穴位的位置，有点穴的能力，凭的是本事，考验的是智商；而要不要点穴，往往凭的只是决策者的本能了，考验的是道德底色。

牵一发而动全身的"价格"

我在"321中国创业节"上做了一次关于定价逻辑的分享，没想到就是这个很基础的话题，在创业者中引发了很大的热度。在之后的几个月中，几乎我见到的每个企业都会提出要讨论定价问题。

一、定价不仅是战术手段，更是战略武器

有些创始人愿意花很长的时间与我们讨论战略，平时也会花大量时间去琢磨产品，可是在对产品或服务的定价上却显得漫不经心。有些创业企业，创始人甚至根本说不清产品或服务的定价依据，一线的工作人员也可以拥有相当弹性的最终定价裁量权。

这种在定价上的随意，可能是出于两方面原因：一是把定价行为看作不过是商贾贩夫们讨价还价的伎俩而已，对此不屑；二是合理定价的规律太难把握，一些非头部企业在市场上的主动权本来就不多，不如少费心思算了。

其实，定价不仅需要技巧，也考验决策者的长远谋略。对外，"价格"浓缩地反映了企业的价值追求、定位、形象，也是构筑竞争壁垒的重要武器；对内，"价格"决定了企业的利润，也会影响企业的发展途径和未来的生存空间。

"价格"是最简洁的商业沟通语言，也是最直接的营利工具。

为此,我们曾经劝告过许多企业,要充分重视"价格"的地位与作用,至少在企业未达到稳步发展的阶段前,不要轻易把定价权从决策层放到执行层。

二、定价不要只关注竞品动向,更应该紧盯目标客户

大多数的产品或服务可以找到替代品,所以企业定价不可能不考虑竞争环境。但是有的企业,眼里只有竞品,对竞品的一举一动都很紧张,其实对竞品的动向过于关注的话,企业的思路和行动就可能会被竞品牵着鼻子走,反而处处被动。

企业必须清楚的是,最终掏钱的是客户,所以真正应该关注的是客户的想法。当然,客户在做购买决策时通常会比较同类产品或服务,所以企业分析竞品是必要的,但一定要站到客户的角度来理解和把握。

竞品调整价格后,己方要不要做出反应,主要的判断依据就是客户的态度会发生什么变化——或者说,怎样可以让客户的态度不发生变化。

当然,最好的策略是,管理好产品或服务在客户心智中的定位,如果在心智定位上与对手拉开差距(差异),就可以摆脱与竞争对手的纠缠。

三、定价不要只测算成本,更应该估算的是买方支付意愿

我们都知道,价格是价值的体现。上面我们已经提到,定价时最应该关心的要素是客户的认知,因为产品的价值是由客户说了算的。

价格代表的是交换价值,而对买方来说交换价值由两部分构

成,一部分是货币化价值,另一部分是心理价值。

货币化价值指的是可以让买方节省多少成本或增加多少收入。这一部分比较容易量化。

心理价值指的是可以为买方带来的精神层面的内在满足感。这一部分因人而异,并且在计量上比较模糊。

交换价值就是货币化价值和心理价值的总和。当然这两者不一定都是正值,也有可能是负值。

在实践中,一方面,尽管货币化价值的估算可以量化,但往往受制于信息的不完整,难以做到完全准确计量,而心理价值的估算就难度更大;另一方面,因为成本是价格的下限,无论买方支付意愿是多少,低于成本通常就不可能成交(当然也有例外),所以很多企业在难以估算买方支付意愿时,就会直接用成本加成的方式来确定价格。这样尽管也能解决问题,但思维的逻辑顺序是反的。

四、买方支付意愿不仅要估算,还要管理

很多专家提供了一些如何估算买方支付意愿的方法和工具(参见汤姆·纳格等人著的《定价战略与战术》),但总体来说这些方法使用起来并不方便,特别是由于心理价值涉及复杂的主观成分,所以即使有工具也不见得能有效解决问题。

因此,有些朋友就认为"根据买方支付意愿来确定价格"的观点看上去正确,但没有太多的实用价值。这当然是一种误解。

一方面,即使方法和工具还不够多或不够完美,但只要解决问题的方向对了,就会越来越逼近事实。

另一方面,知道了价格是由买方的支付意愿决定的,我们的定价基础就不仅可以是现在的"买方支付意愿",也可以是通过影响

或改变买方想法后的"买方支付意愿"。而后一个"支付意愿",卖方是有机会发挥主动作用的。

比如,尹总的智能移动家居项目,开始将开发的产品定位为"移动阁楼",这样,买方支付意愿的主要参考就是"床"的价格,或者是商品房的"坪价",总之交换价值以货币化价值为主;但如果将产品定位成"新新人类的空间美学新主张",心理价值就凸显出来了,价格空间显然也扩大了。

当然要注意的是,激发和引导买方的支付意愿,其实只是在唤醒消费者潜在的购买欲望,所以它不应该成为消费的诱导,更不能是误导。

"战略避坑"
也可以参考本文

遇上难伺候的客户，可能是机会

销售中常常会遇到各种难对付的客户。记得过去曾有位同事，在收到某位客户的信息后总会愁眉苦脸地来请我支招。因为都是一些很少见的问题，他不知道该怎样回复；在有些场合，只要见到那位客户在，他就尽量绕开，生怕这位客户又要节外生枝，挑战我们惯有的业务流程。私下里这位同事对那个客户总会抱怨，认为自己运气不好，碰上了这样难缠的单子。

其实，难伺候的客户大多是因为以下的一些原因，才常常会让卖方为难的：

（1）过于谨慎、纠结，很怕被卖方算计，但有时自己想要什么也没弄明白，因此常常改主意。

（2）由于性格喜欢挑剔，苛刻地要求一些看似无关紧要的细节。

（3）想占点便宜，得寸进尺使己方的利益最大化。

（4）大客户（企业）自身的流程复杂，不愿配合卖方。

（5）出于某种缘故存心要为难卖家。

无论遇到这些客户里的哪一类，都不会是一件令人舒服的事，但如遇上尽管不好对付但还能讲道理的客户（比如上述前四类），却可能是一个能帮上你大忙的机会。

虽然与其他客户相比，这些难缠的客户会让你付出更多，但你应该知道，对你的竞争对手而言，这些客户同样也是不好对付的。

你和竞争对手的差别，当然不会体现在如何服务那些有钱还不挑剔的"好客户"身上，恰恰是能搞定难对付的客户，才会拉开你与竞争对手的差距。

其实客户之所以难伺候，很大的可能是因为你根本不了解他。我们分别分析一下以上5种客户：

第1种过于谨慎、纠结的客户。通常客户显得格外谨慎、容易纠结的话，主要是因为他还不够专业，所以心里没底。这时千万不要加剧他的担心，而要对他更透明，更清晰地解释业务关键或产品特点，让他更透彻地了解业务流程，使他产生信任感。

第2种挑剔的客户。性格特别挑剔的客户，实际上可能是你产品最好的啄木鸟，他们会帮助你找到产品中很多过去没注意到的不足或可以改进的地方。认识到这一点，你就会改变心态，不会讨厌他们了，因为他们是在帮助你提高。

第3种想占便宜的客户。对于斤斤计较利益的客户，其实只要你是真的善待他的，是从你这儿得的好处多，还是从别人那儿占的便宜多，他们心里自然是门儿清，只要有理有节，他们也不见得有多难对付。如果真的太过分了，实际上就不是想做公平交易了，对没打算公平交易的客户，放弃也可以。

第4种不配合的大客户。大客户的采购流程往往比较僵化，但一旦适应了，因为流程不灵活，所以他们也不容易更换供应商。在你怕丢单子的同时，他们也在担心你掉链子。

第5种纯粹来搞事的客户。也有极少数胡搅蛮缠、无法理喻的人，这样的人一般并不是真的想达成交易，可能只是出于某种原因来搞事而已。如果有把握判别，这样的买家最好忽略。

难伺候的客户尽管难对付，但服务好了这样的客户，给你带来的好处却不少。

通常来说,挑剔的客户总找不到能让他(她)满意的合作者,所以对他们来说,如果放弃磨合过的合作方,转换成本也很高。因此,一旦搞定这种对象,忠诚度通常会高过平均水平。

难伺候的客户往往容易惹人烦,所以很可能在其他竞品处已经有过不愉快的经历,而你如果能够接受他、善待他,他也会有体会,这些客户往往都是更好的潜在口碑传播者。

服务有难度的对象,会提升你的产品或服务的水准,锻炼团队的工作能力。许多创业企业和我交流到这个话题时,都会很兴奋,眉飞色舞,那些有点波折的过往,实际上已成为他们创业经历中的一个难以忘怀的亮点。

事实上,我的那位同事后来发现,那个开始让他有点发怵的客户,之后在很长一段时间内都是业务贡献最大的一位,他们后来成了好朋友。

真需求与伪需求

——辨别串联决策与并联决策

年末深圳的赛马会上，有一个儿童踢被报警器的创业项目，基本原理就是利用科技手段，监控分房（分床）的低龄儿童的睡眠情况，一旦出现踢被或跌床，就会即时（通过手机 App）通知父母。

当场一位男评委与女评委就争论了起来。男评委认为这是一个伪需求，因为平时他晚上睡觉之前都要关手机，但装了这个 App 之后，就不能关手机了，如此也会被一些无关的干扰电话和信息闹醒，所以他不会用这样的产品。

而女评委则表示，有这个功能很好，和孩子分房睡之后她总睡不踏实，也许用了这个产品不会减少她起床的次数，但它会让她感觉多了一个依靠，所以她支持这个项目。

这是很典型的男女承担的家庭责任不同而导致的认知不同。父亲怕被吵醒，而母亲则怕吵不醒。

作为家庭成员共用的产品，尽管从男性的角度有充分理由认为这种需求并非真实地存在，但如果女性有不同意见，通常而言最后产品还是会被家庭接受。

其实许多家庭用品都是并联决策的需求品，只要一方强烈支持，另一方的反对往往无效。比如，老年智能手机也是一个典型的出资者与使用者可能分离的商品，尽管有些老人会认为没必要破费买新手机,但如果子女认定这种手机可以为小辈分忧(具备了防意外、防失联等功能),坚持要为长辈配备,那老人也会接受这份孝心的。

所以对并联决策品,只要找到强烈同意的一方,"伪需求"也能成为真需求。

但还有一种需求是串联决策的。比如,国家放开了医师自由执业限制后,医生被允许多点执业,社会各方一片叫好。但愿意利用业余时间发挥更多潜能的医师却苦于不知可以去哪儿兼职;而一些需要引进医师资源的医院,又不知从哪儿找到合适的医生及匹配合适的执业时间。所以就有创业者推出了一个可以帮助医生与医疗机构信息对接的项目。然而出人意料的是,这项服务推出后竟并未受到热捧。尽管国家政策已经放开,但那些私下欢喜雀跃的医生,仍然对兼职信息可能被公开而顾虑重重。

在这样的一个项目中,表面上看相关利益方是医生、新兴医疗机构(医生资源的输入方)、患者和政府,实际上医生目前就业的单位(医生资源的输出方)是一个隐形的利益相关者。正是由于目前就业单位管理层对在职医护兼职的暧昧态度,使得医生们止步不前,不愿公开兼职。

所以对于串联决策的项目而言,无论其他各方意愿如何强烈,只要其中一方没有动力,闭环就无法形成,真需求也成了伪需求。

"融资避坑"
也可以参考本文

不提价，等死；提价，找死？

胡总的企业已经创办好几年，在一次交流中他提到了最近的困惑："开在居民集中区的第一家店，开始盈利不错，可是经营成本逐年上升，眼看就要亏损了。怎么办？"

"那为啥不提价呢？"

"周边竞品越来越多，新的店硬件比我们好，而且定价比我们店更低，如果我们提价，客户就会流失，那就更要亏损了。"

很多经营者会遇到这样的两难窘境：由于经营成本抬高，盈利空间被不断挤压，不提价，企业就等死；但另一方面，竞争对手环伺四周，一旦提价，企业很可能死得更快。

这样的难题有解吗？

一、先算算账

我们在胡总的会议室，一笔一笔地算账，一项一项地讨论：

（1）周边竞品的价格区间？其他闹市区同行的价格分布？

（2）目前本店客户的复购率大约是多少？

（3）如果提价 5％，预计会流失多少客户？如果提价 10％，会流失多少……

（4）如果提价，盈亏平衡点在哪？

（5）如果提价，竞品公司可能的反应是什么？

算完账，我们强烈建议胡总提价。可是看得出胡总还是有些犹豫，因为毕竟谁都会担心，万一失误，企业就可能加速出局。

看出胡总的担忧，我们就给出了一些调价步骤的策略建议，也讨论了如何采用消费者无感或低感知的方式来实施调整价格的方案。

大约三个月后，我又见到了胡总。只见胡总一脸惊喜地对我说："我们提价了，可是居然客户根本没减少啊。"

二、需求价格弹性

其实这个结果是可以预见的，奥秘就是我们在胡总的会议室里讨论的"需求价格弹性"。

所谓需求价格弹性，可以用这样一个公式表达：

需求价格弹性＝需求量变化的百分比/价格变化的百分比

这个公式反映的是需求量对价格变动的敏感程度。

需求价格弹性高，就表示需求量对价格变化敏感，也就是说调高价格后，销量可能会大幅度地下降，反之则销量明显上升；而需求价格弹性低，则表示需求量对价格变化不敏感，调整价格对需求变化影响不大。

所以，一般对需求价格弹性高的商品或服务，可以用降价来刺激销量，销量提升带来的营收贡献，能够弥补降价的损失；而对需求价格弹性低的商品或服务，可以用提价的策略，因为提价后增加的利润，足以抵消客户流失的损失。

胡总的产品显然属于低需求价格弹性，所以提价并没有对销量形成冲击。但要注意的是，提价也调高了消费者对产品的预期，胡总能不能带领团队完成品质提升的任务，就成了销量能否长期站稳的关键。按照经济学的观点，随着时间推移，需求价格弹性会趋高。

三、值不值得调价

消费者在做购买决策时，其实心中都有一个估值模型，影响这个估值模型的因素除了价格外，还有体验感（包括便利性等）、精准性、消费转换成本等。消费者心中这个的模型会让卖家感到很难准确把握。

按照经济学家薛兆丰的观点，通常线下的门店都处于不完全竞争状态，所以都是"觅价者"，也就是卖家有定价的资格。但你如果猜不透买家的心思，这份定价的主动权就仍然是一句空话。

相对于消费者心中难以捉摸的估值模型，需求价格弹性高还是低是比较容易估算的。尽管因为掌握不准消费者的估值模型，我们就不知道定价多少是合理的，但通过需求价格弹性我们至少可以知道值不值得去调价。

只是，经营者还需要当心的是，按照经济学的观点，需求曲线是倾斜向下的，曲线上每一点（段）的需求价格弹性通常是不相等的。所以即使你测准了一次需求价格弹性，也不等于下次调价时仍然有用。

获客成本高的业务还能做吗？

经常听创业者们感叹，现在的获客成本太高了。企业家卫哲曾经在电视节目中抨击电商三大软肋，其中之一就是获客成本居高不下。淘宝在 2005 年左右，获取一个交易用户可能只要两三元，之后动辄就要上百元。最近还有创业者抱怨，线上获客成本已经要 600 元了，实在吃不消！有一个在线教育项目，平均每个有效客户的获客成本甚至要 4 000 元以上。

当然理性一些的创业者也知道，光看绝对值来评估获客成本并不合理，所以更多的讨论总是看获客成本的相对值。比如，有人喜欢与历史数据对比，3 年前 20 元一个数据，现在 300 元，太高了！有人则喜欢横向比较，其他同行的获客成本为 100 元，而我们要 200 元，承受不了！

但这样用比较的方法来评估获客成本是否就合理了呢？

其实历史成本或竞品的投入，只能作为预估项目成本的一种参照数据。评估获客成本，真正应该考量的是你自己项目的未来回报。也就是说，获客的成本是一种投入，投入是不是合理，关键看产出。没有产出的投入，再小也不值得；会有丰厚回报的投入，就怕当初投少了。

获客成本是高还是低要针对具体项目来评估，通常可以考虑以下五点：

第一，考虑客户的可留存长度和消费频次。如果客户可以长时间留存，会反复消费，厂商就有足够的时间收回投资。而如果是一次性消费的客户，或可服务时间长度较短的用户，用较高的成本来获客就很难收回投资。比如，同样开发一个客户，婴幼儿服饰与成人服饰给厂商的回报预期肯定是不一样的。

第二，比较客户的预期消费总值。假如在客户的全消费生命周期内只能收到 300 元，而获客就要 250 元，那这就可能是一笔无法赚钱的买卖。有些企业从 2B 的业务转型到 2C 的业务，开始会很不习惯，因为单笔业务中营销（获客）费用的比例发生了很大变化。

第三，考虑产品或服务的边际成本。边际成本低的产品或服务，可以用较激进的方式去营销，因为营销力度越大，销售收入越高，则分摊固定成本的速度会越快，企业后期实现盈利的机会也越大。反之，边际成本高的业务，如果营销成本过高，而销售业绩的表现会有时间差，这样起步阶段对企业现金流的压力就会比较大。

第四，可分阶段安排获客成本预算。比如可以考虑初期客户的口碑影响面，如果初期客户都是关键意见领袖（KOL），预期的带动效果会比较好的话，那么哪怕开始成本高一些也是值得的，而到项目后期可逐步降低获客成本的预算。

第五，区分线上还是线下的业务。企业所有的推广宣传，不仅对本企业的产品或服务有促销作用，而且对整个行业都会有拉动作用。可是这种作用在线上和线下的效果是不同的，线下业务用跟进策略，获客成本可能还低于领先品牌，而线上业务新进入者的获客成本只会比领先者更高。原因就在于，线上各品牌与消费者在空间上几乎是等距的，而跟进者要打破领先品牌在心智距离上的优势,则需要更高的代价;而线下由于存在空间距离上的差距,心智距离上的落后就可以用空间距离上的优势去弥补。

所以卫哲针对获客成本不断在抬高就认定这是线上业务的软肋的判断,可能还需要再斟酌一下。

让产品的"缺点"变卖点

记得有几次我在与企业创始人讨论产品中存在的问题时,发现创始人对一时解决不了一些产品中存在的缺憾感到很苦恼。这时,我常常会分享两个自己的经历。

一、换个角度看,缺点也可以是优点

记得大概在 2005 年底、2006 年初时,当时的 MBA 办公室主任忧心忡忡地找到我,问道:"因为学校对 MBA 录取人数有限制,报名的人多,招的名额少,今年我们的 MBA 录取分数线又冲上了全国最高,已经连续几年了,这会吓退很多考生。接下来的招生宣传应该怎么做?"

将近 20 年前,当时社会上的普遍认知(包括本校的教职人员),都觉得位于本地东北方向的另一所高校的 MBA 项目要比我们更强一些。

项目没被认知为最好,可是考分却全国最高,这确实有点尴尬。

所以 MBA 办公室以前的做法是尽量避免这个话题,公开宣传中一定会绕开这个点,与考生面对面交流时,也尽量淡化录取分数线高这一事实。

这样的做法当然不可能扭转被动的局面。于是我们商量后决定,不再回避这个话题。

先是在一场大型招生说明会上,公开强调我们的录取分数线已经连续几年高过其他高校,并提醒考生,我们的入学门槛很高,应该谨慎选择报名。

事后评估,这样的效果居然很好。我们没有直接说自己的学校比别的学校更优秀,但学校难考本身就暗示了其很受追捧。分数线高会被自然地联想为学校优秀,能加入这样的学校,当然是一种难得的荣耀。

在校生及往届毕业生也深受鼓舞,因为这也提高了他们学位的含金量,校友的自豪感是最好的口碑宣传。

于是在这场招生会后,原本让我们有些难堪的全国最高分数线,反而成为这一年最突出的宣传诉求。

一方面,录取分数线高,会增加考生的畏难情绪,确实会吓阻一部分不够自信的考生;但另一方面,这也会增强名校效应,坚定高质量考生的选择信心,而被吓退的考生可能本来就不是目标对象。事实上,在这之后不仅每年的报考人数没有下降,且考生的质量一年胜过一年。由于考生质量不断提升,项目本身的质量和声誉自然也是水涨船高。

二、你认为的缺点,也许客户根本就不在乎

2008 年,我分管了学院的对外培训业务。因为我那时还是培训业务的"外行",所以"内行"同事就提醒我,高校的培训业务一定要强调项目中的自有师资比例,自有师资是项目质量的背书,比例不应该低于 2/3。

但如果遵守这样的"行规",就只能在现有的师资能力范围内

寻找机会,这是典型的"产品导向"。而如果要"市场导向",自己学校的适用师资就不够,必须大量外聘。

在一次某个定制课程项目的谈判中,我向对方提出,我们在项目执行过程中将不会拘泥于使用自身的师资,我们一定会根据项目的实际需求状况,在更大的范围里为项目匹配最合适的资源。

当时我的感受是,对方听了似乎眼睛一亮,尽管未做语言表示,但只要客户不反对,我们的师资困境就有望解脱了。

实际上,这个项目后来执行得很顺利,而且这个客户带动的当地后续项目,为学院带来的累计收益已远超王健林的"小目标"。

从这之后,"全球匹配师资资源"也成了我们在以后的项目谈判中常常会强调的优势。所谓自有师资才是项目质量的保证,其实只是一种想象,只要管理到位,外聘师资同样可以有高质量的输出。

本来自己的适用师资不够,会被认为是个问题。但实际上客户真正关心的只是选配的师资能不能让人满意,并不在乎师资的编制落在哪里。全球选聘最合适的师资,反而更体现了办学机构的胸怀。

在大多数情况下,产品很难做到十全十美。当你的产品因为各种原因,出现了一时无法避免的缺憾时,可以静下心来想一想:

这些问题客户真的会在乎吗?

可不可以引导客户换个角度来认知?

也许你担忧的"缺点"可以被认知为"特点",而"特点"也有可能被认知为"优点"。

当然,这些可以改变认知的"缺憾",并不是真正的"坑",并不会损害客户的根本利益。

辨识真伪体验经济：时间是被耗费还是被消费？

　　开在上海人民广场中心商务区的"由心"咖啡创始人高颖佳是上海交大安泰经管学院的 MBA 校友。高总将"由心"定位成办公楼宇的社群服务提供商，在来福士广场内大受欢迎。为了更好地为楼宇内忙碌的白领提供更高效的服务，"由心"推出了免费送货上门的服务。前期调查显示，几乎每个被访的客人都表示欢迎这项服务，初期预申请该服务的人数也超出了"由心"的预期。但让人意外的是，真正推出这项服务一段时间后，却没有实现一单送咖啡上门的业务。

　　来福士广场的白领不都是忙得脚朝天的吗？他们不在乎节约时间？

　　在产品经济年代，效益来自效率，提高效率的一个主要途径就是节约时间。"时间"被认为是被耗费的对象，耗费越少，效益越高。所以生产者不仅努力节约厂商生产的时间，还要千方百计地降低消费者花费的时间。为了减少消费者的购物时间，出现了大卖场，之后又出现了快递上门的电商；为了减少消费者进餐花费的时间，各种快餐店出现了，又有了外卖。

　　可是进入体验经济时代，情况有点不一样了。约瑟夫·派恩和詹姆斯·吉尔摩所著的《体验经济》曾这样描述：当人们购买一种体验时，他们是在花费时间享受某一企业所提供的一系列值得记忆的事件。可见,时间本身成了消费的标的。

如果你还在努力降低消费者接受你的提供物所花费的时间,那你提供的还是产品经济的产物(这当然没什么不对)。只有当你可以因为让消费者花费了时间而收费,你提供的才是体验经济的产物。

《体验经济》说,经济进步的历史是由对过去免费的东西收取费用而构成的。

农业时代,庄稼、蔬果都是自家田地种的,不必特地付费;听说过在农村喝口井水要收钱吗? 可是进入工业时代,这些都要收费了。

工业时代,工人和农民流下的汗水代表了他们的付出,雇主要因此而付薪酬。可是进入了体验经济时代,那个让你汗水淋漓的人不但不会付费,通常还要向你收费。

产品经济,厂商只对生产花费的时间收费,消费者不会因为自己花费了时间而付费。体验经济,消费者要为他花费的时间买单。

简言之,对不对消费者花的时间收费,就是检验厂商提供的是否是体验产品的标志。或者换言之,消费者愿不愿意为花费的时间付费,可以检验消费者是否在购买体验。

当然,体验要附着在时间上才可能完成,但并不等于花的时间越长,体验就越好。有些服务快速完成,也能带来独特体验,比如极速送达的物流(当然,这仍然可以看作提供的是产品经济的服务)。所以,体验经济要为时间收费,并不一定是按单位时间计费,而是因消费者在某个时间段的感受收费。

但消费者并非一定要直接支付时间消费的费用。或者说,消费者为自己花费的时间付费,可能会表现成其他的形式。对体验的收费可以用交叉补贴的方式,变成产品的增值部分。

所有认为自己提供的是体验性消费品或服务的企业,都可以检视一下自己提供的产品或服务,你所提供的体验是否必须附着在时间上才能完成? 如果是,那么你就不必去烦恼如何为消费者节约时间,而是努力在消费者愿意花费的时间里,更好地提供值得他们回味的服务。

努力节约消费者时间的,提供的就是产品经济的产品,尽管产品经济也可能为用户带来好的体验,但它收费的主要基础是提供的结果。而体验经济不会将减少时间花费作为目标(当然也不必刻意延长消费时间),而是应该努力在消费时间段内提供更好、更多值得记忆的事件,并以此作为收费或形成产品增值的来源。

产品经济对结果计费,体验经济对过程收费。

回到文章的开头,喝咖啡仅仅是为了提神和解渴吗? 如果没有了来福士二楼的场景,"由心"咖啡还是那个味吗? 所以更值得高总去关心的应该不是如何提高消费者喝咖啡的效率,而是去不断营造来到"由心"后的欲罢不能的氛围和感受。

咖啡行业越来越热。有人宣称要用外卖咖啡来打败星巴克。其实星巴克也许有一天真的会倒下,但绝对不可能是因为有"友商"提供了外卖咖啡,因为虽然卖的同是咖啡,但这根本就是两个"物种"。

从时间就是金钱,时间就是生命,到时间是被用来消磨的,时代的变幻导致的并不是时间不值钱了,只是甲方与乙方互换了。

价格的"凡勃伦效应"

在去南通的途中，尹总特意换了座要与我交流。她说，听了我关于《让产品的"缺点"变卖点》的分享后，就回顾了自己的产品，但发现自己产品的缺点没法变为卖点。

我问，是什么缺点？

她答说，价格太高。

做过销售的朋友一定有这样的体会，通常情况下，无论卖方如何降价，买方总是还会希望能再便宜些。所以"价格总是被嫌高"几乎是所有经营者都遇到过的困扰。

面对这种问题，一般会按照两条思路去解决：

第一，从经营的角度看。如果想降价却降不下来的障碍一定是因为成本高，那将成本项逐一仔细分析，往往会有意外的发现，所以堵住"跑冒滴漏"应该是经营者必须持续做的功课。可是这条思路几乎所有的经营者都会想到，降本的空间毕竟有限，所以通过降本来降低价格的方式，其实并不容易拉开与竞品之间的差距。

第二，从消费者的角度看。客户嫌弃价格高其实只是一个表象，他的真正意思应该是——相对于价格，货品的价值还不够高。而怎样让具备支付能力的消费者认为卖方的产品物有所值，甚至是物超所值，而不是抱怨还不够便宜，这才是对经营者的真正考验。

在《牵一发而动全身的"价格"》中，我们曾指出，价格代表的是交换价值，而对买方来说交换价值由两部分构成，一部分是货币化价值，另一部分是心理价值。

显然，要改变客户对价格偏高的认知，让他们认为产品目前的定价确实是物有所值，甚至是物超所值的，更重要的就在于如何改变"心理价值"。

我曾经的同事们一定还记得，曾有一段时间我们主动大幅提升了价格（当然，同时也提高了采购的成本，以使产出质量能获得更高保证），而在商务谈判中，我们并不回避（反而强调）我们的价格很高，有时也会有意无意地指出竞品的价格比我们低不少。这没有吓退所有客户，大多数情况下，强调这些事实反而能让客户感觉到我们的自信，从而更确信我们能提供的服务是具备高价值的。

美国的经济学家凡勃伦曾经指出，某些商品不是因为价格低，而是因为价格更高，反而使得需求量更大。有人就称这种价高而更好卖的现象为"凡勃伦效应"。

所以"价格高"是一个很特别的标志，它既有可能指向"不划算"，但也有可能指向"优质、体面"。当市场中各类竞品的信息混杂难辨时，卖方合适的引导，可以产生"凡勃伦效应"，让买方愿意支付较高价格来获得可能更靠谱的产品。所以"高价格"有时反而是卖方更简单的销售暗示。

麦肯锡曾经做过一个研究：价格提高 1％，利润平均可提高 11％；而成本降低 1％，可提升的利润只在 2％～7％之间。这就解释了为什么采用高价策略的企业，往往看上去都活得更滋润一些。（不过，高价策略也会降低竞品的进入门槛，这也可能会加剧行业竞争。）

幸运的是,尹总的产品到目前为止还没有遇到强大的竞品,因此给尹总的建议就是:

(1)先弄明白产品到底是卖给谁? ——如果"价高"不是来自目标消费者的抱怨,其实可以不必太在意。

(2)挖掘产品中能打动目标消费群的价值点,并让消费者能真切感知。

(3)在上述分析的基础上,解析产品的成本构成。消费者能感知的价值所对应的成本不怕高,对目标消费者无直接价值的成本则必须严格控制。

(4)对竞品提高警惕,只要注意不给竞品机会,在目标消费者可以接受的范围内,就不必过于担忧价位问题。

大数据可以"杀熟",但值得吗？

我们常在历史记载或文学作品中见到,过去的店家会在招牌上写"童叟无欺"。这意思就是,本店是良心生意,公平买卖,不会因人而异。所以大多数人本能地会认为同样的商品区别定价是不对的。

但我在 30 多年前刚学《西方经济学》时,印象最深刻的却是讨论剥夺消费者剩余的价格歧视这一节。当然在实践中,除了拍卖活动和机票价格等少数案例是区别定价的以外,我们很少见到真正大范围影响我们经济生活的实例。

刚开始出现滴滴之类的打车平台时,人们似乎还挺接受平台可以区别定价。有人在香港的高峰时段叫不到出租车,最后发现用优步(Uber)可以加价叫到出租车,就在其公众号惊呼应该为Uber 的这种定价方法颁发诺贝尔奖(在这之前他可能没怎么听说过"价格歧视")。

可是 2018 年 2 月,一名中国留学生揭露了英国希思罗机场免税店针对中国乘客,采用了有别于其他国家乘客的歧视优惠政策,顿时在国内掀起一股愤怒的浪潮。而真正大范围普及什么叫"价格歧视"的,是近几年关于"大数据杀熟"的热议。

其实现在有了便捷的技术手段,可以所谓千人千面为消费者贴上各种标签,由此既为消费者享受商家精准营销的服务提供了依据,也为商家实施收益最大化的"价格歧视"提供了方便。下图为针对 C 端的卖家变现途径。

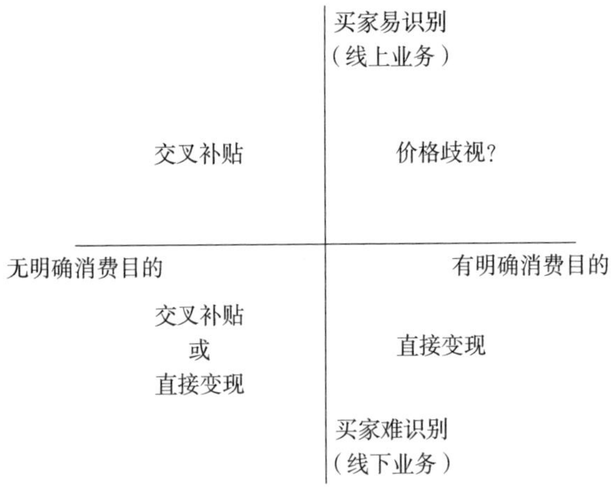

买家易识别
(线上业务)

交叉补贴　　　　　价格歧视?

无明确消费目的　　　　　　　有明确消费目的

交叉补贴
或　　　　　　　　　直接变现
直接变现

买家难识别
(线下业务)

当消费者有明确的消费目的时,卖方就有可能区别定价。但线下业务很难区分需求方的购买意愿强度,所以通常只能统一定价;而线上业务比较容易辨识购买意愿的强度,就有更大机会去实施价格歧视。

实际上并不是现在的商人比过去的商人更坏了,而是过去的生意人没本事、没条件去干价格歧视这样的"坏"事。

价格歧视只是一种手段而已,只要法律上不禁止,技术上行得通,几乎所有的商家都会有尝试的冲动。如果没有不良后果,相信所有已经上手的商家,也一定不愿放手。

大数据"杀熟"就是利用了卖方的优势,强行区别加价,尽管合理,也没有触犯现有法规,但未必合情。可是如果卖方区分了买方的需求,对产品或服务相应地做出了可实际感知的差别,那么无论实际发生的成本有没有差异,此时如果差别定价一般不会引起消费者的反感,这样就不仅合理、合法,也合情了。

比如一家很有特色的巧克力礼品供应商,同样的巧克力礼品,针对不同客户做出相应的不同设计,就可以有不同的定价,而成本其实并无太大区别。

随着个性化、定制化越来越普及,区别定价也将越来越司空见惯,也许舆论也会越来越淡然。并且从某种意义上说,如果企业掌握的数据不能帮你区别定价,也就意味着数据的商业价值并没有真正挖掘到位。

当然大数据可以"杀熟",并不意味着掌握了数据的企业一定要"杀熟"。

如果看得更远一些,利用卖方优势区别定价,从某个时间点上看,可能符合卖方的收益最大化原则,但时间维度拉长后看,未必符合理性原则。价格歧视能够提升卖方当期收益,但由于信息不可能完全长期隔离,一旦卖方被认为不够"诚信",最终必然会引起买方的厌恶。

所以卖方商业意义上的理性决策应该是先评估负面影响可能的波及面及带来的后果,权衡会不会因此减少卖方的长期总体收益。

但对大多数商家来说,要决策的可能还不仅仅是判断商业上的利弊,决策者还应该自觉接受道德和良心的约束。有必要把每一份消费者剩余都剥夺掉吗?

所以技术进步除了给商业带来效率和体验的提升外,还带来了人性和哲学意义上的拷问。

激发客户的支付意愿

让客户掏钱是商业活动中最重要、最关键的一环，对卖方而言，支付完成才算是闭环形成。

要完成支付，首先得有支付意愿。但光有支付意愿并不够，还必须有支付能力。而有支付能力的不一定有支付意愿。

所以要完成商业闭环，先要找到既有支付能力，又可能有支付意愿的目标群体。在锁定目标对象后，一些有助于激发客户支付意愿的技巧对实现临门一脚就很有用。

现分享几个我们曾经用过的有助于激发客户支付意愿的小技巧：

一、反正要买，晚买不如早买

如果你的产品或服务没有明显的替代品（是刚需更好），可以通过增加客户延迟购买的成本的方法，鼓励客户立即支付。

比如，很多项目喜欢用的"早鸟价""限时价"，营造的就是"过了这个村，就没这个店"的感觉，促使客户尽早完成支付。

二、即使后悔了也没多大损失

对非刚需用品，或者存在其他替代品时，可以设法降低买家的反悔成本。

因为是非刚需，就意味着很可能买了以后会后悔，特别是金额还比较高时，一旦后悔就更心疼。

比如，要价 18 万的培训班，付了报名费 1000 元就可以保留学籍 1 年。在这一年间万一后悔了，不愿来读这个班，相对 18 万的学费，损失才 1000 元，基本可忽略，所以支付报名费的决策难度不高；但只要支付了这 1000 元，客户就有了沉没成本，支付 18 万学费的可能性就大大提高了。

包括，买后可退、可换，都可以降低客户的后悔成本。

三、虽然不便宜，但还是付得起

大额消费，拆成小额支付，从而降低决策时的心理障碍。

比如，70 万学费的工商管理博士（DBA）项目，如果中途退出，就不能取得博士学位，但只要学分达到一定标准，是可以申请 MBA 学位的。其实，如果索性把它定位成"硕博连读"项目，30 万学费读完硕士（MBA）后，可以继续再付 40 万学费攻读博士（DBA）学位。这样对报名者来说，要决策的标的就先是 30 万，而不是 70 万了。

四、建立价格参照

对一些初次购买的客户，如果没有做过价格比较，常常会下不了决心。所以帮助他们建立价格参照，往往能促进交易。

尹总的客户原来一直抱怨产品的价格太高。尹总的团队讨论后，推出了一个减掉许多功能的基本款，价格相应也就削减了；而减下的功能作为基本款的附加选项，在原有基础上却加价了 20％。新的价格表推出后，成交量大幅提高，绝大多数客户选择了在基本款上增加功能，所以无论是总成交额，还是单笔销售额都显著提高。原因可能就是面对较低价格的基本款,客户改变了对产品价格的基本认知。

利用锚定效应往往可以产生非常好的效果。比如,用衬托产品来突出主销产品。卖场促销 98 元 5 升的大瓶食用油,在其边上放置 45 元 1.5 升的同款小瓶装。客户选购了大瓶装后,还会觉得是对自己智商的奖励。

在某些景区的商业街上,如果相隔不远的两家店中某同款商品价格差异较大,一家便宜一家贵,那这两家多半是同伙。

五、客户的沉没成本

客户如果在成交前就有一些付出,这些付出就构成了沉没成本,如果不成交,这些付出就成了损失。

沉没成本并不仅仅是金钱意义上的付出,感情、时间等,都可以构成客户的付出,从而形成"心理账户"的成本。

我曾经分管过 EMBA 招生,在大多数学员入学前,我都会与之一对一交谈。有些学员比较纠结,反反复复会来谈很多次,迟迟下不了决心,有的同事会因此觉得不耐烦。这时我总会开导同事,尽管对方没有最后下决心,但他每来一次,就离报考接近一步,因为他付出的时间成本越来越高了。

我们也曾做过规定,不能急于让学员付费,要走完既定的流程才接受缴费。因为我们发现,在入学前有过面对面深入沟通的学员,入学后的情绪会更稳定。我们猜测,入学前垒高的学员的所有沉没成本,都会有助于学员倾向于肯定自己的最终选择。

总之,客户的沉没成本越高,就越有挽回损失的意愿,成交的可能性就越高。由于沉没成本不可逆,还有助于稳定成交后的满意度。

"引导"还是"诱导"？

有朋友看了《管住你的小聪明——不要诱导，更不能误导你的客户》之后，对文中的观点感到有些疑惑。原因是国内的许多营销专家，一直是诱导消费的倡导者，"诱导消费"到底可不可以作为营销的重要手段？

菲利普·科特勒在其著作《营销管理》中说：一个人可以通过四种方式获得一个产品。第一种是自行生产，比如种植、打猎；第二种是强取，比如抢劫、盗窃；第三种是乞讨，比如街头流浪汉；第四种是交换。

我却觉得，实际上还应该加上一种方式，就是第五种——骗取。骗取看上去也有点像是交换，也是双方合意的一种结果。但它与真正的交换有着本质上的差异。

菲利普·科特勒认为"交换"是营销学的核心概念，必须符合五个条件：

（1）至少要有两方。

（2）每一方都有被对方认为有价值的东西。

（3）每一方都能沟通信息和传送货物。

（4）每一方都可以自由接受或拒绝对方的产品。

（5）每一方都认为与另一方进行交易是适当的或称心如意的。

菲利普·科特勒还进一步解释,交换通常总使双方变得比交换前更好。

"骗取"看上去能完全符合这五条,但它不会使得双方都变得比交易前更好。

问题出在第五条,第五条只强调了对交易的主观判断。

当主观上"每一方都认为与另一方进行交易是适当的或称心如意的"时,如果客观上也确实能使得双方得益(至少不变差),这样的交易就是良性的。

但如果有一方尽管当时主观上认为交易是称心如意的,但客观上其利益是受损的,而他并不是不在乎利益受损,只是被蒙蔽了而已,这种交易就是非良性的。

如果卖方明知结果对买方不利,仍采用某种手段,使买方主观上满意,客观上受损,这其实就是"骗取"。如果一定要把这种交易也看成是交换的话,那也是交换的一种变异。

明知交易是非良性的,但用暗示或其他隐晦的方式,让买方误以为对其有利,这是"诱导";而直接用虚构事实的方式,让买方上当,这就是"误导"了。

不管是诱导还是误导,本质上都是骗取。

在交易行为中卖方是相对主动的一方,卖方为了推销,会绞尽脑汁让买方接受卖方提供的信息。在激发一些原来并不明显的潜在需求时,一些刻意的卖方行为到底算是"引导"还是"诱导"(比如在尿布货架的边上放啤酒),它们之间的界限确实较难划分清楚。

但我们认为,引导和诱导,即使有时手段相似,本质却大有不同。区别就在于,交易是良性的还是非良性的。

让你的客户当选择者，还是捡拾者

年纪大了后，牙不好也是一件很痛苦的事。经好朋友推荐，我去了一家国际连锁的口腔诊所。这家诊所的设备、服务、环境和医生的技术都堪称一流，医护人员态度友善，诊疗结果使人满意。只是有一件事，让我一直耿耿于怀。我的牙毛病很多，商量完复杂的解决方案后，诊所的张博士拿出厚厚一叠义牙的材质表，让我自行选择。看着长长的好多页纸，对着那些没有任何说明的字母和数字的组合（感觉至少有上百项可选组合），我深感迷茫。尽管看得出张博士已经尽力做了解释，但我至今都不明白我最后的选择是不是"理性"的。

红杉中国创始及执行合伙人沈南鹏曾经对媒体说，他痛恨自己的优柔寡断。其实，如果我们扪心自问，谁没有过曾经令自己悔恨的犹豫不决呢？几乎所有我接触过的那些"成功者"，都曾经公开或私下抱怨过自己有过的不果断。

可是，为什么会犹豫？为什么会不果断？"优柔寡断"不就是因为存在各种选择吗？如果没有选择，哪来的犹豫和不果断？

巴里·施瓦茨在《选择的悖论：用心理学解读人的经济行为》中这样描述：当人们无从选择时，生活似乎是无法忍受的。不过当选择数量持续增加时，海量选择的消极作用就会显现，可能会压得我们喘不过气来，在这种情况下，选择不再是自由，而是自虐。

在食物链的越高端,越"自由",选择就越多,"自虐"的痛苦也越多。

成功的路上,越往上,选择就越多,就越容易出现"选择综合征"。所以沈南鹏抱怨自己的优柔寡断,可能只是因为他太成功了。

很多企业经营者,认为给客户尽可能多的选择,是对客户态度真诚,是为了让客户有更多的机会,是给客户更多的福利,总之是在为客户着想。可是,如果你的客户面对太过多样的选择,他因为不知如何决策而导致了更多的压力,产生了焦虑,这能算是为客户着想吗?

你不能不给客户挑选,但也不能给客户海量选项,以致无从选择。

施瓦茨说:浩如烟海的选择可能会让我们从选择者转变为捡拾者。

所谓选择者就是在决策前会全面评估各个选项,然后做出认为是对自己最有利的决策的人。

捡拾者就是抓到什么算什么,但又总是希望自己是运气最好的那一个人。

选择者即使知道自己的决策有缺陷,但往往也能坦然接受,因为通过比较,他知道这已经是最佳选择了。而捡拾者哪怕实际上已经是运气爆棚了,还是会纠结是不是还会有更好的结果,因为他不能肯定其他还没评估过的选项对他意味着什么。

诊疗临近结束,我向诊所负责人张博士提了个建议:以后可以根据求诊者的不同情况,比如现有的口腔生理条件、年龄、身体状况、脸型、皮肤等,给出三至六个诊疗方案选项(三个以下,对方会觉得选择不够;超过六个,则可能会产生选择压力),并配以说明(各个方案要有较明显的差异),以供求诊者自行抉择。

也就是说,不要让你的客户成为捡拾者,而是通过事先的评估,缩小供客户决策的范围,让他成为选择者。

张博士愉快地表示接受建议,也许不久以后朋友们再去那家诊所,就会发现有新的变化。

在 DTC 的围剿下，"爆款"或成明日黄花

20 多年前，我曾在凤凰自行车任副总经理。记得凤凰那时一年可以生产约 550 万辆自行车，是当时世界上年销量最高的自行车企业。其中有 1 款 20 世纪 70 年代就开发的 18 型自行车，到 90 年代末累计销量超过了 1 000 万辆，是当时全球单款销量最高的自行车（好多年后才被印度自行车制造商 Hero Cycles 的另一款自行车超过）。我们为第 1 000 万辆凤凰 18 型自行车策划了一个线下活动。在 1998 年北京举办的第八届中国国际自行车博览会上，这辆自行车特别抢眼，市民纷纷围观，媒体争相报道。这是那个时代能让"上海货"引以为傲的许多大单品中的一个典型代表。

还记得当时凤凰的总工程师曾几次找我商量，希望能通过营销手段来延长凤凰 18 型自行车的生命周期，因为经过多年的积累，这款产品的工艺和成本控制都近乎完美。

几乎所有的厂商都会希望自己能经营出一款甚至几款类似这样有巨量稳定需求的产品。

在"三转一响"（自行车、手表、缝纫机和收音机）之后，冰箱、洗衣机、彩电和空调等产品中都出现过一批全民追求的大单品。

可是进入 21 世纪后，凭借单一款式可以产销多年而经久不衰的大单品越来越少见了，代之兴起的是各种所谓"爆款"。而那些此起彼伏的"爆款"，尽管也会有令人咋舌的销量，却不会再像过去

的大单品那样可以有很长的生命周期了。

早期的大单品往往是家庭生活质量的标志,因为是"幸福家庭"的标配,往往会成为许多家庭多年的追求目标,因此造就的需求稳定且可以持续多年。随着社会的发展,家庭需求越来越让位于多样化的个人需求,消费品成了不断变化的塑造自我的工具,"爆款"的生命周期变短也是自然而然的了。

无论是大单品还是爆款,实际上都是因为能满足某种强劲的需求,这种需求如果集中出现,就会表现成爆款,需求如果会不断持续,就会形成大单品。

但可以预料的是,今后不仅大单品越来越稀罕,爆款也将越来越少见。原因就在于DTC的兴起。

DTC并非一定要跳过平台、渠道或终端来完成销售才算,DTC模式最关键的一点是,厂商会以某种方式与消费者产生直接的信息交互。

DTC模式让卖家与消费者直接信息交互后可能会出现这样的一些变化:

(1) 存在长期受忽视而被突然激发的需求的可能性越来越小。

卖家与消费者直接信息交互的目的当然是更快、更精准地掌握消费者的需求变化。DTC企业的前台只要反应足够灵敏,消费者中一些分散的需求苗子很早就会被捕捉到,DTC企业会更加垂直细分,而技术的快速进步、迭代也保障了供给的颗粒度可以更细。需求不会被长期积压,就不太会一窝蜂似地突然涌现。

随着生活水平的提高,大量产生的中产阶层没有了对流行消费品的饥渴消费欲望,更追求的可能是因人而异的小确幸,而DTC企业会更愿意去迎合这些越来越个性化的需求。

（2）企业经营思路的出发点会更从产品转向消费者，DTC 企业也将逐渐失去追求单一产品巨量销售的动机。

DTC 企业的关注重点从要卖出什么产品，转为去关注消费者的需求有哪些变化，还有什么未被满足的需要，因此 DTC 企业不会太在乎一款单品能卖到多火，而在于如何才能不断追踪到消费者的变化，唯恐被这一轮拖住，而在下一轮踏空。

而互联网平台利用后台算法技术，用推送的方式形成信息茧房，有意无意地引导消费端出现选择趋同，以此形成所谓的"爆品"，这种套路在 DTC 时代将被渐渐摒弃。DTC 企业会更乐意标榜自己产品或服务的"不同"，而不是"流行"。

脉冲式的销量暴起暴落，其实也会为厂商带来很多困扰，所以企业大可不必去刻意追求爆款。我们相信具有可预期、可复制、能稳定增长的产品迭代能力的企业会更有未来。

从大单品到爆款，到 DTC，以后再到形式可能更多样的 C2B 或 C2M、C2F，这实际上是从"为货找人"到"为人造货"的一个演变过程，DTC 可能就是这出大戏中的一幕。

用三条线来辅助新品定价

马总的企业提供的是服务产品,很多是定制项目,也提供标准产品,互相间还有可能形成互补或替代关系。因为每一个定制项目,都相当于一个新产品,需要重新核价,怎样确定定价,就成了一个很重要的运营问题。

为此,我们和马总团队讨论了定价的几条原则。

一、定价的底线——不能蚀"本"

谁都知道"千做万做,蚀本生意不做",可是怎样计算这不能蚀的"本"呢?

学过"管理经济学"的朋友一定还记得,"当价格低于平均变动成本时,厂商就应该停止营业"。这句话的意思就是:如果买方开出的价格比平均变动成本低,就不能成交。换句话说,只要价格高于变动成本就在卖方可以接受的范围内。

完全成本包括固定成本和变动成本,而厂商最低可接受的价格可以不考虑其中的固定成本,其原因其实也简单,因为无论生意是否成交,固定成本是不变的,只要价格高于变动成本,总能减少一点已经发生的固定成本的损失。

但"只要价格高于变动成本就可以接受"这句话其实并不完全准确。"变动成本"是个会计名词,比如已经采购入库的物料属于

"变动成本"，但如果不能退货或转让，它就和"固定成本"一样，也是"沉没成本"，是已经付出且不可收回的成本。

在实务中，只要价格高于为该笔交易而新发生的采购成本（边际成本），哪怕有可能低于"可变成本"，也是可以接受的最低价。总之，无论成交的价格是否会产生会计意义上的"利润"，对卖方而言，定价的最低要求就是当次交易的现金流为正。

当然，当你已经有了投入，要盘算的是如何收回已经付出的成本——沉没成本；可如果你还没有真正付出，那你要盘算的成本就是机会成本了。也就是说，你要计算的是投入到底放在哪里才收益更大。

二、定价的上限——竞品价格，其实可能只是个稻草人

在供给极大丰富的年代，很少会有产品和服务是完全找不到替代品的，因此那些竞品的价格（或这些价格形成的影响）就构成了卖方定价的上限。

但反过来，也几乎没有一件产品和服务是可以完全无差别地被替代的，因此所谓的竞品形成的价格上限，也往往是一戳即破的。

也就是说，买方在权衡卖方的报价时，总要与替代品做一下比价，这些替代品的价格会制约或干扰买方是否接受卖方的报价。但如果你的产品或服务与替代品的差异点，能让买方感到欲罢不能，替代品的干扰力就会被减弱。

达到了行业内的领袖地位，就有了更自由的定价空间，可以较少去顾忌竞争对手。

而如果能赋予产品新的内涵，原来的比价对标可能就不存在

了。同样一颗水果糖，换成了迪士尼卡通包装，对小孩而言，这就不是一颗单纯的糖了，所以竞品的指向也就不是"大白兔奶糖"了。以文旅市场为切入点的冰品供应商"喔仔"，在长城景区和故宫内售卖的新款雪糕（见下图），其竞争对手还是传统冰饮供应商及各种雪糕吗？这类商品可以比一般雪糕卖更贵就不难理解了。

长城雪糕

故宫角楼雪糕

可见，所谓的"竞品"只是影响了定价的上限，但并不能决定定价的上限。

三、定价的关键线——掌握了"需求"才能把控主动

有很多企业家朋友习惯用成本加成，或竞争参照的方法来报

价。我们说这实际上就是让供应商（成本构成的影响方）或竞品绑架了你的定价权。

如上所述，供应商和竞品确实在某种程度上制约了你的报价底线和上限，但无论是供应商还是竞争者，他们都不是付钱给你的这个人。真正决定交易能否成功的是付钱的买方。能不能在底线之上突破你本来以为的上限，关键在于你能否准确把握（甚至影响）买方的认知。

四、互补和替代

如果你推出的新产品，与本企业原来的其他产品线之间有可能形成互补或有替代作用，定价时除了要考虑上述三条线外，还要考虑对企业原有的其他产品线可能带来的影响。

如果是互补关系，新品定较低的价格，不仅自身市场渗透会比较快，也会带动原有的互补产品的销售，从而使企业总收入增加。

如果是替代关系，新品如果采用低价策略，尽管可能对自身销售有利，但会影响原有产品的销售。如果新品的销售增长收益不足以弥补被替代品销售减少的损失，就会降低企业的总收入。

我们常说，"定价"既是一门技术，也是一门艺术。弄明白价格的底线和上限在哪里，算得清互补或替代的影响，这都是可以后天习得的技术；但怎样才能掌握需求端的心理，恰到好处地报出既能让对方接受，同时又充分保证己方利益的价格，这还真的是一门需要有一点天赋才能掌握窍门的艺术。

不得不提价，也要"彬彬有礼"

在企业运营中，由于采购成本的抬升，常常不得不需要为现有产品重新核价。当内部各种降本措施都采取了后，仍然无法消化外部成本的提升时，就只能提价了。

提价对利润的重要性不言而喻，价格上哪怕是微小的变化都有可能在利润表上有明显的反应。比如售价 100 元的商品，提价 3 元，也就是只涨了 3％，但因为很多行业的销售净利润率一般也就在 10％左右，所以提价 3％的结果可能就是利润增长了约 30％。所以任何一个老练的经营者都会十分重视提价机会。

但怎样能够顺利提价，又不让老客户抱怨"吃相"难看呢？

一、小步多走

在《不提价，等死；提价，找死？》中我们分析过，需求价格弹性高，就表示需求量对价格变化敏感；而需求价格弹性低，则表示需求量对价格变化不敏感，调整价格对需求影响不大。所以，对需求价格弹性低的商品或服务，在综合考虑竞品等的反应后，可以大胆用提价的策略。

当然，对一些需求价格弹性低且需求持续性强的商品，用小幅多次提价的方式，负面影响会更小一些。涨价之前如果有透明的价格变动时间表，客户就会有价格提升预期，会提前安排预算，反弹就不会太强烈。

慢慢走不停步,感觉变化不是很大,但一样可以走很远。

二、改头换面

一款老产品到一定时间就会进入销售稳定期,这时通常会进入价格下降的通道,销量稳定,售价却下降,势必导致销售收入萎缩。最常用的对策就是推出能承续被市场接受的老款产品基因的新品,这样既能接盘原目标客户,又能制订新的价格表。理想的产品交替策略如下图所示。

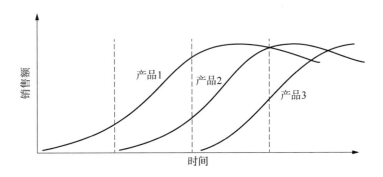

新品与老款有实质上的联系,但感觉上又要有明显的变化。如果产品的功能不做大的变动,一般就可在客户的心理满足上寻找思路,包括服务标准的改变,或者外形、包装,甚至文字上的变化,等等,都可以让客户感觉产品有了很大不同。

三、化整为零

将产品的功能拆分,化整为零,分别计价,让客户有了更多的选择,买方感觉上以为价格降低了,但实际上卖方的总收入并不减少。

比如将一些非必要的功能剔除,用基本款定价,其他作为附加功能另外计费。这些都可以让客户觉得得到了实惠,而厂商却有了更多的价格调整空间。

分期或延迟付费,也会让买方感觉支出的压力降低,但实际上卖方并无损失。

四、差异化定价

新的价格表可以不用一刀切的方法,而可对不同的客户或时间段区别定价。

比如提价20%,然后宣布在某个地区(或某个时间段内)给客户20%的优惠,这样客户感觉实际的付出并没有变化,就不会有强烈的抵触,等到真正取消优惠执行新价时,通常客户心理上已经有准备了。

又比如采取老人老办法、新人新办法的政策。执行新价格标准时,对老客户仍用老标准,或给一段缓冲时间区别对待,这样尽管已经是新的价格表了,老客户却觉得受到了特殊对待,享受到了优惠。

五、交叉补贴

两件产品如果可以形成互补关系,一件产品降价促销,就会带动另一件可以保证足够利润率的产品也热销。比如纸媒时代,报纸免费送,阅读量提升后广告费就自然而然地可以涨价了。设想一下,石油巨头如果兼并了汽车制造厂,然后汽车免费,汽油就有机会提价了。

总之，要站在顾客的角度，让顾客觉得自己是占了便宜的。

产品提价时提供一些优惠，比如，捆绑一些免费附加的产品或服务，实际上形成的也是交叉补贴关系。而捆绑的那些附加产品或服务，以后可以慢慢调整。特斯拉刚进入中国市场时，推出了"7天/1600公里"内退车返还全款的"信心保障计划"优惠政策，执行了一年半后，市场明显出现了强劲的销售势头，厂方就取消了该计划。取消优惠就等同于涨价，可是这样的涨价对需求端来说感知并不明显。

最后再说一句，无论怎样掩饰，提价对客户而言终究不是一件令人愉快的事，所以最"优雅"的商业姿态还是通过降本来提升利润空间。

2 理解你的员工

> 用别人眼里二流或三流的员工，创造出一流甚至超一流的业绩，这才是真本事！

缺陷人才组成的团队

经常听到创始人抱怨团队达不到自己的要求，因此创业者常会请求我们帮助企业寻找到更厉害的人才。但大多数情况下，不仅挖角没那么容易，即使招到了人，空降兵的表现也常常并不能如招聘者所愿。

是不是我们真的总抓不到好牌，还是我们没把手上的牌打好？

一、布鲁赫实验告诉了我们什么

瑞士圣加仑大学的布鲁赫教授做了一个调查实验，他观察了大量企业，然后根据管理者们在工作中投入的精力，以及考察他们是不是真正理解企业的经营重点，将这些管理者分成了四类：

第一类是缺乏活力且对公司事务的轻重缓急把握不好的管理

者,布鲁赫将他们称为"拖延者"。通常一个企业中会有 30％的管理者属于这种类型。

第二类是对企业的业务能够准确把握,但工作上不是很进取的人。布鲁赫称这类人为"怠业者"。这类人在企业中占 20％。

第三类是很积极,似乎总是忙得不可开交,但分不清业务重点的人。这类人被布鲁赫称为"注意力分散者",在企业中占到了 40％。

第四类人是既敬业又能充分理解企业愿景和战略意图的管理者,这类人被称为"目标明确者",在企业中实际上只占 10％。

也就是说,按照布鲁赫教授的观察,通常企业中堪当大任者不过 10％而已,另外 90％在使用上都是有这样或那样问题的。很多人的工作状态属于布鲁赫教授所称的"积极不作为",看上去努力,但产出很少。

事实上布鲁赫实验很容易被验证。我们看到的创业企业,特别是起步时的创业团队,本质上确实都差不多,"优秀人才"总是极少数,团队中或多或少都会有许多不尽如人意的地方。

这样看来,创始人对自己的团队不满意,的确是有理由的。不过上帝并不偏心,布鲁赫告诉我们,不是只有你抓的是烂牌,而是大家的牌都不咋地。

二、关键在于如何出牌

同样都是由一群有缺陷的人才组成的团队,为什么有的团队就可以所向披靡,而有的团队却怎么也走不出困境?

我们可以试试将布鲁赫教授的实验结果,同样用"活力"(管理者对工作的投入)和"理解"(对公司的业务能否准确把握)作为两个观察维度,构成以下"活力—理解四分图"。然后将四类管理者重新换几个标签,以便帮助我们思考如何打好手中的"牌"。

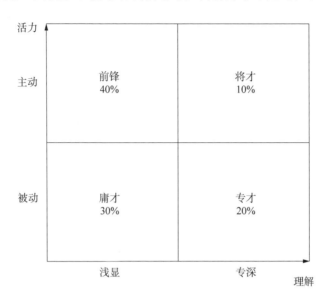

显然,横轴与人的客观条件更有关联,比如经验、能力、性格等都会影响其对企业业务能否精准把握,而且一般不太会短时间内发生大的改变。而纵轴则与人的态度更有关系,外部的某些条件变化,有可能会促使团队成员转变当前的工作状态。

我们通常将"目标明确者"称为"将才"。因为这些能对公司的目标和工作重点充分理解,同时又具有自驱力,态度积极、充满活力的员工,可以成为企业的领军人物。尽管这部分人只有10%,却是企业的灵魂和核心,足以影响企业的发展。

另一部分人我们可以称之为"专才"。这部分人头脑清晰,能把握住工作重点,比较适合做有点难度或者是技术性比较强的工作。尽管这些人态度不太主动,对工作也许还不够上心,但他们一般不会把工作搞砸。他们也许冲劲不够，但让他们守住已有的阵地绰绰有余。如果能用合适的方式激发出这些人对工作的热情，就可以担当起更重的责任。只要这20%的人中有一半能被调动起来，企业就又增加了10%的骨干（"将才"翻了一倍！）。

被布鲁赫称为"注意力分散"的那部分人，虽然工作抓不住要点，独立处事很可能会出乱子，但积极性高、肯出力，所以若有骨干带领着，由"将才"指点着冲锋陷阵，可以当工作中的"前锋"。因为这部分人的工作态度积极，当任务的难度不高时，他们的产出还是可以比较稳定的，所以这部分人也可以去从事一些重要但相对简单，不需要太多分析的工作。这部分人的占比最高，所以改变他们的产出，实际上也是改变团队"努力但不出业绩"的关键。

活力不够，工作中思路也不够清晰的"庸才"，是企业应该极力控制的人。有条件时可以主动清理辞退。另外，也可以通过激励去改变这群人的态度，使得其中有一部分人在纵轴上可以移到"前锋"的位置。

创业者们可以用这个四分图来评估一下自己的团队，看看怎样让小伙伴们站对位置，扬长避短。

德鲁克说，管理就是用平凡的人完成不平凡的工作。所以每每遇到创始人向我吐槽团队不理想，绞尽脑汁想挖人时，我总是更愿意和他们一起讨论，如何使手上已经掌握的人才发挥更大的作用。

用一流的人才完成一流的工作，这不稀罕。只有用别人眼里二流的人才，完成一流甚至超一流的任务，也因此将那些"二流人才"成就为一流人才，那才算是本事！

结三次婚的"幸福"与上三次岗的"机会"

有人说婚姻的"幸福"取决于夫妻能否结三次婚：

第一次，与所爱的人结婚——在婚礼仪式上，在饭店里，在亲朋好友的祝福下。

第二次，与爱人的习惯结婚——在家里，在二人的甜甜蜜蜜或吵吵闹闹的磨合中。

第三次，与爱人的习惯及他（她）的背景结婚——在家族里，在与各类使人幸福或使人烦恼的亲情关系中。

只结一次婚的夫妻，很容易离婚；能结两次婚的夫妻，会有宽容和稳固的关系；但只有结了三次婚的夫妻，才会有甜蜜的温馨。

同样地，寻找工作也会有三次上岗（入职）机会。

第一次上岗，是接受某个具体工作，与某个工作流程（岗位要求）结合。

第二次上岗，是接受工作的企业，与企业的习惯（文化）结合。

第三次上岗，是接受企业的背景，与企业的命运结合。

只上了一次岗，是与企业同路不同心的过客，企业和个人之间都不算真正互相接纳。

上了两次岗，企业和个人之间才会真正互相适应，工作关系会稳固下来。

上了三次岗，个人在企业中就会有如鱼得水的感觉，企业和个人之间融为一体，形成互相依存的关系。

就像婚姻一样，婚前如果只看脸蛋、形象，不考虑家庭背景，则结不了三次婚，难免日后龃龉丛生；入职时如果只盘算福利待遇，不考虑企业背景，则上不了三次岗，分道扬镳也很正常。

婚后的"幸福"是用来体会的，而工作的"机会"是需要去把握的。有的人工作了一辈子，但只会做某一个具体的操作，不会或没兴趣去真正理解自己工作的企业，这样即使企业今后获得了很大成就，他也很可能只是一个内部的旁观者。

到企业入职后，适应不了工作需要的，那就算不了真正的上岗，入职期间只能算个"人头"；能够适应任职岗位的要求了，算是第一次上岗，对企业而言，就是个"人手"了，可以满足企业的一般需要；上了两次岗的，与企业的文化融合了，就可以算是"人才"了，对企业会有重要贡献；上了三次岗的，可以与企业同呼吸、共进退、荣辱与共、唇齿相依，就算是企业的"人物"了，对企业发展的影响举足轻重。

能成为企业的"人才"还是"人物"，更重要的不在于本人具有的能力和素质，而是关乎你的内心能在所在的企业上几次岗。比如，企业空降一个高管，不论他的业务能力有多强，专业素养有多高，如果不能融入企业的文化，不能与企业的命运结合，即使给予的位置再高，也只能算是个"人手"，算不了"人才"，更不是"人物"。

黑苹果青年公益组织一直在年轻人中提倡"岗位创业"。从某种意义上来说，岗位创业就是你能否在某一个岗位上，获得超越岗位一般要求的成就。这可能就取决于你在内心能完成几次上岗。

只有"人手"的企业，生意即使有，恐怕也很难做大做强。有了"人才"和"人物"，企业才有可能腾飞。

但就像夫妻的幸福是互相给予的一样，"人才"和"人物"与企业之间，也是互相成就的。没有"十八罗汉"，阿里巴巴不会有今天；但如果没有阿里巴巴，那"十八罗汉"可能不过是一群普通人而已。

创业者们，也可以数一数你的企业中，有多少"人手"，多少"人才"？有没有"人物"呢？"人头"被请走了吗？

何必赶尽杀绝"小白兔"

——企业如何对待这四种人？

陈总的企业最近业务发展得很快，可是碰到的难题是：一方面经营班子决定要加快淘汰业绩落后的员工；另一方面虽然业务扩展速度很快，但招聘进度远远跟不上。

许多创业企业可能都遇到过这样矛盾的境地，缺人的同时还要退人。面对这种状况，除了继续加大招聘力度外，还有其他思路吗？

在陈总办公室，我们画了下面这张员工评价模型图：

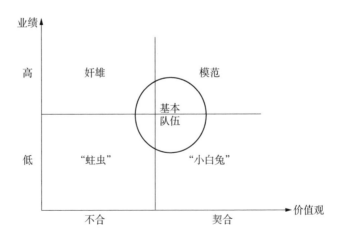

（1）模范。

价值观正，业绩又突出的员工，绝对是企业的宝贵财富。一将难求，要好好珍惜。

（2）"蛀虫"。

价值观不正，又没业绩，多留一天对企业都是伤害。

（3）奸雄。

面对这部分员工，企业领导常常会显得比较纠结，因为毕竟他能出业绩，也就意味着他还能为企业带来贡献。特别是一些初创企业在创业早期根基不稳时，对业务能力强的"奸雄"会更宽容。但如果这种员工确实心术不正的话，将来给企业带来的破坏也会更大，所以一旦确认价值观有问题，在尽量平衡好各种关系的情况下，越早处理，后患就越小。

当然，有些业务能力强的员工会表现得与其他人不那么好相处，这不见得完全是他个人的问题。如果企业的价值观（显性的或隐性的）本身与业绩导向不匹配，那么业绩表现好的人就很容易不受周边同事的待见，这时要解决的是企业自身的问题。但如果是恃才傲物，个人与环境总是格格不入，那就会给团队带来负面作用，放弃这种人对企业会更好。

总之，只要没有误判其价值观，"奸雄"就是企业的负资产，不要舍不得丢弃。

（4）"小白兔"。

曾经，好几位大佬号召企业一定要赶走"小白兔"。今日资本创始人徐新曾不客气地表示："杀掉小白兔"是一个企业最应该做的事情。因为这些看上去勤勤恳恳、兢兢业业但没有业绩的员工，会降低团队的战斗力，还会占用高层领导的稀缺资源，所以危害很大。这些说法看上去都没错，陈总想加快淘汰的也是这部分员工。

但其实"小白兔"可能也分类型：

一种是奸佞小人，伪装成无辜的"小白兔"，上会拍马，下会笼络，到处做好人，就是干不成正事。这种人实质上应该归到"蛀虫"中。

还有一种是放错位置的"狼"。记得某个电竞企业的梁总曾经分享过一个案例。梁总说，有一名员工对企业很忠诚，又特别喜欢这份事业，但在原岗位上的成绩就是不明显，这当然就算是个"小白兔"了。之后为他换了一个岗位，他在新的职位上由于业绩突出，年薪甚至可以达到近百万，算得上是个"模范"了。

员工评价的两个维度中，价值观比业绩更重要。价值观不正的，要及早清理。而对那些被认为表现忠诚的员工就不要轻易放弃。当然，没有业绩的"小白兔"不应该让其在原岗位待下去，可以为他挪挪窝，看看他是不是假装成"兔子"的"狼"。如果能够为他找到适当的位置，即使成不了"模范"，能加入"基本队伍"也好啊。所以创业企业对业绩不达标但价值观考核够好的员工，可以给予换岗的机会，至少还可以缓和一下招聘难的困局。

毕竟创业是一场长跑，寻找到价值观始终一致的兄弟一起陪伴，是可遇不可求的。要知道，阿里巴巴中最后留下来扛大事的，许多还是那些当初被马云认为能力不够却对企业始终忠诚的人。

换岗也做不出业绩的，那是真"兔子"了。如果企业养的都是这种人，那就会出问题。企业喜欢豢养"小白兔"，实质上就隐含了非业绩导向的价值观，显然如果由这种价值观主导，对企业的长远发展也是不利的。

企业生命周期进入一定阶段后，"小白兔"泛滥往往是企业自身价值观迁徙后产生的，通常情况下不是员工的问题，是企业的

"草"把"狼"喂成了"兔子"。所以当"小白兔"泛滥时，企业更应该做的不是举起屠刀，而是检查一下自身的文化是不是出了问题。

总之，如何对待员工中的"模范"和"蛀虫"，这不太会有争议；比较会让人纠结的是如何处理"奸雄"和"小白兔"。创业企业在不同阶段，包括所处不同行业时对"奸雄"和"小白兔"也会有不同的容忍度。而我们的建议是，相对而言更需要坚决处理的是"奸雄"，至于"小白兔"可以甄别后区别对待。

小心企业滞流层

——掌握好吐故纳新的节奏

某天,乌拉发信息给我:"赵老师,我终于理解您为什么每次见面都要问团队的流动情况了。人员流失是个问题,而不流动也是问题。保持适度流动性是组织进步的表现啊!"

我看了后特别开心。

企业初创时往往招不到人、留不住人,创始人这时最担忧的是团队会不会散伙。可是不管企业以后是否已经走出困难阶段,哪怕有了一定起色,创始人往往还会延续过去的思维,追求的仍然是团队的稳定,不遇重大冲突,就不会主动辞退或调整团队成员。这时可能就埋下了一些隐患。

一、稳定的团队可能隐藏了更大的机会成本

一方面,创始人常常忌讳主动调整创始团队,除了担心被指责卸磨杀驴外,更多是因为团队经过了长期磨合,已经形成了惯性,互相知根知底,各人的长处和短处都已熟悉了解,沟通或信任成本更低。如果贸然改变现状,会带来更多的不确定,这常常会令创始人感觉心里不踏实。

但从另一方面来看,在创业的不同阶段,面临不同的困难,创业团队中除了会有因自身条件无法适应新变化的伙伴,也会有同

路不同心的伙伴。因此,对一个快速发展的创业企业来说,要能不断跟上环境变化,捕捉新的机遇,不仅需要提升员工的应对能力,也需要不断补充新鲜血液,调整、淘汰跟不上的同伴也在所难免。

缺乏变化的团队,也往往意味着远离了新的可能性。而这些放弃了的可能性,就是你的机会成本。

有些企业家向我介绍团队时,会特意指出,我身边的都是几十年没变的老伙伴了。像这样的企业,你不用去现场就能知道大致情况。

当然,并不是所有的企业都需要经常换血。有些企业的经营环境变量很稳定,不折腾反而可能是最佳选择。

但对那些还在追求新的发展,希望对未来有更多探索的创业者来说,团队人员出现变化时其实不用太过担心,倒是在团队超稳定时需要给予更多关注。

二、团队如果超稳定,很可能是人力成本有着过高的溢价

当有些创始人告诉我,老团队始终很稳定时,他们的意思是想向我证明团队成员对项目的态度是正面的。而通常此时的我,总会想到的是要了解一下这个企业的薪酬状况。

对一些初创企业而言,人员进出频繁一些是正常的,而长时间人员无变化的话,就一定是有原因的。

有的企业拿到了风投的资金,为了稳定队伍,给出了大大超出市场正常水平的报酬福利。如果员工的优渥待遇不是来自市场的奖励,那么团队表现出的向心力就只是假象。

通常员工个人的工资是刚性的,宜升不宜降。如果企业不能赶在弹尽粮绝之前获得市场认可,那么扭曲的人力成本支出将导

致昂贵的代价，最后会使你原形毕露。

三、不要忽视团队中的"滞流层"

学过流体力学的朋友可能都知道，液体在管道中流动时，在管壁会形成一层所谓的"滞流层"。相对其他层的流体，滞流层的流速会慢很多。

创业团队中也会形成类似的"滞流层"。即使团队中其他层面的流动比率很高时，"滞流层"也往往基本不动。

形成团队"滞流层"的，可能是创始元老，也有可能是接近团队核心的人员，更有可能是职业技能单一、求职面比较狭窄的员工，等等。

不管是什么原因形成的滞流层，由于他们与企业的关系相对稳定，所以对企业的影响也许会更持久。企业文化的底色，更可能被这部分人影响。

所以，无论在什么阶段，也不管整个团队的人员流动率有多高，创始人都应该经常反思一下，眼下的"滞流层"需不需要改变一下成分？是不是太厚了？

四、掌握好企业自己的吐故纳新节奏

确实也有朋友问，团队的流动率究竟保持在什么水平才是合适的呢？还真有人给出过数据。有的给了一个范围，说是 $8\% \sim 18\%$ 最合适；也有的直接给一个数，说 10% 为最佳。

其实你不用仔细推敲，就应该知道根本不必在意这样的数据。因为企业面临的环境因素、阶段任务目标不同，怎么可能有一个统一的答案呢？

我们知道人员流动太大会影响当前的经营，而太稳定会阻碍未来的发展。所以，经营者只要断定人员流动对未来的布局是有利的，而对当前经营没有负面影响，或对当前经营的冲击是可控的，那这样的流动就是合适的了。

每个企业都可以摸索适合自己的不同阶段的人员更新目标。

人力资源专家们常说打造团队有"选、育、用、留、考"五步，其实还应该添上"退"。当然，这几个词针对的都是个体角度，而从组织层面看，理想的打造团队的目标，其实是能留得住合适的人，并以较低的代价改造或调整不适应的人，也就是能持续地根据环境变化来吐故纳新，调整队伍成分。

邓巴定律与企业人数规模

一些创业企业发展速度很快,从开始的几个人很快发展到了几十人,也有的在短短时间内数量就超过百人,直至上千人。每当这些企业的员工数超过 80 人,并还在继续扩张时,我总会习惯性地提醒创始人,要注意逐渐转换管理方法了。

这是我自己多年的经验。我曾经参与管理过的单位,有员工达到数十万的国家特大型企业,也有中型规模的媒体公司,以及员工人数在百名左右的民营企业、合资机构,等等。无论是企业还是事业单位,让我觉得管理上最得心应手、决策执行最到位的,都是规模在百人以下的机构。随着管理人数上升,团队总能量会提升,但也会渐渐偏离创业之初灵活、敏捷的作风,因此主要领导人的管理思维与方法随之应有较大的转变。

我的许多企业家朋友也有同样的感受,管理 80～100 人团队时的感觉最轻松。开始一直认为这只是一个经验数字,后来发现它居然与原始人类的进化有关系。

尤瓦尔·赫拉利写了《人类简史:从动物到上帝》,他在书中有这样一段描述:

> 等到认知革命之后,智人有了八卦的能力,于是部落规模变得更大,也更稳定。然而,八卦也有限制。社会

学研究指出,借由八卦来维持的最大"自然"团体大约是150人。只要超过这个数字,大多数人就无法真正深入了解、八卦所有成员的生活情形。即使到了今天,人类的团体还是继续受到这个神奇的数字影响。只要在150人以下,不论是社群、公司、社会网络还是军事单位,只要靠着大家都认识,彼此互通消息,就能够运作顺畅,而不需要规定出正式的阶层、职称、规范。

赫拉利认为会讨论虚构的故事(八卦),是人与其他动物的最大区别。共同相信某一个故事,是人与人之间的合作基础。

其实,认为由"八卦"来维持的团体人数的极限是150人的知识点,出自英国的人类学家罗宾·邓巴的研究。

牛津大学的罗宾·邓巴,发现原始村落的人口大多在150人。进一步研究后,他认为大脑认知能力限制了物种的个体社交网络规模。他根据猿猴的智力与社交网络推断,人类智力允许人类拥有稳定社交网络的人数是148人。人们后来取整,将"150"称为"邓巴数字",邓巴的发现则称为"邓巴定律"。

在150人以内,人与人之间比较容易形成亲密的关系,超过这个数字,人与人之间的关系就比较疏远。

假如,有效人际关系规模的上限是150人,我们可以推论得出这样的团队工作成效图(见下图):

社群人数很少时,尽管沟通成本低,信息损耗较少,但因为可动员的资源相应也少,纠错、容错的腾挪空间小,所以工作成效就不会很高。

社群人数上升到超出150人时,信息传递的误差会大幅提高,沟通的效率可能会降至很低,主要领导与工作一线人员的默契很

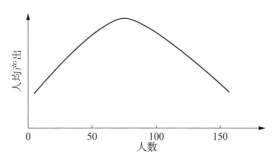

难迅速形成,所以工作成效也会下降。

假定人员沟通的效率在 0～150 人之间是呈正态分布的,那么人均成效峰值应该在中点(75 人)附近呈现。尽管这样的分布曲线也许还只是一种推测,但它确实能印证我们的经验认知。

我们有时也会建议,当企业或企业内的作业单元超过 100 人时,经营者就可以开始思考需不需要拆分业务运营单元(朋友们可以想想为啥?)。当然,真正是否拆分还要结合考虑很多其他因素,比如能不能同时找到两套具备领导能力的核心团队等。

在《创业企业成长的"通关密语"》中,我们会指出,在创业企业成长的生命周期中,沟通模式会有从"全员互动——充分互动"到"层际互动——自上而下沟通"的变化。如果一定要加上一个关于人数的定量标准,那应该是在 80～150 人之间,这时开始出现上述的沟通方式变化,工作关系中有必要分出清晰的沟通层级,而领头人将不必也不能,时时处处都在第一线掌控所有细节了。

"战略避坑"

也可以参考本文

能力强的下属更容易受委屈

　　一个单位中，同事之间的能力事实上总是有差异的，通常大家都认为，能力强的员工业绩表现会好一些。可是我们常常也会看到，到了考核期那些平时被认为能力出众的员工并不见得业绩有多好，有时还会更差一些；而有些被认为能力平平的员工，反而业绩不见得差。这除了工作中的能力平时很难像从表象上那么容易被把握外，还有其他原因吗？

　　如果有两件任务，一难一易；有两个员工，能力一强一弱。老板会如何分配任务呢？

　　我们来看以下的"能力—任务图"：

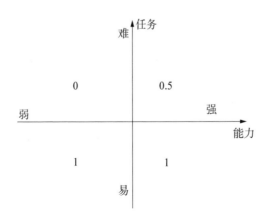

　　一项很难的任务，能力弱的员工几乎不可能完成，业绩得分就

为"0"；而能力强的员工也只能完成部分，假定业绩得分为"0.5"。

一项容易完成的任务，无论能力高低都可轻易达成目标，所以业绩得分都为"1"。

如果时间有限，一个人只能干一件事。这样，对一个追求效益最大化的上级来说，显然是让能力强的干难干的活，让能力弱的干好干的活，这样总体得分才最高。

可是这样的安排，能干的员工得分只有 0.5 分，反而比另一个相对弱的员工得的 1 分低。这样从表面来看，能干员工的业绩表现就真的不如能力弱一点的那一位了。

当然作为员工要理解的是，通常考核只能做到尽量公正，而很难做到绝对公平。上述看似不合理的现象，的确经常会发生，如果遇上了，其实也不用抱怨，用平和的心态对待就好。因为当你觉得自己总在干一些"挠头"活，常常吃力不讨好时，恭喜你！很可能你已经被老板高看一眼了，尽管眼前有点吃亏，但"脱颖而出"将只是时间问题。

可是，对上级来说，在此还是有几点值得提醒的：

（1）有些表面看来能力很强的员工，其实是"绣花枕头一包草"，通过公平考核可以将这部分假装的能干者识别出来；但考核又的确不是万能的，一刀切的考核确实有可能误伤一部分优秀员工。

（2）从公平起见，可以依据完成任务的难易程度，在考核上适当加权，或者让上司有一定的自由裁量权，不让能干的员工利益受损。

（3）如果因为各种原因，你无法调整考核的方式，那就要让下属知道你是清楚任务难易程度的，你也了解下属的付出和贡献。

上司恰如其分的认可,即使只是拍了拍肩膀,有时可能比奖励还更有激励作用。

（4）对一些难度大的任务,上级的适当介入,会让当事下属产生归属感,下属会感觉尽管付出很多,但是与老板在肩并肩战斗,即使辛苦也很值得。这时哪怕挫折连连,下属也不会觉得太委屈。

谨防对人高估能力、错估人品

中欧商学院的两位教授几年前做了一个研究，发现影响领导人信誉的核心因素有两点：

一是能力，即领导者的知识、技能，以及工作才干。

二是可信度，即领导者的价值观是否能得到认同，以及领导者本人是否值得信赖。

其实，这两点因素不仅是影响领导力的关键，创业企业在挑选团队成员时，看的也是类似的两点：

一是能力能不能担负。

二是人品值不值得托付。

可是，在实践中我们也会发现，创始人在评估合作伙伴时，往往也会陷入两个误区：高估人的能力，错估人的人品。

人们总是倾向于相信一个人的能力会保持他曾经达到过的高度，而且由于经验的积累，人们还会期望他的能力会进一步累加，他不仅可以维持已有的业绩，还可以获得更大的成功。但"彼得原理"（参见下一篇《讨厌你的上司？——成就他或许是摆脱他的最好策略》）告诉我们，这样的期望是有可能落空的。也就是说，我们对人的能力往往会高估。

而人品常常被认为会有负面的累加。人们总是认为，人的行为是有惯性的，做过的坏事，很可能会重复。在我自身的管理实践

★ 创业避坑

中，也有过几次这样的教训。比如，有下属出于自身趋利的考虑，背叛了团队。对于这样的行为，第一次我总是会选择原谅。然而，实际上这样的行为几乎总是不会只有一次，而第二次构成的伤害往往要更甚于第一次。因此，基于这样的经验，以后对下属的人品一旦有怀疑时，我就可能杯弓蛇影。这样肯定会造成误伤，对某些同事的人品实际上就可能错估。

当你展现自己的能力时，以往再多的失败都只是垫脚石，只要有一次成功，就足以让你昂首挺胸地证明自己。所以成功者谈到经历过的挫折，总是风轻云淡，因为这些失败只会让以后的成功显得更珍贵。而那一次让你骄傲的成功，也许多半是由于运气。但没关系，因为人们在评估你的能力时，更看重的是正面信息，而不是负面信息。

而如果你希望得到对方信任时，恰恰相反，干过再多的好事，也抵消不了一次失信的行为。所以人们对自己过往的过失，总是会遮遮掩掩。而那一次让你后悔莫及的行为，也许只是一次偶然的无奈。但没办法，你只能接受别人的质疑，因为在考察人的可信度时，人们更关注的是负面信息，而不是正面信息。

讨厌你的上司？

——成就他或许是摆脱他的最好策略

有朋友最近开开心心地来告诉我:还好听了你的话,那个讨厌鬼终于被提拔了,总算可以松口气了。

那个"讨厌鬼"是他的上司,两人可能是各种不对付,朋友曾恨得咬牙切齿地找我商量,如何给上司一点颜色看看,最好能想个办法把他拉下马。

可我听了朋友的吐槽后,向他建议,这个上司虽然对你不太友善,但工作能力和经验都还过得去,工作态度也很认真,所以即使你不配合工作,让他造成一些工作上的失误,只不过可能会让他的上司产生一点不满意而已,并不一定构成炒鱿鱼的理由。所以还不如调整一下心态,积极配合他的工作,让你们部门的工作业绩更突出一些,使得他与其他竞争者相比更有优势,这样他就会更快被提拔,你也可以不用直接面对他了。

作为一个"打工人",谁也不能保证一生遇到的都是"明主",如果遇上了一个看自己不顺眼,甚至会处处为难自己的领导,时间久了,忍无可忍,很多人就会想怎样出口气,如何反击。可是因为地位、资源不对等,想要对抗上司并不容易。许多人首先想到的都是怎样给领导挖坑,让他出洋相,工作中出差错,从而使得他的老板对他不再信任;更有甚者会无中生有、捕风捉影地匿名或公开投诉,给他制造各种麻烦。其实这些行为的效果都有限,也不会很快改善你自己的工作环境。

要知道,你所采取的这些行为如果真有效,那最后结果就一定是整个团队业绩都不行。团队如果失败了,你的上司的确可能会倒霉,但你在一个名声败坏的团队里的工作经历,给你的职业生涯带来的会是正面的影响吗?这种多输局面,会真正符合你自己的利益吗?

其实,不管是不是喜欢对方,同事间互相帮衬,不见得一定有好事降临;但互相拆台,一定都没好果子吃。

很多情况下,彼此能不能相处好,还是一个心态的问题。我那个朋友后来也说,想明白自己的最佳策略是配合上司之后,就感觉这位上司也没那么不能被接受了。特别是上司升职了后,态度好像也变得友善了。

很多年前,美国人劳伦斯·彼得就曾有一个很有意思的观察结论:在各种组织中,雇员总是倾向于晋升到其不称职的位置。这句话的意思就是:某个人在他原来的岗位上如果干得不错,就会被提拔,如果在新位置上仍然干得还可以,就会又上升一级,一直升到他与岗位要求不再符合为止。所以,在一个组织中,只要时间足够长,层级足够多,最后留在各级岗位上的领导们,可能大多数是不称职的。这个结论后来就被称为"彼得原理"。

说句笑话,根据"彼得原理",如果真的不满意你的上司,你就助推他往上爬,让他升到他不能胜任的位置,这时就能凸显他的"无能"了。

一生中遇到令人讨厌的上司的概率,也许比你在社会上遇到坏人的概率还要高。因为坏人不会是好上司,而好人也可能是

"坏"上司。如果你的上司是一个好上司，你当然就可以愉快地和他合作，努力完成团队目标，也许你们还有机会一起进入上升通道；但如果你的上司令你讨厌，你仍然可以考虑和他一起完成团队目标，让他有机会升迁，从而可以远离他。总之，如果你不打算自行离开，那么无论你是否敬佩你的上司，你最理性的选择可能还是积极工作，达成团队目标。

当然，这里讨论的都是上下级工作思路或方法不同，性格不合或脾气不对付等情形，而不是遇上了真正品行恶劣的上司。如果运气太差，碰到的是个真坏人就不在讨论之列了，因为这时你配合他就形同共同犯罪了。

职场中的着装代表了人设

黑苹果青年领袖营（以下简称"黑苹果"）已经办了20多年了，为优秀青年互相交流与学习搭建了一个很有影响力的平台。每年的黑苹果人才双选会，为有志气、敢于展示自我、争取上进机会的青年学生，与渴望新鲜血液、寻觅优秀人才的优质企业，提供了一个集体互相选择的机会。

有一年我在苏州参加黑苹果的年度双选会，主办方安排我做一个点评。记得我当时稍稍批评了有些同学的着装太随意，穿着短裤、趿拉个鞋就上台了。尽管现在很多机构对工作着装并无要求，一些创业企业的工作氛围也特别宽松，会让人觉得不会有人在乎别人的衣着。其实这可能是一种错觉。因为着装代表了一个人的人设，别人即使没有明言，但内心已经有意无意有了判断。所以求职者在正式场合或与人第一次见面时，最好要表现出自己的合适态度，着装不要太不注意。

但讲完后，还是有点疑虑，一直都在怀疑自己是不是有点赶不上年轻人的节奏了，自己在着装方面的观点是不是太过陈旧。

可是第二年，黑苹果的年度双选会在陆家嘴的中国金融信息中心又召开了。这次小伙伴们请来了大名鼎鼎的谢丽君。作为著名的形象设计专家，来自台湾的谢丽君老师有着极其丰富的经验，三言两语就让同学们认识到了自己形象上的不足和改进的方法。

谢老师认为"你的着装打扮、言谈举止等外在形象形成的视觉效果，会给对方留下最直接、最强烈的认知，保持好的形象可以在对方心中建立一个好印象"。下图为印象认知度分析饼图。

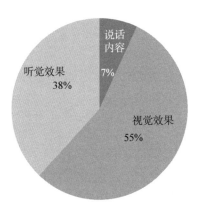

看到现场的那些年轻人对谢老师分享的内容表现出极高的热情，让我一年前的担心化为乌有。看来我去年提的要求不是太高了，而是还不够高。

但有朋友就此认为，既然着装很重要，就一定要在自己的打扮上狠下功夫，至少要在穿着上胜人一筹，用着装来吸引别人的注意，给人留下深刻印象。这可能就走入了另一个误区。

我们当然不能因为不注意收拾自己，让周围的人感到不舒服。但职场中的着装其实并不是为了与别人比美，最合适的职业着装应该能恰到好处地融入工作氛围。职业着装不是用来吸睛的，不能因为自己的打扮而干扰了对方对工作信息（比如路演或谈话的内容）的关注。

打扮太随意或太夸张，穿着太粗陋或太考究，都有可能让对方过度聚焦到你的外在形象。

最安全的职业着装应该是，粗看不特别，不会抢风头，细看不马虎，细节挺用心。有些机构要求工作着装的颜色不多于 3 种，衬衣最好选浅色，衣着不能太过暴露，等等，其实都是为了减弱而不是突出个体的外在形象。

但也有朋友以一些大佬级的企业家的着装风格为例，认为穿着特别一些或者马虎一些，其实也没关系，那叫彰显个性。千篇一律的正装，会让工作气氛沉闷，并不适合创业企业。

这有一定的道理，着装风格应该要符合机构文化，并不是所有单位和场合都需要严肃着装。

尽管着装代表了人设，但还是要提醒那些想在职场中用服饰来张扬自己个性的朋友：其实在任何机构中，组织的个性总要比个别员工的个性重要得多。

职业着装其实就是社交工具。着装要不要讲究，怎样讲究，关键在于你想达到什么社交目的。选对工具，就有可能事半功倍。

显然，老板们在着装风格上可以有更多选择，但员工就不一定了。

让员工发言更利索

——发言三段论

有创始人跟我提起，说很多员工开会都怕发言，接待客人时也是结结巴巴的，讲不清重点。于是找了一些演讲的课程让他们学，但学了一些演讲技巧后，那些员工还是怕发言。

其实员工怕发言可能有很多原因。一个原因当然应该检查一下组织内部文化是不是鼓励讲话；另一个重要原因有可能是员工没有掌握好发言的逻辑结构，不知道该如何表达发言内容。

我们发现在不同的场景下，发言可以有不同的重点和逻辑顺序，并且大多可以通过三个层面来递进表达。

场景一：上级来检查工作时。

（1）回顾上级的要求。

（2）本部门的实际工作进展。

（3）接下来的措施。

当上级就某一项具体工作来检查时，被检查者的发言可以先回顾上级就这件工作下达过的指示；然后说明根据这些要求已经做了什么工作，达到了什么效果，与上级的要求有没有差距；最后陈述，准备采取什么措施来巩固成果，或者消除差距。

场景二：做工作总结。

（1）计划或目标。

（2）实际完成情况。

（3）经验教训和展望。

就某一项工作做总结和向上级汇报的逻辑类似，即讲明白三点：本来的预期、实际做到的结果及接下来的措施。

场景三：谈工作设想。

（1）面临的问题。

（2）对策。

（3）目标和计划。

就工作中面临的某个问题谈设想，首先要分析问题（如果在座的与会人员对问题已经很清楚了，也可以简述甚至省略分析）。分析问题无非就是两个方面（外部环境和自身条件）、四个小点（机会和威胁、长处和短处）。而对策一定是如何扬长避短或扬长补短，去抓住机会或化解威胁。然后当然也要提出行动计划（时间进度）。

场景四：接待一般来访者。

（1）过去。

（2）现在。

（3）未来。

接待来访者，特别是首次来访者，可以向他们介绍被访问对象的历史和现状，并且展望一下未来，满足到访者的好奇心，同时也为以后可能的合作播下种子。当然，如果来访者有特殊需求，可以根据这些需求在这三段中插入合适的内容。

场景五：接待政府决策者。

（1）成绩。

（2）问题。

（3）信心。

如果遇到政府领导来视察，通常这是争取政策倾斜的好时机，所以在描述历史与现状时，首先可以把重点放在已经取得的成绩上，表示我们是有能力的；然后针对主管部门分管的条线，提出为解决某些问题希望获得的帮助。当然，在表达我们需要的帮助时，也要注意分寸，不要为难领导。最后，要表明这些问题解决后企业会更上层楼的决心。在发言中也要穿插对政府部门以往的各种帮助表示感谢。

场景六：接待客户。

（1）展示实力。

（2）表达善意。

（3）互利共赢。

对企业来说，如何接待客户是最为关键的事，很多专家对此有过讨论，这里就不多展开了。总之就是要让客户相信企业是靠谱的，选择我们才是正确的。这里只提醒一点，不同的客户会有不同的关心重点，而这些重点的背后一定有不同的原因，能理解这些真正的原因，才是重中之重。另外，在"展示实力"时难免要做比较，这时一不小心就会表现出贬低竞品或攻击同行的倾向，这很可能会让你失分。

场景七：接待供应商。

（1）表达诚意。

（2）展望未来。

（3）合作共赢。

和接待客户一样，接待供应商对企业来说也十分重要。尽管你是甲方，但仍然要记住双方实质上是共进退的关系。可以适当回顾双方过去合作中的成绩与不足,有时恰到好处地"示弱"也未必是坏事。

确定了发言的逻辑结构后,如何选择发言的具体内容也很重要,同样有三点需要注意。

(1)确定目的。在选择发言内容时,当然首先要清楚自己的目的,是想争取最佳成果,还是避免最坏结果。比如,接待政府视察,就有可能影响决策者能否获得政策倾斜,所以这时的发言目的可以是"争取最佳成果"。但如果是接受监管部门的检查,就要态度诚恳,从而"避免最坏的结果"。

(2)决不讲假话。选择发言内容一定要注意言之有据,决不讲假话。也就是引用的数据必须真实。当然,有些容易引起对方误解的话可以不说,但说出口的话绝对不能是没有根据的胡编乱造。

(3)选择合适的解读角度。真实的内容,从不同的角度来表述,也会让人有不一样的感受。屡战屡败,还是屡败屡战,尽管指向的都是久战不胜的事实,却代表了不同的态度。

又比如,企业在创始阶段有很多困难,数据往往不好看,有的创业者就会担心数据拿不出手。但我们总是坚持劝创业者,即使数据很难看也不能编假数据,当然,你可以选择合适的切入点来解读数据。例如,企业创业几年了一直没盈利,持续在消耗,一时还看不到产出,其实这也不见得就一定是坏事。所有的付出实际上都可能是一种投入,哪怕是走过的弯路也可以看成是探索路上的必由之路,你现在亏了很多,也意味着学费已经交了很多,因此你离成功也可能近了很多。

消除了"不满意"，未必就会"满意"

有朋友最近向我吐槽，手下有个员工，有能力，但对工作不那么上心。前不久对方提出如果不给加薪，就要跳槽，于是朋友就调整了他的薪资。可是加薪后该员工只积极了几天，现在尽管不提跳槽了，但工作状态又跟之前差不多了。

我跟朋友说：你给他加薪，消除了他的"不满意"，所以他就不提离职了。可是这样的加薪并没有让他"满意"，所以他就故态复萌。

朋友觉得这样的分析有点绕："满意"和"不满意"不是对立的吗？既然没有了"不满意"，为啥还没有"满意"？

我又做了如下的解释：

20世纪50年代，美国心理学家弗雷德里克·赫茨伯格发现，促进企业员工积极性的因素，与使员工产生消极情绪的因素并不一致，因此提出了双因素理论。

赫茨伯格认为，保健因素没被满足时，会对工作产生"不满意"，因此带来消极的态度；然而，保健因素被满足后，员工不消极了，但并不等于他就积极了。只有激励因素被满足后，才能使得员工对工作产生"满意"，因而带来积极的态度。

换句话说，"满意"的对立面不是"不满意"，员工很可能会形成既不是"不满意"，又不是"满意"的状态。

一般认为，提升工资（特别是固定工资）、改善人际关系、提供良好的工作环境（包括转变公司政策与管理方式）等，只能消除"不满意"，不会产生更大的激励，因此这些都是保健因素。

而工作上的成就感，职务带来的责任感，能得到认可和赞赏，工作具有挑战性、有趣、有发展前途，有成长晋升的机会，等等，这些因素才更能给员工"打鸡血"，因为这些因素才是激励因素。

按照赫茨伯格的观点，保健因素是必需的，不过它一旦被满足后，也就是没有了"不满意"后，就不再产生更积极的效果。只有激励因素才会促使员工有更好的工作状态。

我最后向朋友提了这样的建议：

（1）你给的报酬如果低于员工的预期，这时员工就会"不满意"，有能耐的就可能会产生跳槽的念头。

（2）不过，工资通常是刚性的，宜增不宜减。所以加薪要谨慎，特别是固定薪资不要轻易提升，因为升了以后就很难再下调。

（3）你可以尝试加大奖励部分的报酬，用一事一奖、及时奖励的方法（这可以使报酬从"保健因素"转变为"激励因素"），使得员工的薪酬总额能达到甚至超出他自己的预期，但这又不总是旱涝保收的。

（4）有时老板拍拍员工的肩膀，给个笑脸、点个赞，让他有成就感，这效果可能不比给员工多发几千、几万元奖金要弱，因为这会给员工带来"满意"。

无力加薪，队伍会动荡吗？

创业企业在行业内做出一点名声后，业内的竞争者就可能伸手挖角。为了稳定队伍，创始人也想给大家加薪增福利，可是初创企业在起步阶段的现金流都会比较紧张，所以创始人对此总是心有余而力不足。队伍会因此而剧烈动荡吗？

有一家大型人力资源服务企业集团在 2022 年发布过《中国大陆薪酬趋势报告》。其中有一个数据，如下图所示：

您期望的薪资涨幅达到多少才愿意跳槽？

薪资涨幅	占比
低于5%	1.30%
5%~10%	4.55%
10%~20%	15.11%
20%~30%	38.75%
30%~40%	24.21%
超过40%	16.08%

也就是说，有约 16％ 的人要在对方给出的薪酬比现在高过40％时才会跳槽；24％ 左右的人在薪酬高出 30％～40％ 时会跳

槽;只有约 20％的人在薪酬提升不足 20％时也愿意跳槽。

换句话说,只要企业付的工资不低于行业水平的 20％,那就大致可以稳住 80％的员工,团队可以大体保持稳定。

所以对那些在环境变化下哪怕受到重创的创业企业来说,也不必太焦虑无钱加薪留人。我们知道促使员工下离职决心的更重要的因素无非两条:

(1) 未来是不是还有希望?

(2) 眼下是不是工作得开心?

创业者们要留人的最好手段就是:一方面,让团队看得到未来的前景,同时让每个人都能认同这美好前景与他们的利益密切相关;另一方面,能营造出良好的企业氛围,能解决员工当前的实际困难,这样也能让员工舍不得离开。

这家人力资源服务企业集团发布的报告中还有一个数据,也挺有意思(见下图)。这是向雇主企业问的一个问题:较上一个雇员,招聘新人的薪资涨幅是多少?

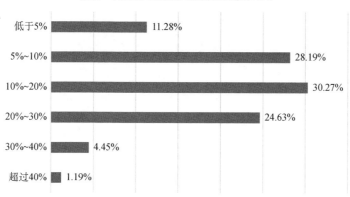

较上一个雇员,招聘新人的薪资涨幅是多少?

低于5%	11.28%
5%~10%	28.19%
10%~20%	30.27%
20%~30%	24.63%
30%~40%	4.45%
超过40%	1.19%

我们看到，只有 11％左右的岗位在招聘新人后薪资涨幅是不足 5％的。换句话说，雇用新人的岗位可能将近 90％的概率是会提高用人成本的。

这就意味着，对大多数企业而言：

（1）付给"空降兵"的报酬会更高。

（2）流动率高会使薪资成本有抬高的趋势。

所以，尽管当企业无力加薪使得薪资水平比行业水平稍低时，不见得会使团队立刻大幅动荡，但当企业有能力时，还是不要舍不得给员工加薪，因为从长期看，加薪留人使得队伍稳定，可能会让薪资总成本更低。

当权者身边的"马屁精"

很多人会瞧不起老板身边的拍马者，把他们看得一无是处，认为这些人成事不足，败事有余。可是为什么几乎所有的领导者身边总会有阿谀奉承者的影子呢？

一、老板也需要听"好话"

一把手其实是孤独感很强的一份职业，喜怒哀乐，常常只能一个人独自品尝。对一个创始人来说，经营中充满了风险，任何一个决定都可能是在不同的得失之间做抉择，从不同的角度都可以找出被批评的理由。如果是两利相权取其重，可能会被批评放弃了一部分利益；如果是两害相权取其轻，更可能轻易就被指责决策带来了危害。

要是老板耳边整天都是反对声，总得不到正面的积极的反馈，围在身边的也都是所谓直言不讳，事事都有异议的下属，这老板当得有多憋屈呀？

其实领导也需要安抚，也需要激励。那些会说好听的话，会称颂老板的下属，你在老板郁闷时，可以抚慰他那颗受伤的心，鼓起他的自信心，使老板在经营的风浪中继续艰难前行。

要知道在通常情况下，一位智商、情商都正常的上级，总会比一般的下级看问题更准确一些。因为他掌握的信息总会比下属更全面一些,获得经验的途径也会更多一些。所以老板比你更英明的概率是很高的。

对创始人来说,团队中也总要有几个听话的人。特别是在攻坚、僵持的阶段,没几个无论对错都会坚信你的下属,你怎么可能顺利走出迷茫期呢? 在危急时刻,如果总有人在干扰你下决心、挑战你的权威,那怎么力往一处使,劲往一处出呢?

当然,如果老板的周围全都是溜须拍马、阿谀奉承的人,都没有各自的主见(哪怕是表面上),这肯定也是一个非常危险的信号。总是与你格格不入的人,当然很难用,但总要留几个看问题角度会与你有点不一样的人,可以提醒你还有哪些疏忽,还有哪些该准备的没准备、该提防的没提防。如果身边没有了各种声音,你也一定当不成好老板。

二、让老板当得顺当一些

下属不能时时事事为难老板,要知道老板在外要应对监管部门,要照应客户,回到自己企业总想要有一个"舒适"一点的工作环境吧? 所以顺着一点老板,在合适的场合主动讲讲老板爱听的话,也合乎常情。但如果只会迎合上司,甚至指鹿为马,那就会误导上级。一旦把老板带进沟里,倒霉的就不止是老板一个人了,整个团队都会受影响。所以下属不能一味捋老板的顺毛,也要把握好尺度:

(1)小事,非原则的事,就不要顶撞上司。但如遇上大事,看着老板往坑里踩也不吱声,那就太不够意思了吧。

(2)上级下了决心的事,没必要死谏以反对,如果真的觉得有问题,就事先准备好补台措施。

（3）上级做对了的，可以表示佩服；做错了的，也要找适当的机会提醒，但如果他自己已经意识到了，就不要多提。

（4）上级犹豫不定的事，可以进言，但要注意，有时实际上他已经下了决心，只是还在等待一个合适的时机，这时候就不要反复提。

（5）所有的建议，都要站在上级的立场，从上级的角度去思考利弊得失。

让老板当得顺当一点，既为了他，也是为你自己，更是为了整个团队。

三、一个成熟的领导者还得清楚这几点

（1）对那些过度迎合你、献媚邀宠的人，即使抹不开面子放弃他，但也绝对不能重用，千万不要将其放到要紧的位置上，因为一个会过分委屈自己的人，其他方面的底线往往也低。你在位时好话说尽的那个，保不定就是在你失势时最先弃你而去的那个。

（2）如果一个领导人总是需要依靠别人的恭维和奉承来建立自信，那就说明他的内心还不够强大。在实务中我们可以看到，那些真正经过风浪、阅尽沧桑的成功者，其实并不怎么需要用外界的反馈来激励自己。

（3）一些有担当、责任感强的下属，往往性格不那么乖巧，虽然平时不容易讨人喜欢，但一旦有难，力挽狂澜常常还得靠他们。

3 别用错管理工具

能力的边界，取决于你掌握的工具

抓到好牌，不如懂得出牌

——成事在天与谋事在人

　　创业者们经常会听到这句话：不要用战术上的勤奋，掩盖了战略上的懒惰。这意思就是，很多创始团队看上去很忙、人人很勤奋，可是过一段时间回头一看，其实走的都是弯路。所以不能只知低头拉车，还要懂得抬头看路。

　　这当然是正确的，但相比之下，还有一种相反的情况，也许更值得创始人当心：耽于战略构思，疏于战术执行。

　　曾经见到过不少这样的创始人，喜欢宏大叙事，言必称×××思维，讨论各种模式信手拈来，各种打法滚瓜烂熟。昨天还在讨论元宇宙，今天又研究生成式人工智能（AIGC）了。可是，往往半年过去了，再一看，公司没什么变化。还有些创始人喜欢到处去听不同的大咖讲座，每次听完就会对各种新打法心动，可是始终不见行动。

这些创始人的共同特点是，讲愿景雄心万丈，看眼下却不知从何入手。

一、战略上成事在天

我们常说，战略上有七八十分把握，就可以大胆往前冲了。因为你有了那些基本保底，再努力一把，运气好一些，说不定最后可以得个 90 分以上；失误了也可以有个 60 分，可保一个及格。

谋定而后动，不是说万无一失了才动，而是指正反几方面的情况都评估过了，心中认为有一定胜算了，最坏的情况也想明白了，就可以撸起袖子干一把了。可有些创业者，就是纠结于那些目前看来还没有把握的二三十分，迟迟迈不开第一步。

有时会让人啼笑皆非的是，那些沉迷于纠结未来的创始人，真正行动起来时，却往往粗糙随意，喜欢东一榔头西一棒槌，行动缺少章法。尽管胸怀凌云之志，可惜手无缚鸡之力。

其实战略上宜大胆，战术上宜谨慎。面对不确定的未来，应该保持更大的战略弹性；而对相对更有把握的近期，一旦确立了努力的方向，就要仔细规划，朝着既定方向上的每一步都要力争不失一分。

二、战术上谋事在人

战略上不必追求百分百可控，但战术上必须确保万无一失。战术上每个细节，要确保 100％ 的把握，严防出现意料之外的情况。

有的创始人目光短浅，每天忙忙碌碌却劳而无功，也就是用战术上的勤奋来掩盖战略上的懒惰,尽管不可取,但相比之下,更应该警惕的是战略上伪勤奋、战术上真懒惰的创业者。

那些有着强大的落地精神,百折不挠的创业者,如因对环境变化判断失误而败北,还有可能东山再起;但一个只有梦想、不会圆梦的创业者,梦想成真的机会就很少。

三、好牌不如出牌

我们常常听说,做对的事比把事情做对更重要。其实这多半属于忽悠,两者从来都是缺一不可的,do right things(做对的事)与 do things right(把事情做对)一样重要。

我们知道牌局上的输赢取决于两点:①抓到什么牌,②如何出牌。抓到好牌,不懂出牌组合和顺序,还是会输;但一个高手,哪怕抓到的是烂牌,也有机会打赢。

一个有执行力的创业者,是不是正在做对的事至少还可以寻求外脑来帮助判断;而一个不懂如何把对的事做对的创始人,如果找不到合适的助手,那就非常痛苦了。

全球商会网何振明董事长曾说:你的命运不是取决于你是不是善于论证,而是在于你是否善于行动。

尽人事,听天命,哪个成功者不是这样走过来的呢?

战略上成事在天,战术上谋事在人。

"战略避坑"

也可以参考本文

企业的健康脉搏应该搭在哪？

我们经常要去企业与创始人交流，小伙伴们有时会问，为啥对看上去差不多的企业却给出了不同的建议。其实与企业交流就像是把脉诊断，表面看症状差不多，但脉象不一样，药方自然是不同的。

但企业的脉搏应该怎样搭呢？

中医搭脉要分别把左右两手，企业的健康也可以看两个方向：外部和内部。

简单点说，从外部观察看两点：做什么和不做什么；从内部观察也看两点：怎么做和做的动力。

一、从外部观察

（1）做什么：主要指企业的业务类型、盈利模式、关键资源，以及供应商关系与目标用户、定位（从外部看客户对企业的理解，而不是听企业自己宣传的口号），等等。

（2）不做什么：不是指它没能力做什么，而是看它能做但不去做（包括尽管现在没能力做，今后有本事了也不会去做）的是什么？也就是它舍弃了什么，这反映了企业的价值观。

从外部观察，主要看企业与环境是如何耦合的，可以了解企业的定位、边界及天花板。

二、从内部观察

（1）怎么做：企业实际是如何运转的，主要看体制和机制，比如治理结构、组织架构、决策模式，业务流程、内控、管理、分配制度，等等。

（2）动力：企业运行的动力来自哪里？动力足不足？主要看企业的文化，以及高层团队的组合、理想、领导力。

从内部观察，可以推测企业的运行能否顺畅，有没有体力支撑着走到底。观察内部应该深入现场，不是只看写在本上、贴在墙上的制度、流程，而是看项目真正在现场是如何执行的。

三、短期和长期

"做什么""不做什么"，以及"怎么做""做的动力"，这四个观察点也分别代表了企业短期和长期的影响要素（见下图"企业协调发展观察模型"）。

比如，如果"怎么做"是认知混乱的，那么对"做什么"就不太可能清晰，因而项目在市场上的当期表现不会令人满意。

如果"怎么做"是明确的，那么其与"做什么"有可能匹配，也有可能不匹配。匹配时，企业的运营就是协调的，反之，则经营业绩不太可能好。

又比如，如果"动力"很足，但对"不做什么"不清晰，那它将来的业务可能就是发散的，不会聚焦。

当然，如果"动力"是不足的，不管企业的愿景对"不做什么"是不是清晰，它的未来都是令人担忧的。

短期的观察指标，相对硬性，容易判断一些。而涉及长期的观察，"不做什么""做的动力"，都相对较软，比较隐性，不容易判断。

搭完脉，如果再结合看一下舌苔——财务报表（特别是管理报表），就基本完整了。

有了这些工具，知道了诊断企业可以有哪些视角，但并不见得都能开出治病良方。因为尽管搭的是同样的脉，怎样理解病情，药方如何配伍才是真正考验功力的。很多人只能当个江湖郎中，华佗再世毕竟只是少数。

能看出问题只是第一步，提出合适的解决方案才是真正的目的。

"战略避坑"
也可以参考本文

看企业最重要的入口是"怎么做"

在《企业的健康脉搏应该搭在哪？》中我们曾经讨论过，诊断企业可以看这四点："做什么"、"不做什么"、"怎么做"和"做的动力"。

这四个观察点分别代表了企业内部和外部的观察角度，也代表了短期和长期的影响要素。有朋友看了后，提出希望能再展开一些讨论。

一、"怎么做"与"做什么"

习惯上，投资者了解一个企业往往先从外部视角切入，比如它在什么赛道（"做什么"）。例如，它是卖消费品还是工业品，是提供产品还是提供某种服务。然后用外部定义来判别它的发展可能性，比如找一个对标企业来比较该项目的优劣，等等。对企业的观察如果只停留在这一步，是很容易出偏差的。

从上文"企业协调发展观察模型"图上我们可以发现，实际上真正重要的是"怎么做"。判断一个企业有没有竞争力、能不能持续发展，首先要清楚它是"怎么做"的。

"做什么"与"怎么做"是影响企业短期内能否协调发展的一对矛盾因素，而"怎么做"是这对矛盾的主要方面，起支配作用。

中国零售业曾经的领头羊，上海南京路上的上海市第一百货商店（以下简称"市百一店"），经过约半年的改建后重新开业。开业前,这个中国百货业的鼻祖宣称新的市百一店将重振雄风,吸引年轻群体,再次成为南京路的时尚地标。为此,新市百一店集中了南京路上最多的化妆品品牌、最多的大牌旗舰店,总经理因此信心满满地向媒体放话,市百一店将成为城市商业新标杆。可是新开张的第一天,那些蜂拥而至涌向 7 楼争相与"老弄堂"拍照的爷叔和阿姨们,让成为时尚地标的理想显得十分滑稽。

经营者洋洋得意、精心打造的怀旧元素(怎么做)和成为时尚地标(做什么)的不匹配,注定了使市百一店重新站上潮流高点的梦想有可能成为梦呓。

巴菲特说过:95%的人投资都是关注市场,其实这是不对的,一定要聚焦在做生意上。"关注市场"就是看"做什么";聚焦"做生意",就是看"怎么做"。

从这个角度看,对早期企业而言,看"赛道"(做什么)可能真的不如看"人、团队、治理结构、业务模式……"(怎么做)更关键。

举个例子,一群"90 后"的创业团队,选择了建筑工人的现场管理作为创业切入口。如果仅看他们是"做什么"的,很容易会认为这个项目的天花板太低;但如果看他们是"怎么做"的,就会发现这群年轻人的学习精神和落地能力,使得他们的打法很有可能扩展成为一种新的渠道,未来的想象空间就打开了。

二、"怎么做"与"做的动力"

"怎么做"与"做的动力",同样也是一对矛盾。而其中"做的动力"是企业能否长期发展的重要因素,成了矛盾的主要方面,起牵引作用。从某种意义上来说,"做的动力"本身就决定了"怎么做"。

但是,企业运行的动力来自哪里?动力足不足?有时较难直接观察。而通过观察"怎么做"却常常可以把握到企业的隐性文化。领导层的格局和视野,中间层的执行力,都可以通过观察他们如何对待一些事件和在关键点上的处理方式感知到。

我们可以先观察企业是怎么分利益的。对待名利,创始人能照顾到团队其他人吗?关键人物感觉到激励了吗?基层员工觉得管理公平吗?

有些创始人很有理想,向员工"画饼"的能力也特强,团队初期会受到感染,创业很有激情;但时间一久,大家会发现老板虽然说出来的愿景美好,但不太愿意兑现承诺,员工战斗力就会持续下降。

杜月笙第一次被黄金荣重金奖励后,摇着小舢板到了浦东,将所得银元悉数分给手下兄弟们。黄金荣得知后当即感叹,上海的天下,在他死后就是这个"莱阳梨"杜月笙的了。所以,杜月笙可以算是一个懂得激励团队的创业者。

除了观察激励机制外,我们还要观察企业的权利与责任是怎样分布的,也就是看权责分配能不能与企业发展同步合理匹配。创业初期,创始人能不能全身心投入,团队成员有没有激情;企业成长后,老板能不能合理放权、团队成员能不能权责对等,这些都会制约企业的进步空间。

三、关于"不做什么"

早期的创业企业,能不能得到资本的青睐,关键在于有没有独到的强项。而过了成长期还能持续生存的企业,会有一个共同的特征,就是一定没有出现致命的短板,或者即使有,也没有被外界发现,没有被竞争对手利用。

而凡能渡过成长期的企业，如果主业市场并没有很大变化，这时企业若经营出现问题，不管是什么表现形式，本质上都是资源短缺，而资源紧缺的原因，一定是做了许多不该做或者不必做的事。所以一个不知节制、鲁莽行事的企业很难活得长久。

总之，我们看企业最重要的入口是，看企业"怎么做"。通过观察"怎么做"与"做什么"是否匹配，可以判断企业短期有没有机会。而短期能否站稳，依赖两点：机会与执行。

通过观察"怎么做"，可以了解"做的动力"，判断企业是否存在可以促进长期发展的内部因素；而适当的边界感可以助力企业走得更远。长期能否成长，也看两点：激励与避坑。

"战略避坑"
也可以参考本文

注意！这才是弄对管理架构的真密钥

创始人贾总曾经读过 MBA，他的企业近期发展比较快，感觉原来粗放的管理不适应了，想重新考虑管理部门的设置。一日，他和我讨论，企业的组织架构到底用职能制还是直线制好？为此他已经苦恼了许久。

这又是一个 MBA 综合征患者。因为实践套不进某个理论，就对自己产生了深深的怀疑。

企业的组织架构应该如何设计？贾总说，课堂中老师曾经说过，组织架构的设计原则有这样一些：战略导向原则、目标原则、相符原则、职责原则、组织阶层原则、管理幅度原则、专业化原则、协调原则、明确性原则等。这么多的原则听听就令人头痛。给一些咨询公司拿去唬人还比较管用，但真要用来指导设计自己公司的部门设置，还真不知道该如何入手。

加里·哈默在《管理的未来》中预言："制约组织实现优良业绩的不是其运营模式，也非其商业模式，而是该组织的管理模式。"这样的断言也许过于绝对，但无疑组织模式是助力企业走向卓越的最重要的因素之一，因此的确应该予以充分重视。

一、设置管理架构最基本的出发点

"管理"是一门应用学科，如果一个管理理论与管理实践产生了差异,那错的当然是理论,或者是你把一个对的理论放错了地方。当现成的理论解释不了你面对的问题时,你可以追根溯源,找出问题的源头,用底层的逻辑来解决面临的困惑。

我们可以思考一下,企业为什么要设置不同的管理部门?

从泰勒的分工理论,我们就可以知道,设置不同部门实际上就是进行分工,进行分工就是为了提升业务效率。所以部门设置是不是合理的一个标准就是:能否高效产出,也就是达成企业总体战略或战术目标的效率能不能更高?

结合法约尔的管理五要素:计划、组织、指挥、协调、控制,一个组织的运行能不能顺畅,少不了"协调和控制"。所以在部门功能设计中,还有一个标准:能不能有效制衡? 一个动力系统,如果只有传动,没有制动,就好像没有刹车的汽车,不翻车才奇怪。所以对企业而言,有制衡是为了更长期的收益。

总之,早期创业企业在考虑分工和部门设置时,可以抛开所有的关于机构设置的理论,只从这两点出发:效率与制衡。

二、如何检验设置的部门权责划分的合理性?

部门权责划分是否合理,就看有没有重叠和间隙。

通常情况下,有利益的事,容易权利重叠;而麻烦的事,没好处的事,容易出现推诿扯皮。部门(岗位)划分越细,边界就越多,越容易出现重叠和间隙。

而这种岗位权责之间的重叠和间隙,几乎是不可避免的。哪怕现阶段没有发现问题,企业发展后仍然会出现新的权责不清问题,所以部门设置的合理性也是动态发展的。只要不过度影响效率和制衡,也可以在出现问题后,再就事论事地进行个案解决。

只要从效率与制衡出发，注意重叠和间隙，部门调整就有方向了。真正难把握的是下面两个问题：

　　（1）如果企业还会持续发展，管理架构就应该保留一定的弹性。而有弹性就意味着留有余地，比如，关键岗位要不要配 A、B 角；关键业务要不要有危机预案；积蓄后备干部，就可能出现一岗多职；等等。

　　（2）老师在课堂教育学生的是，企业必须因事设岗，不可以人浮于事。但事实上，一个组织时间长了后，一定会出现很多人事问题，比如如何对待打江山的老员工，如何处理一些社会关系，等等。企业很难完全杜绝"因人设事"。

　　弹性和效率，人情和原则，这之间的度如何拿捏，没有刚性标准，所以更难。

　　管理实践变化太快，知识老化周期太短。而一些商学院居然令人不可思议地认为解决实际问题不是它们的最主要任务，难怪学生在课堂中学到的那些内容会真的很难用进实践中。

　　想起上海交大安泰经管学院原院长王方华以前经常批评，有些老师总是拿昨天的知识，教今天的学生，解决明天的问题。让人汗颜！

决策，就是在不同的风险方案中取舍

——决策树一例

一家创业企业的两个创始合伙人赵总和许总最近苦恼的是，合作方提出了一个明年的托管合作方案，运营团队在究竟是自营还是接受托管合作方案之间，下不了决心。他们向我们提出了这个困惑。

于是，我们问了两个问题：

（1）自营和托管，预期的投入成本和收益各是多少？

（2）自营和托管，达到预期收益的概率各是多少？

经营团队对不同方案的收益胸有成竹；对各种风险，讨论了一小会后也得出了一致意见。根据他们的回答，我们画了下面这张表：

表 自营和托管方案的投入成本和收益

类别	投入成本/万元	经营顺利		经营不利	
		收入/万元	概率/%	收入/万元	概率/%
自营	100	250	60	60	40
托管	20	60	80	20	20

从这张表上可见，自营的投入比较大，经营顺利的话收益还比较可观，但如果经营不利，可能会亏40万；而托管的投入较小，尽

管收益不大,但假如经营不力也不会亏钱。如果不考虑概率,确实很难决策,所以经营团队犹豫不决,也是情有可原。

我们可以画一个决策树(见下图):

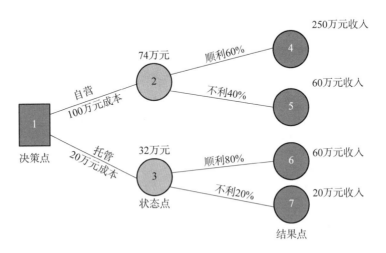

于是,我们根据不同经营情况会发生的概率,计算了不同方案的收益期望值:

自营:$250×0.6+60×0.4-100=74$(万元)

托管:$60×0.8+20×0.2-20=32$(万元)

显然,从计算的结果看,自营的当年期望收益要更好一些。

合作方在托管方案中还有一个条件,如果当年完成托管任务,第二年可以再增加托管两个单位;而自营的话,当年即使经营成功,第二年团队也只有能力再增加一个经营点。根据这样的条件,我们可以继续增加决策树的树权。有兴趣的小伙伴们可以自行练习分析一下,如果考虑连续经营两年,不同方案的期望收益各是多少。

这样分析后,答案似乎已经很清晰了,但我们找到的是否真的就是最优选择吗?

这取决于以下几点:

(1) 估算的概率符合事实吗?

(2) 对团队来说,是不是只有"自营"和"托管"两个方案? 尽管我们不可能穷尽所有的其他机会,但通过头脑风暴,脑洞越大,方案越多,离最佳选择就一定更近。

(3) 算不算最优选择,还取决于决策者的价值观,以及对风险的承受力。在本例中,尽管"自营"的收益期望值更高一些,但经营不利可能发生的概率达到 40% 的话,其实发生亏本 40 万的可能性还不算低。决策与解答问题是有区别的。解答问题是寻找唯一对的答案,而决策则是从可能都对的许多方案中,决定一个最合适的方案。而"合适"这两个字就牵涉到了价值观。

决策树也只是决策的工具之一,并非唯一手段。

决策者，你在拍板时有画面感吗？

有朋友因为业务的原因，常年要在各地奔波。我问他，有些决策是不是可以通过线上解决呢？他说，不去现场实地看过，心里总觉得不踏实。

有记者采访链家和贝壳找房的创始人左晖，质疑其企业的使命（"更美好的居住"）太虚了。左晖因此回应，尽管这个描述不那么具体，但对于创始团队而言，这样的描述是有"画面感"的，能够牵引他们去选择要做哪些事。

我觉得左晖的"画面感"这个词用得很好。那位总是要在现场实地考察过心里才踏实的朋友，其实无非也是希望通过现场真切的感受，对项目能建立起充实的"画面感"。

曾经有创业者和我谈起，每当他在做某项决策时，如果脑中能浮现出重要关联方的影子，并且好像能感觉到他们可能的反应时，这些决策事后看都比较对；反之，就很容易失误。

曾经看过凤凰卫视的一段视频，记录的是在 1988 年左右，上海市的一位主要领导带队视察潘家湾棚户区的情景。当时那位领导被一群市民围了起来，居民们用上海话告诉市长，这里居住环境如何不好，灰沙大不说，还常常停电、停水。有位老太太邀请领导进屋坐一下吃点东西，领导朝屋里探了一下头，然后哈哈大笑地用上海话回答"谢谢侬"。此次实地观察算不上太仔细，和心怀怨气的市民相处的气氛看似并不对立，但也绝对不轻松。据知情者回忆，去了潘家湾后，不久这位领导又去了谭子湾棚户区。这两个"湾"就是后来规模宏大的中远两湾城。

去这样的现场和市民面对面，显然不会是一件令人愉悦的事。可是领导哪怕是走马观花也要实地走一遭，我想，可能就是为了能获得一个比听汇报来得更强的画面感。在市政府的会议厅，讨论如何旧区改造时，去过现场的官员们也许眼前都会浮现出老太太的影子，并且引导着他们最后的决心。

当然决策时的画面感，光有画面是不够的，最重要的还是"感"。

同样是去现场，如果居民都是安排好的，场面都是布置过的，那对百姓的真实诉求会感同身受吗？

有人回忆，当年领导从两"湾"的现场回来，赶去武宁路的沪西工人影剧院参加某个区的人民代表大会，对着所有区的人大代表情真意切地说了一番感受，并表示："我真的是汗颜无比，一定要尽快改变这现状，否则实在是愧对百姓！"

全场代表听了非常感动。也许正是因为有了对来自现场的百姓真实诉求的深切感受，才有了后来30多年的上海大发展。

从某种意义上来说，企业文化可能就来自经营团队成员的画面感组合。正因为创业者的画面感很重要，所以我们还常常会关注创始团队成员各自的画面感是否重叠。如果重叠部分多，这个团队的凝聚力会强一些；反之，就很容易离心离德。

画面感，也许它并不完整，但它是有框架的；也许它并无细节，但它是有轮廓的；也许它并不明亮，但它色块可辨。它影影绰绰，似有似无，却影响着我们的判断。

"战略避坑"
也可以参考本文

没有强健的腰部怎么发力？

我们都知道，在信息化落后的年代，利用渠道、终端来触达消费者是成本更低、效率更高的价值传递方式。尽管舆论普遍认为中间商扮演了"盘剥者"的角色，但在那个年代，事实上中间商不仅承担了信息交互节点的任务，而且能将供应链的成本维持在一个较低的水平。

而DTC模式强调直接面对消费者，减少中间环节的最大好处是降低信息交互的损耗。这带来了两个变化：

一是直面消费者后，突出了个性化及去中间化。虽然由于非集约化的物流方式，以及无法利用渠道与终端带来的客流会增加部分获客成本，这些都可能会使得商品的边际成本不降反升，但降低了厂商与消费者信息交互损耗后，厂商的品牌宣传及开发试错等摊销成本有可能大幅下降。所以两相抵消后，总体上DTC产品可以有一个比较亲民的价格。

二是DTC模式下，厂商可以及时掌握消费端的变化信号，并迅速做出反应。零点董事长袁岳对此曾有如下描绘：DTC产品一定是唯美的、设计至上的，反应敏捷、能打动人心的物件或服务。

在信息化落后的年代，厂商即使有机会直接面对消费端，对消费端的变化也很难清晰判断并及时跟进。而DTC产品之所以能够不断推陈出新、打动人心，就在于 DTC 模式有机会让厂商做到对消费端更透彻地理解。

DTC 模式有机会降低信息损耗，但厂商能不能就此对消费端的变化做出正确的判断，并及时做出响应，关键在于有没有数据积累与解读的能力。在一些分散行业，或者一些中小型企业中，很难有足够的财力和人才来支撑企业独自掌握这种能力。因此，我们判断 DTC 模式会带动一批能提供此类服务的企业应运而生。

我们通常把能接触到消费者（或客户）的业务，称为前台业务；不需要直接接触的，统称为后台业务。

在实践中我们知道，前后台有很大的差别。

一方面，直接来自消费者的前台信号，通常是非标的，可能是模糊且不精确的。而后台只有接收到清晰而直接的指令，才能形成具体的动作。另一方面，前台的要求是触点灵敏，希望能表现出快、新、变。而后台为了保证品质和效率，则希望稳定、连续、可控。这两者通常并不同步。

显然，如果有一个"中台"存在的话，这个中台的任务就是：

（1）作为翻译器，捕获并准确破解前台的信号，使之成为后台的动作指令。

（2）作为变速箱，使前台和后台的不同转速能有效啮合。

所以我们认为应该有这样一批承担翻译器和变速箱功能的中台企业来为中小型 DTC 企业服务。这些企业将有助于许多创新创业企业的成长。我们推测依赖于这些中台企业提供的帮助，DTC 模式将助推出现更多的小批量多品种的商品，从而能够更个性化地满足消费端的需求变化。并且，我们也有理由推测,DTC模式有可能会为更多的"弱品牌"或"无品牌"企业带来机会。

"战略避坑"

也可以参考本文

★
创业 避坑

与其纠结做的事对不对,不如去把事做对

在商学院的教室里,我们经常会听到这样的教诲:做对的事,比把事做对更重要。其依据是如果方向错了,你越努力,付出越多,离目标就越远。

这种说法极有说服力。所以当投资人看项目时,更关心的是项目在不在风口,过没过窗口期。只要感觉这件事与投资人认定的逻辑不一致,就不肯再多花一点时间了。因为方向错了,就一切都错了。

但实践中我们发现,创业成功的项目,绝大多数与最初的设想(目标、路径、打法)有很大差异,有些成功项目甚至可以说是完全背离了最初的构思。

这就提示了我们,如果只关心创业项目是不是在做"对的事",一定会漏掉什么。

其实,事是人做的,如果把"事"和"人"结合起来观察,也许我们会看得更清晰一些(见下图):

从这个模型中,我们可以看到:

(1)事对人也对时,则"事遂人愿",项目有望成功。

(2)当事对人不对时,则"成事不足",项目鲜有成功的机会。

(3)事错人也错时,则"败事有余",项目不可能成功。

(4)人对事错时,则可能"事在人为",项目还有机会反败为胜。

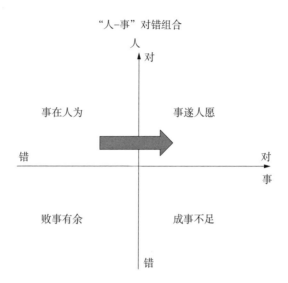

"人-事"对错组合

人
对

事在人为　　　　　事遂人愿

错　　　　　　　　　　　　　对
　　　　　　　　　　　　　　事

败事有余　　　　　成事不足

错

可见，如果人不对，无论"事"的方向是否正确，总是很难成功，不是"成事不足"，就是"败事有余"。

如果我们看项目只关注方向，不关注人，即使我们的眼光很准，每次的机会都抓准了——"事"对了，但仍有可能无所收获，因为"事遂人愿"与"成事不足"互相抵消了。

而我们如果只关注做事的"人"对不对，不关注"事"是不是对，反而有可能有意外的收获，因为即使"事"错了，一个嗅觉灵敏、反应及时的创业者，通过试错、迭代，还有机会改正，也就是能把"事"做对。

所以对投资方而言，找到一个能把事情做对的创业者，要比判断项目方向对不对更有价值。如果能在混沌状态下摸索，不管起步时做得对与不对，都能勤于学习、善于总结，那么就算错了，也能跌倒了爬起，最后总能为项目找到正途。这类创业者绝对是稀缺资源，遇上了一定不能放过，要好好珍惜。

而对创业者来说，项目的方向的确非常重要，走错的每一步都会让你付出代价，而有些代价会让你承受不起，所以创业者确实应该在定准方向、明确目标和选择路径上多花点功夫。如果方向错了，停下来都是进步，这句话怎么看都是正确无比。

然而，正确的方向往往不是想出来的，而是干出来的。在干的中间你才会发现原来想不到的问题，才有机会摸索出正确的方向。

再反过来，即使你的起步方向没错，由于创业面对的是极其复杂的经济和社会环境，这样的复杂系统总是随机开始、时刻变化，创业者如果没有能力与之随时适应，形成平衡状态，仍然也不会创业成功。而这种能与随机变化的环境及时同步、随时平衡的能力，就是把事情做对的能力。

在《有方向感的短视，也许更容易胜出》中，我们曾经讨论过，有方向感的短视，会有更多胜出的机会。对创业者而言，面对混沌的环境，无法看清太长远的变化，所以方向上经常需要做出调整，这极其正常。所以具备"把事做对"的能力，要比一开始就找到一件"对的事"重要得多。

睿福兴的创始人夏思超曾对我说，创业没有捷径，几乎不可能一开始上手就在做"对的事"，创业路上该踩的雷，其实一个也不会少，关键看创始人抗打击的能力够不够。

"战略避坑"

"融'资'避坑"

也可以参考本文

鸡蛋要不要放在一个篮子里？

——"专注"还是"多元"

很多创业者经常会被投资人教育，创业一定要聚焦、聚焦再聚焦，要"宽度一厘米，深度一公里"，所以不能多元化发展。的确有些创业者很专注，也获得了成功。但也有些创业者，在企业经营到一定规模后，总会有忍不住的多元化冲动，他们也会反问我，世界500强企业中多元化经营的还少吗？

其实，企业到底应不应该"多元化"，这是在商学院的课堂里争论了几十年也无法得到简单结论的话题。

一、讨论企业"专注"好还是"多元"好，需要看具体的场景

我们先举两个例子：

（1）假如，同样的投资金额，一个企业兜兜转转做各种生意，10年就关门了，但10年间赚了3倍；另一个企业10年专心一种生意，前面没赚什么钱，但生意还在稳定持续，哪一个企业更好一些呢？

（2）一个上市公司，经营情况没什么异常，只是最近投资了一个新的战略业务，二级市场对此不认同，市值缩水了，这个公司算失败了吗？

人们日常评论一个企业好不好,往往会有不同的角度,可以看寿命长不长,比如是不是百年老店;也可以看影响力大不大,那些有明星企业家的公司,总是更让人向往一些;或者看外界给你的评判,比如二级市场的市值;当然,更可以看已经赚了多少钱;等等。显然,角度不同得出的结论也会不一样。

从经济的角度看,评判企业优劣的标准更应该是企业存续期间总投资回报的高低。

这样,如果不是以第一个 10 年为时间段来评判,那么第一个例子就没法下结论,因为另一个企业还在持续经营中,总投资回报还没法算。而第二个例子,如果不是二级市场的短期投资者,其实也不能简单下结论,因为企业还在经营,还不能肯定后面会发生什么,而二级市场的价格并不一定反映企业的真实经营状况,当然更不能据此认为多元化策略就是失败的。

所以,"专注"也好,"多元"也罢,好还是不好,不放在一个具体的场景中,没有一些约束条件(比如,除了金钱意义上的投资回报外,是不是还有更广义上的回报),根本无法讨论。

二、鸡蛋应不应该放在一个篮子里?

有很多投资专家曾经告诫企业家们,投资的基本原则是"不要把所有鸡蛋放在一个篮子里"(多元策略)。但也有很多人对此并不认同,他们宁愿把鸡蛋放在一个篮子(专注策略),然后照看好这个篮子,也不愿把鸡蛋分散在不同篮子里,然后去担忧很多篮子。

其实判断鸡蛋应不应该放在一个篮子里,主要可以考虑两点。

1. "篮子"是不是安全?

如果装鸡蛋的篮子比其他的篮子更坚固且足够大,你为什么还要把鸡蛋分到其他篮子里呢？

而如果你发觉现在装鸡蛋的篮子不太安全时，你怎么会不考虑把鸡蛋移到其他篮子里去？

那么怎样评估"篮子"的安全性呢？

（1）评估行业还有没有继续发展的空间。

可以长期保持稳定的市场，适合"专注"策略，以利于吃尽行业生命周期的红利。但如果发觉行业有萎缩的迹象，或有可能被跨界打击，那你为何还要"专注"呢？如果 20 年前，马云"专注"地坚持做黄页簿，如果刘强东"专注"地坚持做电脑拼装机，那还有今天的阿里和京东吗？

（2）自省你有没有竞争优势。

即使行业还能长期发展，也并不意味着行业内的所有参与者都有机会。如果你发现自己所具备的资源和能力并不适合继续在这个行业中发展，你当然要赶快布局新机会。

其实对许多投资者来说，当发现企业的创始人开始将精力分散到其他项目上时，一般都会打上一个问号：是不是你已经嗅到了这个项目的危险味道？直白一点，就是会怀疑你是不是有开溜的打算了。

2. 可以腾出几只可以拎篮子的手？

如果你不敢确信眼前的篮子是不会坏的，同时你还有腾空的手可以去拎另一个篮子，那把一部分鸡蛋分到其他篮子里去就是自然而然的事了。

当然，如果现在装鸡蛋的篮子比其他的篮子更安全，而你又只有一只可以拎篮子的手，那你怎么会把鸡蛋分出去呢？

"专注"有利于早期公司突破混沌，有助于其建立行业优势地位,赢得快速成功。而多样性的减少,势必带来长期隐患,因为风险集中,一旦有事,可能就全盘皆输。

"多元"有可能使效益最大化,也可以分散行业风险。实际上,很多经营者从自身经验就知道,单一产品或服务很难支撑销售业绩的快速增长,也很容易被喜新厌旧的消费者抛弃。但"多元"也有可能使得资源分散,顾此失彼。

三、行业的进入壁垒和退出壁垒的影响

我们可以观察到,集中行业和分散行业的经营者们往往对要不要多样化经营,会有不一致的意见。这其实是行业特性带来的影响,集中行业和分散行业有着不同的进入壁垒和退出壁垒。

行业进入壁垒比较高时,行业有保护,也就是"篮子"会比较安全,所以适合用"专注"的策略。

而行业退出壁垒比较低时,行业的参与者就容易腾出更多"拎其他篮子的手",所以选择"多元"策略的动机与动力就更强。下图简要介绍了行业壁垒与经营策略的选择关系。

由图可见:

(1)进入壁垒高,退出壁垒也高时,意味着"篮子"挺安全,而你也分不出其他的手,所以"专注"是最合适的选择。

(2)进入壁垒低,退出壁垒也低时,意味着"篮子"不太可靠,而拎篮子的手可以分出不少,所以"多元"就是自然的选择。

(3)进入壁垒高,退出壁垒低时,恭喜你进入了一个"幸福"的行业,你可以任性地选择"专注"或者"多元"。但因为在这个象限的都是高利润低风险的行业,所以"专注"就能带来不错的回报,导致很多决策会觉得没必要去"多元"经营。

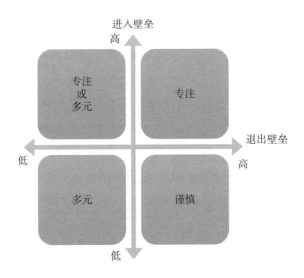

（4）进入壁垒低，退出壁垒高时，意味着这是一个要谨慎进入的行业。因为退出的损失会很大，所以一旦进入，通常就只能孤注一掷了，不"专注"就不会有出路。

由此可见，四个象限中，大多数（至少两个半）象限的行业会更倾向于选择"专注"。这也许是很多人会认同"专注"是更好的经营策略的底层逻辑，因为他们的行业经验会引导他们的判断。

关于行业的进入壁垒和退出壁垒的解释，也可以参考《有幸遇上"难进易出"的行业，那就好好经营吧》一文。

四、讨论"专注"还是"多元"，其实是在讨论什么？

字节跳动的张一鸣有一次在采访中面对"多元"的质疑时回应：我觉得我们是专注的，因为我们的业务都是围绕核心拓展的。

这样的回答差不多适合对每一个"盲目多元"的指责，因为几乎可以为每一种"多元"找出某种或紧密或宽泛的所谓"核心"。

有一个企业家曾给过一个极朴素的回应：如果看到了有新的发展机会，我也有资源，为什么要放过呢？我的能力和资源不就是一个可以围绕的"核心"吗？

所以，讨论企业应该"专注"还是"多元"，其实是在讨论组织能力效用最大化的可能性问题。也就是说，怎样才能使得你的企业在存续期间的总投资回报可以达到更高。合理的做法应该是，既不要让组织的能力浪费了（能力未充分利用），也不要力所不逮（高估能力）。因此，真正要探讨的是你的能力可以达到的边界究竟有多宽？

要注意的是，这种能力的控制边界不仅仅指当下，还要给未来预留空间。很可能在决策的当时，局面的确是可以控制的，但随着企业经营的发展，当初的预测与实际发生的情况之间的差距变大了，而可动员的资源一旦跟不上，最终就会出现局面失控。

而对目前国内大多数的企业来说，无论是早期的草根企业家，还是互联网风口吹出来的创业者，很容易将实际由趋势红利因素造成的效果错以为是自己能力超群所致，因此大概率会高估自己的能力边界。从这一点上看，投资人特别担心投资对象"多元"其实也是事出有因。

"战略避坑"

"融'资'避坑"

也可以参考本文

别把真正应该追求的经营目标弄混了

2020 年 4 月,一家创业企业在乌镇召开了股东会,讨论接下来的经营安排。有股东对经营层制定的几个量化的经营目标提出了不同看法。这些目标是早先提出的,结合当下突变的局势,现在有必要仍然坚持那些比较高的目标吗?是否应该考虑制定新的目标?可是创始人却对修正目标显得有些犹豫,显然他还心有不甘。

于是我就提了个建议,已经提出的经营目标中有的需要资源配合,有的可能并不需要,需要动用资源支持的目标,应该尽量精准把握,否则就可能造成财务损失;而不需要动用资源的经营目标,可以看成是一个努力的方向,即使前方障碍较多,但既然定下了就轻易不要改动了。

股东们接受了我的建议,但事后我还是在琢磨这件事。经营者们常常喜欢用一些明确的数值目标来要求自己和团队,比如年内要完成 7 个亿的销售,或者一季度要新增 10 万个用户,等等。这样的目标很多即使最后没达到,企业其实也并不一定有直接的经济损失,而较高的目标却可以保持一定的压力,防止团队松懈。因此,很多经营者常常把订立数值目标作为对自己和团队加压的一种手段。但这样的做法一定合理吗?

一、这是不是真正应该追求的目标

7－ELEVEN 的创始人铃木敏文在《零售的哲学》中写过一段内容，主旨是"不能随口说出数值目标"。大概的意思是，在经营7－ELEVEN 的过程中，外界总是会很关心目标开店数或者营业额，可是铃木敏文总是尽量避免订立类似于"在××年内建立 1 万家便利店"这样的目标。他的理由有两点：

（1）便利店最优先考虑的真正目标，应该是提升每家店铺的品质。

（2）说出的话会对行为产生影响，订立这样的目标容易陷入为了完成承诺而不顾工作品质的怪圈。

这两点感悟，一点属于战略层面，考虑的是有些数值目标应不应该订立；另一点属于管理层面，分析的是订立这样的目标在执行中会带来的问题。

我觉得铃木敏文的考虑很有道理。经营的数值目标如果定低了，就没有实质意义；但如果定得太有挑战，很容易动作走样。而通常情况下，这些数值目标并不是站在客户的角度提出的，你的营业额多少或者用户数量增减与客户的利益没有直接关系。所以铃木敏文说，提供"便利"才是 7－ELEVEN 的最终目标。

二、抓住真正的关键，才能掌握制胜的法宝

有一年我们将原来外包的几门培训课程回收自营，当时大家最担心的是销售是否会因此受影响。可是，我给课程团队下的任务不是必须完成的招生数，而是必须从"招生导向"转为"服务导向"。要求团队拆分业务流程，细化服务触点，分类提出改进措施，

目标是明显提升受训学员的满意度。课程团队把注意力从课前的"招生",后移到重点关注课程中和课程后的"服务"。也就是说,希望通过服务提升质量,从而带动口碑,促进招生。事后证明,不做"招生"的招生,成了我们那几年的制胜法宝。

我们极力避免在团队中用招生业绩作为分配的依据,还弃用了那些看上去似乎销售意识很强的人,留用的都是服务意识强的员工。这其实并不仅仅是希望让"精神产品"能更纯粹一些,能与商业功利保持比较明显的区隔;更主要的是,对高校的培训项目来说,招生数或者培训收入的数值,其实很大程度上只是培训效果满意度的折射。

正如铃木敏文把提供"便利"作为7 - ELEVEN追求的最终目标一样,受训学员的满意度才是真正应该抓住的关键。

将目标尽量订得清晰、具体、量化,这本身没错,但一定要小心,别把真正应该追求的东西弄混了。

乌镇股东会结束2个月后,我又与创始人见了面,不过这次我们讨论的不是如何修正经营目标的数值,而是原来的目标要不要作为今后的考核目标。

"战略避坑"

也可以参考本文

用合适的管理行动应对面临的问题

陈春花曾经发过一篇《管理常见的误解》的文章，解释了几个她认为容易被混淆的管理问题。在文章中她还想证明，管理的理论属性和实践属性可以是不对立的，可是我看了文章后反而更感觉这两者相容不容易。

比如，文章中提到"管理必须问题导向"，这可能就是理论工作者的习惯，因为做研究必须把问题界定清楚。而对许多企业领导人来说，管理过程中总会遇到各种问题，但那些问题要不要都去搞明白，要不要都去解决？

通常只要企业运营能产出满意的结果，企业家们其实并不会去纠结经营过程中还有多少没弄清、没解决的问题。所以对许多实务工作者而言，更倾向接受的是目标导向或结果导向的管理。

一、重要的不是搞清问题，而是判断其对达成目标的影响

有一年我受邀参加一个创业者的跨年活动，有朋友在展望新的一年时说他充满了信心，因为他已经找出了企业中的 100 多个问题，并且准备在新的一年里着力解决这些问题，所以他对全年的发展就非常有底气。

后来我在交谈中问道，这 100 个问题中有多少个与你的年度

目标相关,其中又有多少个对你的年度目标极其关键? 真正值得去解决的最重要的相关问题会有那么多吗?

当然,在厘清问题之前,更重要的还是要先搞清楚我们真正的目标是什么。

在陈春花的文章中提到了一个案例:一个企业在接受培训的过程中,反映其中一个老师授课质量不佳,要求撤换;但学员在给这个老师的评价表中却打了高分,原因是他们认为这个老师的态度很好,不忍心给低分。依据他们给出的评分,学校不能撤换授课教师。

其实这个案例恰好说明的是,学校方面设计的评价方式有问题,而不是客户的要求无理。能不能给客户带来更好的培训效果才是真正要达成的目标,而不是维护既定的管理流程(依据评价表来判断老师的授课质量)。

大可不必费神先去区分一个问题究竟属于管理问题还是人事问题,或者是能力问题还是思想问题。真正要弄清的是这个"问题"是不是复杂,对"结果"而言是不是重要,时间上是不是紧急,而后再决定是否采取相应的管理行动。

二、不是所有的问题都值得动用资源去解决

有一家创业企业向我反映,发现企业内部有小团体现象,有几拨跨部门的同事走得比较近,有些部门的领导就在担心这些小圈子会不会破坏组织的正常管理?

组织中的非正式群体确实有可能对组织产生破坏性影响。但就像细菌可能对人体有害,而人体却不可能不带细菌一样,组织中的非正式群体是不可能被完全去除的。所以我的建议就是,对此

要有警惕,但在没有发现有明显破坏作用的阶段就不要采取行动,静观其变,甚至可以因势利导,使其发挥积极作用(也许还可从中发现后备干部的苗子)。

有些问题随时间推移,会自然消化;有些问题可以带病生存,因为治疗的代价很高,而亚健康带来的危害却很低微。

有时为了解决一个问题,会制造出三个问题。特别是在紧急状况下,采取的应急行动,往往会造成不可逆的长期损害(因此,那些平稳发展的企业尽管不耀眼,但总是会比一夜爆发的企业更让人放心)。

所以,管理者不必见风就是雨,一有不舒服就吃药,所有的管理行为都需要付出有形或无形的代价,要不要采取行动,还是要看付出与产出之比。

三、对灰度问题要"灰度"应对

曾经有领导对下属提出,工作中必须做到"五个零":零差错、零失误、零故障、零事故、零遗憾。

解决复杂的高难度、高风险的问题,总是充满了失误和遗憾,越是创造性的工作,就越难评判对错。"五个零"可以是一种追求,但太过理想化。其实,我们更喜欢提的是"不二错",也就是可以犯错,但不应该重复犯同样的错。

对那些边界和答案都不是非黑即白的,多向、交叉、复杂、非线性,充满了"不确定"的棘手问题,我们常常将之称为"灰度"问题。

哈佛商学院教授小约瑟夫·巴达拉克写过一本名为《灰度决策:如何处理复杂、棘手、高风险的难题》的书,讲的就是如何处理灰度问题。我提炼了其中的几个观点,供小伙伴们参考:

（1）灰度问题没有唯一的对、错答案。

（2）要看"净结果"。也就是不仅要看结果，还要评估过程中带来的次生影响。

（3）世界很难预测，因此能被执行的行动胜过伟大的目标。

（4）看问题的角度比如何分析问题重要。

（5）直觉是做困难决策时的关键步骤，因此要培养直觉力。

（6）通常你寻找不到灰度问题的答案，所以要创造出你能接受的答案。

（7）解决灰度问题，不是去寻求最佳方案，而是避免最糟糕的决定。

简而言之，对灰度问题不仅无法问题导向，因为问题本身是模糊的，而且很难目标导向，因为目标也不是确定的。如果是结果导向，也要注意，要看的是"净结果"，因为"结果"并不是唯一的。

作为一个领导者，每天都要面对各种问题，能不能用合适的方式处理所遇到的问题，是区分有没有领导力的最重要的标志。

"战略避坑"
也可以参考本文

制度一定是用来提升企业效率的？

——你可能想多了

驻马店扶贫先锋"天中农业"的合伙人李冬曾跟我讨论，企业发展后引进了一批人才，然后也开始制定了许多制度，可是执行了一段时间后发现，企业运行的效率不仅不见提升，反而感觉不顺畅了。李总感叹"这不科学啊"，因为他在清华大学受过相关培训，知道"制度是提升效率的有力保证"。

遇上这样的案例，很多咨询专家一定会给出这样的答复：这说明你制度订得还不够健全，只要你把制度搞得更完整、更严密了，效率自然就提升了。

真的是这样吗？

李总跟我讲述他的困惑时，我正坐在他驾驶的行驶在天中农业基地附近小路上的车内。我问他："你看这条路上有红绿灯吗？如果装了交通信号灯，并且人们会认真遵行交通法规的话，这条路的通行效率会更高吗？"

上海的南京路步行街，因为是南来北往的游客游玩必到之地，所以总是熙熙攘攘，节假日时行人更是摩肩接踵。正因为节假日时宽敞如南京路也显得非常拥挤，故而出现了交警手拉手以人力作屏障保障交通安全的开关式过马路、拉链式过马路。如此操作成为一道新的风景线。有人还特意千里迢迢从外地赶来观看，节日期间武警在南京路上是如何用人力启合"开关"或"拉链",来规范行人的行走路线和引导行人穿马路的。

我们可以想象一下,如果平时也规定行人的行进路线,一个顾客从商店出来要绕到街口过了马路再调转回头才能进入马路对面的商店,那该有多麻烦啊。平时让每个人自己决策行进路线,能快则快,该停则停,有空就穿,一定是效率最高的。而当人潮汹涌之时,个人可决策的空间就会被极度压缩,武警执勤虽然不能提升马路承担的功能效率,但能用来防止马路功能瘫痪。

一、企业建章立制是为了防止组织失效

与武警在南京路上执勤是为了防止马路通行功能瘫痪一样,企业订立规章制度也在某种程度上是为了防止组织失效。

在组织目标清晰,团队成员互相间信息通畅,能形成默契的情况下,成员自行决定各自的行动方式和路线,可能效率会更高。

但当信息无法对称,成员的默契也不够时,即使目标一致,行动仍然可能是混乱的,因而组织的总体效率也很难体现。这时就需要规范团队成员的行为,提高团队成员的行为可预测性,以降低沟通成本。

就像天中农业基地边的小路上平时车辆、行人稀少,出交通事故的概率很低,根本犯不上安装红绿灯一样,初创企业在起步时,团队成员少,信息流动障碍小,容易达成默契,有机会就能上,这时订立繁琐的各种规定,看似规范了,实际上约束了团队成员更多的主动性,因而可能使得总体效率反而降低。但当团队扩张到一定规模时,需要沟通的信息就会呈指数级增长,如果没有固化的制度,就不可能有稳定的输出,企业运行就可能陷于无序状态。

二、制度都是有成本的

从某种意义上来说，给团队成员更多的自由行事权，更少地去固化行为模式，实际上也是一种"制度"安排。用经济学的眼光看，制度都是有成本的。制度的合理变迁应该是用一种收益更高的制度去替代收益较低的制度。当较少约束并没有给企业带来明显的负面影响时，就没必要采取管理行动。

平时，步行街上的人群会自然分流，行人自己选择最有效的路线和行走方式，也会自行决定如何避免相撞。但当节假日里人群数达到一定的阈值时，这种自然分流可能就无效了，这时就需要有人来维持秩序。

我们说，初创企业不必急着建立各种制度，并不是说不需要制度，而是说要循序渐进，自然而然地在实践中发现问题、解决问题。先让组织内的分工、协作自然磨合，然后顺势建立流程和管理制度。也就是说，用制度来为组织效率托底。

给团队成员更多的自由行为空间对企业来说一定是有利有弊的，当成员的自由决策行为带来的弊病并没有抵消收益时，那就可以少一点约束。但反之，就要用"制度"来规范团队的行为。

小心，小错酿大祸

在《小胜成就大赢家》中，我们分析了为何积小胜能促大赢。其实反过来，小错也会惹大祸。

我曾经有过亲身经历的教训：

有一次，在一个涉及数千万元投资项目的谈判桌上，我为了协调一下我方的策略，谈判中途向同事发了两条短信。没想到谈判对手和我的同事是同姓，在我手机通讯录上紧挨着，结果两条短信全部发到了对方手机上，而我自己当时还浑然不知。这场谈判当然是不欢而散，至今我和那位商业对手的关系也没能修补。

另有一次，一位有事拜托我的朋友与我通话结束后，可能是他按错了键，我仍然从话筒中听到了他与边上的人紧接下来说了句，"我是在骗他的。"我因此明白了，他在电话中向我传递的信息实际上是虚假的。直到今天他也许还不知道，我是如何识破他的"两面派"面貌的。

通讯录上看错一行，电话挂断键没按对，这都是小得不能再小的失误，可是它们给你带来的伤害却可能是难以弥补的。所以，在以后我为新同事做入职培训时，总会提到这两个案例。除了我自己在发信息时常常会反复检查外，在工作中我也会要求同事，不允许刚挂断电话就讨论通话内容。

当然，并不是所有的小错都会有严重的后果，大多数情况下小错带来的还是小害。但问题是，很多小害并不是孤立存在的，系统中很多的小失误互相叠加、交错影响后，可能就构成了最后的大错。

比如创业中贸然上一个新项目，太多新的场景，太多新的功能，太少的试错环节，太少过往的经验，太短的时间消化，最后都可能导致累小错酿大祸。

我们知道如果发生的概率在5％以下，通常就可以认为是小概率事件了，在一般的商业决策中你可以忽略小概率事件的影响。可是一些复杂的创业项目，即使每个环节都做到了97％的优秀（出错率只有3％），但如果有25个环环相扣的节点，你不出错的可能就降到了50％以下，也就是说你大概率是要失误的。

有些朋友想，为了不犯错，我尽量小心，做任何决定都思虑再三，尽可能少做，这样总可以少出错了吧。其实，在这个变化太快的世界里，我们容易犯的最大错误，可能不是我们做了什么，而是我们没做什么。

当一个创业团队现有业务进展顺利时，多数根本就无暇顾及新的拓展方向。心无旁骛，一根桩子扎到底，通常情况下这都是被投资人鼓励的行为。所以"专注""聚焦"，不仅不是"错"，很多经营者还为此骄傲。

可是柯达发明了全球第一台数码相机，却并没有踏入新的业务领域，最后胶卷业务被彻底打败；施乐公司创造了鼠标、局域网、电子邮件服务器、图形用户界面和所见即所得的文字处理器，却束之高阁，最后成就了乔布斯的苹果；诺基亚在2004年就完成了新一代智能手机的研发，可是评估后认为风险过高而放弃，就此不过五六年便拱手让出了手机行业领袖品牌的地位。直到今天，世人还在替这几个曾经的商业巨头惋惜。

创始人难就难在，小胜非积到一定程度才成定局，而小错一丁点就可能让你出局。

但是，我们相信只要创始人能做到这三点：

第一，有防错意识和手段——比如，不要按错电话键；

第二，留有容错余地——比如，不要同时上太多不熟悉的新东西，不要把自己逼到极限，以致无法消化累积起来的小错误；

第三，有纠错办法——知道错了后，能及时回头。

那么在创业途中尽管还会有过不完的坎，但一定不会有过不去的坎。

哪有什么管理错位，只有管理不到位

有一位创业正在起步阶段的朋友找到我，说是团队里有人批评他"管理错位"，说老板不应该管太多，依据就是网上一篇《你是否搞混了高层、中层、基层的职责？》的文章。那篇文章的中心意思大概就是，企业的高层、中层和基层，应该通过所谓的计划管理来做到各自的职责泾渭分明，管理不能错位。

那位朋友觉得挺委屈：我也想少管一点，可是事实上只要我一不留神，就总会出漏子，我到底该管不该管呢？

一、老板是全局的最终负责者

创始人是创业企业的灵魂，是企业成败的最终负责者。根据权责对等原则，既然责任都是你的，当然权利也应该是你的。所谓高层、中层、基层的职责，其实都是老板的职责。企业经营层无论哪一级的权限，都只是接受了你的委托而已。

要注意的是，下级尽管接受了委托，但看问题的角度不可能跟上级完全一致，加上资源和能力所限，下级即使能尽心，也未必能尽善。老板做不到完全放手，这也很合情理。

所以，没有什么管理错位，老板应该什么都管，不管就是失职。创始人大事、小事一肩挑，很正常！

二、应该什么都管，但是你能什么都管好吗?

什么都管，是老板应尽的职责，但老板其实做不到什么都管好。一是因为老板不可能什么都懂，二是因为老板的管理幅度也是有限的。

做不到统统都管好，那你就要授权，要与别人分工。就是说，你要管就要管好，管不好就请人管。不怕老板管得多，就怕管理没章法。

"管"当然是本分，但"不管"也是福分。你能不管，说明了你有人可委托，你有值得信任的团队。

三、授权的前提与局限

授权尽管并非必须，但分权往往会带来更高的收益，所以授权也可以成为一种主动的选择，只是不必把它作为一种教条。

1. 授权的前提是能使总体得益

授权后如果不能使得收益更高，或者风险更低，那就没必要分权。创业早期，企业很脆弱，每一步都可能带来危机，分权不见得对企业更好，创始人就只能亲力亲为。但当企业发展到一定程度，相对成熟了，那就自然不需要一个人扛了，创始人可以让别人一起来分担责任了。

分工并不需要过于教条，不用拘泥于那些理论上的原则。只要想清楚分工后的总体效益能不能更高，风险是不是可控，有没有为未来的发展留有余地就可以了。

2. 分权并不一定是因为别人会比你做得更好

有些企业家朋友和我交流时会说，那些专业人士做得比我更好,我为什么还要自己去费心呢? 这当然没错。但有时即使别人做得还不如自己好,仍然可以让别人做。

分权的目的是提高总体收益,而不是着眼于被分权部分的收益高低。老板的精力和时间也是企业的稀缺资源,也要投入到会有更高产出的方向去。

3. 如何分权并不一定是真正的管理问题

早期创业企业不确定的因素太多,很难明确管理边界。而管理界限如果模糊的话,团队成员分工越细对管理反而越不利,因为那样产生的管理间隙或重叠会更多。

当企业发展到一定规模了,就有可能将一部分权责清晰划分。但权责可以清晰不等于权责一定要层级对等。曾见过很多企业,老板基本不过问运营细节,甚至有的大股东只负责某一具体业务,企业委托别人掌舵,照样也经营得挺好。那种只负责分工不负责具体事务的老板是最潇洒的了。

所谓高层、中层、基层的划分本来就是工业化时代的科层制产物。即使在那个时代,高层、中层和基层的职责,也不是井水不犯河水,总是你中有我,我中有你。企业内各层级的管理范围有交叉,从来就很难避免。大多数情况下,上下级各自对权限看法的分歧,并不是真正的管理问题,而是认知或心态问题。

高层不是不应该管小事,而是不能不管大事;基层也不是不能想战略,而是先要把日常本分做好。

4. 高层、中层、基层的职责变得模糊,有可能成为常态

在一些去中心化的新型企业中,严格的科层制已经不那么适用,一些企业的层级实际上已经变得很模糊,层级交错的情况经常发生。对一些市场环境和业务变化快的企业来说,内部结构常常

需要重新调整，权力就不可能被固化。这也意味着"搞混高层、中层、基层的职责"有可能成为常态。

最后，我还为朋友总结说：

第一，作为老板，没有什么事是你不应该管的，只有你会漏管的。你要管所有你认为应该管的事，特别是要关注别人无法管或不会去管的事（比如企业方向、战略，管理间隙、死角、盲点……）。无论高层、中层还是基层，该被指责的都不是有没有多管了什么事，而是有没有该管的没管好。

第二，你不可能只靠自己管好所有的事，所以你要请别人帮你管理一些事——分工无所谓分"大"事还是"小"事，也不必刻意对应所谓的层级，只要分工以后企业发展会更好就可以。

第三，为了让别人能管好请他们管的那些事，你要发挥他们的主观能动性，就要对他们表示信任。但放手不等于撒手，对已经分给别人管理的领域，你仍然可以且应该关心，只是要掌握好分寸。总的来说，如果那件事你管或不管对总体收益影响不大，你就不必分心。有时候，"不管"未必没绩效，"少管"未必效果差。

被咖啡呛着了，嗦面会香吗？

——"唯快不破"的迷思

瑞幸咖啡财务造假，创始人被请出局，还被重重地罚了一笔。可是 1 年还没过，这位创始人咖啡喝不着就改吃面了，又推出了一个估值 10 亿元的"小面"项目，想融资 1 个亿。据说，团队依旧，设想的套路也依旧。打算用折扣低价吸引顾客，形成流量规模，接着用数据去融资，有了钱就快速再开店，然后上市。

有人说，这是互联网思维的打法。超低价甚至免费吸引流量的关键目的，都是为了快速形成规模，"天下武功唯快不破"呀。该创始人的第一个租车项目就这样做成并上市了，瑞幸咖啡不管怎样也创造过快速上市的记录了，"小面"凭什么就不行？

一、慢未必就输

所谓"天下武功唯快不破"也的确是有点道理。常言道，先下手为强，后下手遭殃。当你出招的速度够快，也许不用太高的技巧，就能一招制敌。中外历史中有太多的案例，佐证了"兵贵神速"。

可是，孙子也说：兵无常势，水无常形。武功打法怎么可能唯"快"可用？

清朝末年太平天国运动中，清军八旗和绿营一路败退，最后只得由曾国藩的团练湘军来对付骁勇善战的太平军。据说曾国藩并不擅长兵法，但他用了"结硬寨，打呆仗"的策略，围了南京城三年，最终破了洪秀全的天朝。

结硬寨，打呆仗，顾名思义就知道，不是以快取胜，也不是以巧取胜，用的就是稳扎稳打的"笨"办法。

曾国藩的策略证明了，打仗用慢功夫、"笨"办法也能取胜。

二、分散行业要追求"快"吗？

最近，见了好几个不同行业的创始人，这些项目的自有现金流都不错，而且一直在增长，只是看上去速度不够快，创始人因此很焦虑。而我们给出的建议几乎如出一辙：不必刻意去追求爆发式增长，而是要巩固地盘，稳扎稳打，多总结，不（少）犯错，小步快走。

这些创始人所处的行业都有一个共同点——分散度很高。

假如是在集聚度高的行业，慢了就会处于劣势，因为快者可以挤占慢者的空间。把竞争对手都挤出局了，市场上只剩几个寡头时，他们再不思进取，也照样可以生存，所以抢得先机就成为制胜法宝。

租车项目的线上业务有头部通吃的特征，所以快鱼可以吃慢鱼，快速做大比做强更重要。可是这套打法用在咖啡店或餐饮店还有意义吗？如果当初快速开店有用，瑞幸何必作假。

咖啡和餐饮业都是典型的分散行业。在这种进入壁垒低，退出壁垒也低，分散度很高的行业，你面对的主要挑战并不是竞品，同行并不会因为你动作敏捷而消失。所以这时你就不应该把主要注意力放在竞品上，成败的关键是在目标消费群体。而要博得消费者的欢心，更重要的在于要懂他们，而不在开店速度的快或慢。

瑞幸更换了经营团队后,调整了策略,在市场上得到了较正面的反响,开店又重新提速,如果门店数超越星巴克不是为了给重返上市提供故事素材,那就确实能说明经营策略获得了成功。也就是说,快速开店不应该是经营成功的原因,而是结果。

三、能活就赢了

如果能保证不犯错,快无疑比慢强。但问题是,只要不是超人,快了都容易出错。大多数情况下跳跃式发展总会埋下数不清的雷。特别是对那些进入新行业的创业者来说,你会发现步子大了以后试错成本会很高。

如果"快"并不能让你独占市场,"慢"也不会让你被赶出局,那就要小心"快"带来的风险是否超过收益。集聚度高的行业,领先者占据上风后,还有机会打扫战场,消除触雷隐患。可是在分散行业中你几乎不会找到这样的机会。

所以,在分散度高的行业,要紧的应该不是快,而是别做错,稳健经营的总体收益可能会更高。盲目的"快"可能就是自杀,而不走弯路的"慢"可能就是快。

朋友们可以想一想,即使不算和解协议的约 12 亿元罚款,瑞幸过往无谓烧掉的那些钱(据说大约有 7 亿美金),要从市场上再挣回来,在正常毛利的状态下要等到猴年马月?因为不可能逼退竞品,所以价格空间就不会有任性的余地。事实上目前瑞幸公开的数据是,客单均价只有星巴克的一半。

孙子曰:昔之善战者,先为不可胜,以待敌之可胜。意思是会打仗的人,总是先保证自己不输,再耐心等待机会去赢。

所以，创业者们可以先看看自己所处行业的性质，如果快速发展并不可能做成寡头，那就别信"唯快不破"的神话，可以学学曾国藩，用"结硬寨，打呆仗"的思路，先力求自己不死，再顺势做强，寻机做大。

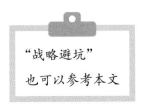

"战略避坑"

也可以参考本文

掌握好这几点，组织设计还会难吗？

　　复旦大学毕业的侯总的企业俨然已成为行业内新的细分领域的领头羊。可是他多次谦虚地跟我提起，自己没有大企业的工作经历，也没有系统地接受过管理知识培训（比如读 MBA 之类），所以当企业进入快速通道时，心里总有点不踏实。最近他又与我们讨论组织设计的问题，还提出想了解一下组织设计有没有现成的参考模式。

　　我劝他不必为此过多焦虑，传统的管理培训学习，实质上是一种模仿。当环境变化平稳时，模仿是一种有效且低成本的方式，但当环境发展迅速时，对创新者而言，模仿不仅无效，还可能是有害的。所以没必要去翻箱倒柜弄清楚别人是怎么做的，只要想明白几个基本原则，然后自己开干就可以了。

　　在《注意！这才是弄对管理架构的真密钥》中我们分析了企业设置不同管理部门的目的，无非就是为了完成组织任务而进行分工。而分工要把握的要点就是效率与制衡，最容易出现的问题就是重叠和间隙。

　　我们再进一步讨论几个具体内容。

一、"人"和"事"

　　既然是分工，那自然首先要摆平的是"事"。当然"事"要人去做,所以就不能不顾及"人"。

人、事要兼顾,但以"事"为先。根据"事"先定架构,然后根据"人"是不是合适来调整架构。当可以掌握或动员的人力资源无法匹配"事"时,甚至也可以将设计的架构推翻重来,直到"事"和"人"的匹配可以相对满意为止。

二、组织任务的解决途径

并不是所有的企业任务都需要或能够通过组织设计来分工解决,组织中还常常会有一些突发的、非常规的任务,根本无法纳入预先分工的范围。因此,组织任务也要用不同的方法来应对。

我们可以从组织中是不是已经积累了足够多的经验,有没有成熟的解决方案,也就是对企业来说解决这项任务是不是有难度,以及这项任务重要不重要,或者说对企业未来的发展影响面是不是很大这两个维度来观察,从而选择合适的任务解决途径。组织任务的解决途径可以用下图来表示。

（1）一些简单而影响轻微的事,可能就不需要订立制度或通过部门来协调,有时通过物理空间的布置,比如让两个业务会发生关联的员工坐得近一些,抬头招呼一下有些事就解决了。袁岳曾在公众号上发过一篇文章《最是享受在茶歇空间里办公的感觉》,他觉得在公共空间办公,如沟通、谈判、学习等都会有独特的感觉。的确,在这样边界不清晰的空间里解决问题,也许会更少束缚,更容易展现灵动的思维。很多企业为高管们辟出一块午餐专区,其实也是构建了一个模糊了信息正式流动与非正式流动界限的场所。有些改变了企业发展路径的重要创意,可能就源于一次偶然的信息碰撞。

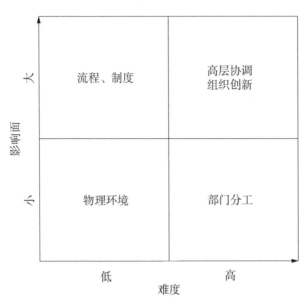

组织任务的解决工具

（2）有些任务尽管影响面不小，但经常发生，企业已经有了足够的应对经验，那就可以用程序化的处理方法，利用制度和流程来标准化处理，一方面可以防止失误，另一方面也会降低作业成本。

（3）有些影响面不大的事（比如偶发的业务），企业在应对时没有成熟经验，就需要根据分工，通过组织架构来具体处理。但如果这类业务会反复发生，就说明影响面扩大了，就可以通过制定制度和处理流程来进行程序化管理。

（4）企业还会存在一些重大、涉及面广、以前没处理过的业务，这就需要由高层出面跨部门协调解决，如果在现有框架下很难解决，甚至需要改革现有的组织架构。

三、组织设计中需要加以留心的几个问题

（1）组织设计既要解决当前问题，还要为未来发展留有余地。

（2）具体的组织设计，难免会掺入"办公室政治"，它与企业的历史、业务性质其实也有关联，不能完全避免，但也要防止被放大和固化。

（3）要清晰汇报关系和权责边界，也要防止业务模式被僵化，部门利益被强化。

做会错，不做也错？

——避免决策失误的三种方法

有朋友看了《小心，小错酿大祸》后就戏说被吓到了。犯小错会酿成大祸，连不做什么也可能会带来灭顶之灾，那我们究竟该怎么办呢？

帕维尔·莫托是全球知名的决策专家，他写了一本书《波斯公主选驸马：决策就是一次赌博》，其中提到"做正确决策时需要遵循一个非常简单但十分有价值的准则：永远把做出正确决策当作一个过程，而不是一个事件"。也就是说，他把决策看成是用一组方法来推进的过程，并认为以此可以减少决策结果的失误。

帕维尔·莫托提出决策过程有三种各有独特优势的基本方法。

一、程序化决策方法

程序化决策方法指的是在已知条件下，对行动的后果能确切把握时，利用过往的经验，进行自动的重复决策。

程序化决策可以降低决策人的时间成本，为决策人留出更多的时间去思考和处理其他事务。

看到许多创业者忙得脚不着地，我们常常会有复杂的心理。一方面是感到欣慰，说明企业的业务还在发展，还有机会，当然也会有些心疼；但另一方面也在担心，就现在这样的规模，你已经用尽全力了，那你怎么还能有进步的空间呢？

所以我们总是会劝创始人，不能把所有的时间都放在眼前的业务上，要留有余地。也就是说，一旦发现忙得不可开交，就应该做减法。这种"减法"一方面可以是指业务面的选择取舍，另一方面也是指在现有业务上创始人投入时间的减少——放权。

而放权最好的途径就是尽可能让更多的业务处理决策程序化。

二、辩护法决策方法

辩护法决策指的是，当需要对某一问题决策时，搜寻信息以确认自己想法的正确性。

换句话说，辩护法决策就是当我们想做某个决定时，就去找数据或者案例，用模型和算法或者各种逻辑推理来证明决策的结果是可接受的。

辩护法决策有助于我们对一项决策下决心，避免犯"不做什么"的错误。但显然辩护法很可能会因为团队成员在某种压力之下，有意无意地过滤掉不利信息，只采纳有利决策的证据，而使决策失误。

三、质询法决策方法

质询法决策就是，决策者要从各种角度审查证据，分析数据，考虑尽可能多的观点，运用建设性的讨论，评估可能出现的场景，从而形成最佳决策。

质询法决策中要注意：

（1）不要从最可能发生的情况的角度，而要从最不可能发生的情况的角度来看待当下的决策。

（2）不要被过去已经证明行之有效的经验迷惑，无论这种经验是正面的还是反面的，它们在新的场景下都可能是不对的。

显然，质询法是一种费时费力的决策过程。创业企业不太可能经常运用这种方法，但它可以帮助我们避免犯"做错什么"的错误。

我们做不到不犯错，但我们可以去找一些会降低犯错概率的方法。三种决策方法各有长短、各有千秋，容易理解，也容易操作。它既可以帮助我们避免做错什么，也可以尽可能让我们不会因为没做什么而犯错。创业者可以根据所要决策事项的重要性和风险程度来有针对性地采用。

创业企业成长的"通关密语"

参与辅导创业企业几年后,我发现创业企业的成长就和小孩长大一样,也有一个生命周期的规律,每个阶段一般都会呈现出不同的特点。小孩不会一下就长大,婴儿呱呱坠地后,从牙牙学语到伶牙俐齿,从蹒跚学步到健步如飞,总是一个台阶一个台阶地进步,如果只长个不长脑,或者学历很高可是人格不健全,这都不算培养成功。企业的"体魄"与"心智"也是逐步发展的,并且应该同步协调,否则就会影响到企业最终的成长与成熟。一些昨日还风光无限的"独角兽",转眼间灰飞烟灭,原因也许就在于某些关键发展要素未能对应变化。

表　创业企业各发展阶段的特点

维度	起步期	成型期	成长期	扩张期
业务规模	0～0.1	0.1～1	1～10	10～N
领导力	创新能力	突破能力	系统思维能力	前瞻力和持续创新
凝聚团队	创始人魅力	一个好汉三个帮	组织约束	文化吸引
引领团队	"诗和远方"	愿景、战略	业绩导向	KPI驱动
组织架构	无所谓分工	交叉重叠	边界逐步清晰	职责分明

维度	起步期	成型期	成长期	扩张期
沟通模式	全员互动	充分互动	层际互动	自上而下
决策机制	充分民主	民主集中	集权	分层决策
业务方向	混沌	逐渐收敛	优化	强化
工作流程	流程混乱	乱中有序	制度规范	讲纪律、有序可控
产品呈现	寻找切入点	集中发力	允许多元	多元成型
拉动销售	痛点试错	成熟方案	渠道、品牌渗透	渠道、品牌扩张
财务能力	会记账	会算账	会理账	会想账
金钱观	一分钱掰两半花	敢于投入	善用杠杆	精于用钱
防风险与反舞弊	自律	自律与他律	制度与组织健全	监督到位
管理哲学	务实、伙伴	务实、教练	虚实结合、权威	授权、布道者
竞争伦理	利己不损人	利己利人	利人利己	利人不损己

上面这张表显示了，随着企业"业务规模"的不断扩大，企业在另外 15 个维度上应该随之变化；或者反过来说，另外 15 个维度如果没有协调发展，"业务规模"维度是很难有突破的，即使有了进展也不一定能维持。

1. 领导力

创始人在不同阶段需要展现不同的领导力特质，在初始阶段主要依靠团队甚至个人的创新和突破的能力，在后期更需要的是系统思维并以此来撬动、整合社会资源的能力。

一些技术型创始人在创业早期具备了突破业务瓶颈的优势，但如果能力和格局跟不上发展，其本身就很容易成为企业成长的天花板。

2. 凝聚团队

创业早期，会讲故事的创始人更容易吸引追随者，因为早期凝聚团队主要依赖对创始人的信任，但随着管理出现更多层级，创始人的个人影响力必然会递减。

在成型期如能有几个意气相投的帮手，队伍成长会更快。

到后期，组织更庞大了，加入团队的会是越来越职业化的员工，这时将主要依靠组织的制度或文化来筛选成员，并塑造向心力。

3. 引领团队

早期的团队往往是因为志同道合而来，后期不少的员工实际上更多的是为谋职而来。创业初期可以用"画饼"来激励士气，而规模扩张后，就需要用更清晰的考核指标等来指引方向。

把 KPI 列在"扩张期"作为引领团队的驱动力，并不是说在前面阶段不能出现 KPI 考核。而是因为在前几个阶段，组织计划很容易变更，而此时团队还不是很庞大，沟通障碍小，对组织目标即使定义不清，也容易理解一致，所以采用相对模糊的考核可以更适应常常会漂移的目标。有些企业刚开始组建团队就尝试用 KPI 定目标，效果往往不好，因为创业初期，方向是模糊的，目标是不稳定的。

4. 组织架构

有些创始人曾经有过大企业的工作经验，在设计企业的组织架构时就会有路径依赖。我就曾见过一个还只有二三十名员工的早期企业，居然采购部、业务部、市场部、销售部、人力资源部等一应俱全。

其实企业内部的分工只是为了改变效率，只要能保证产出和有效制衡，组织架构越简越好。随着企业的发展，组织架构会变得越来越复杂，实际上这是规模扩张后的自然结果。

5. 沟通模式

创业之初，彼此之间不分你我，可以一个杯里喝水，一个碗里吃饭，互相透明的沟通方式使效率更高。但随着企业发展，分工越来越细，层级越来越多，只有信息按照规则来筛选和流动，才能更好地保证达到一定程度的沟通效果。

6. 决策机制

决策机制与沟通及制衡方式密切关联。创业起步期，团队成员的地位基本平等，自然形成"民主"决策。如果核心人物具备一定的非权力性领导力，就容易在早期阶段建立权威，这有利于企业早期的发展，因为这有助于提高决策效率。但如果这种"权威"无限扩展，也会带来决策风险。所以企业进入扩张期时，治理结构中的决策制衡模式就很重要。

在企业发展的生命周期中，核心人物建立不起权威，或者有了权威后太早放手和永不放手，都有可能引发不测。

理想的发展路径：从民主（低水平），到权威，再到民主（高水平）。

7. 业务方向

大多数创业项目的业务是在市场搏杀中逐步摸索才找到合适的方向的，很少看到一个成功的项目，业务方向和路径是"从一而终"的。那些所谓的创始人先知先觉、一眼发现商机和产品一炮而红的神话，多数是事后编的故事。

8. 工作流程

通常流程混乱有两方面的原因：

一是工作本身不能定型。由于产品形态不稳定引起的流程问题，是不可能彻底消除的。所以在早期业务处于"混沌"状态时，流程混乱是难以避免的。

二是管理人员没有流程管控的意识和经验。那些有过大企业工作经验，特别是曾经做过项目管理工作的创始团队成员，就具备了更早地使业务进入可控状态的优势。

9. 产品呈现

初期业务方向"混沌"的主要原因，大多是产品没有找到合适的切入点。切入点清晰后，一般应该将有效资源集中发力，以求最快取得战果。

进入成长期后，为了覆盖更多的市场机会，企业往往会做出产品多元化的选择，但这时一定要小心多元化陷阱。

很多投资"专家"言必称"专注"，而大多数经营者直觉上又总会有止不住的多元化冲动。"专注"更好还是"多元"更有利的争论，其实并没有唯一答案，两者都可以找到充分的理由和成功案例。

一般而言，起步期宜做减法，腾飞以后可做加法。同时业务方向更宜集中，产品呈现可以多元。针对实际个案，可以用两点来判别：一看长期综合回报，二要评估资源能不能支撑。

10. 拉动销售

销售是产品或服务是不是真的具备市场价值的试金石，销售行与不行是影响企业能否成功的最重要一环。

在起步阶段，销售还没有真正开始，痛点猜测、定位、技术、供应链、渠道和人才匮乏的问题纠结在一起，会有各种争吵和妥协。多年以后不管成功与否，你会发现很多因果就是那时种下的。

一般初期拉动销售的力量主要依靠口碑，但只有真正解决了痛点的产品或服务，才可能带来口碑传播。有些创始人在早期产品还未完全成型，口碑没有形成一定积累时，就想着投入品牌宣传，这样付出的代价往往会比较大。

"品牌"和"量"是相辅相成的。没有"量"为基础，"品牌"建不起来；而没有"品牌"拉动，"量"也不会腾飞。

11. 财务能力

曾经见过不少这样的企业，销售已经达到大几千万元，但对业务经营状况只知道一笔统账，这就说明，团队的财务能力没有跟上，还处于早期的粗放阶段。

很多企业早期业务简单，许多创始人往往是自己脑子里就有一本账，有没有"管理报表"，问题都不大。但一旦产品线复杂了，业务规模扩大了，往往是：账上有钱了，这些钱是怎么来的，讲不清楚；账上没钱了，钱在哪儿漏掉的，也不明白。

会记账，就是至少会记流水账，知道"进"了多少钱，也知道"出"了多少钱，还剩多少钱；会算账，就是要会算成本和回报，知道该做什么，不该做什么；会理账，就是要能安排好现金流，通过各种方法满足"十个瓶子八个盖"，能让手里的钱活起来；会想账，就是透过眼下的账，还能看到账外的账。

财务能力提升的要求就是，从开始只能搞清楚自己口袋里的钱，到能想明白自己口袋外的钱。

12. 金钱观

对待钱的态度与创始人的背景及经历可能有很大关系。有些创始人早期拿了太多钱，在刚起步阶段就大手大脚，成本意识淡薄，什么项目都敢尝试，什么钱都舍得花。其实那些被资本催熟的企业，就像花圃里的苗，一旦缺乏保护，是经不起风浪的。所以那些没有太多历练的创始人,太早就拿到大钱的话,往往不见得是好事。

但我也见过这样的创始人,因为有过几次创业曲折的经历,一朝被蛇咬,十年怕井绳,关键时刻不敢将全副身家投入,很可能就此错过良机。这些创始人没想明白的是,投资人给他钱是请他用的,不是请他保管的,不用才是真的对不起投资人。

大多数的创业项目,起步期比较艰苦,无法用报酬来拢聚人心。但当日子过得相对宽裕时,仍然不舍得在人力资本上投入,这也成了许多创业项目的瓶颈。

一个好的经营者,一定要分得清楚什么是会有回报的"投入",什么是不指望产出的"消费";既不能做滥用投资人钱的"败家子",也不能做不敢进取的"守财奴"。

总体来说,经营者用钱的观念应该是从具有成本意识开始,然后要有产出的意识,最后要有机会成本的意识。

13. 防风险与反舞弊

创始人在创业初期一般都很少有内控的意识,往往是在危机发生后或者舞弊现象严重危害企业时,才意识到风险防范和反舞弊的重要性。

而当失德失信的危机一旦来临,事情常常已经变得不可收拾,那时企业要付出的代价极大。所以随着业务的增长和团队的扩张,企业应提前一步建立制衡机制、完善内部组织;在企业达到相当规模时(比如扩张期或更早),还可以内外结合利用外部力量来加强企业内控,对外保证企业的合法合规经营,对内实现有效监督,将风险遏制在萌芽期。

14. 管理哲学

对企业的领路人而言,在企业的不同发展阶段可以运用不同的管理方法。

在起步阶段，创始人会通过"画饼"来吸引团队，用美好的远大理想来激励成员。但实际上这时的企业还太弱小，手上的资源根本经不起折腾，美好未来的"远水"救不了一团乱麻的"近火"。所以在起步阶段，创始人在管理上应该是亲力亲为，事无巨细，样样关心。

但到了一定规模之后，制度已经比较健全，经营进入轨道，高层管理者的权威已逐步建立，就不需要仍然整日拘泥于琐碎的事务。一个不会务虚的领导者，可务之实通常也会乏善可陈。

管理风格大致这样切换可能会比较合适：从灵活务实过渡到虚实结合，再到具有更多的理想色彩。

15. 竞争伦理

随着社会发展，单纯为了实现财务自由而创业的创始人会越来越少，很多创业者是情怀满满，抱着理想而来的。曾经有一个准创业者，在畅谈创业构思时，就说项目一定要一开始就担负起社会责任，要成为行业良心的标杆。

其实，行善也要与能力匹配。创业企业应该将任何时候都"不作恶"作为底线。但企业作为一个营利性组织，获取利润是其天职，所以一个正常企业的"理性"决策，一定是不"损己"。尽管随着企业能力增长，有很多研究证明了担负更多的社会责任是企业更好的选择，但在起步阶段，应该更多思考的是如何提升自身能力。

这张表描述的是一般创业企业在不同发展阶段通常会呈现的特点，我们可以看到，有些要素是趋向收敛的，而有些要素是趋向发散的。

观察企业的维度，肯定还不止这些，比如还有"人力资源"和"治理结构"。但各类企业对"人力资源"要求的特点差异较大,提炼共性有点困难,有兴趣的朋友也可以按类去分别总结。"治理结构"则可以通过外部设计来改变,不一定遵循企业生命周期的规律。

有些创业企业比较特殊,比如富家子创业或所谓的企业内部创业,某种程度上都是起步就已经有了稀缺资源的积累,与纯粹的白手起家会有区别。但在后面的两个发展阶段,特点应该基本类同。

我们在企业现场往往会感受到,团队的成长与发展阶段相匹配的企业,会让人觉得兴奋、愉悦;而那些发展要素与发展阶段不同步的企业,气氛就会让人觉得别扭,要么是长个没长脑,幼稚了,要么是发育不良,未老先衰了。

当然,最高兴看到是"少年老成"(不是"老气横秋")的创业者,他们知道自己的企业正处在什么位置,并且清楚企业发展后会成为什么模样,会用后几个阶段的眼光来理解当前的业务,提前布局,但绝对不是用后阶段的手法来处理当前阶段的事务。比如,在业务和流程还显得混沌的起步阶段,用 KPI 考核往往会带来更多的困扰,但可以运用 KPI 的思维方式给每个阶段提出一些重点任务。又比如,小规模经营时,财务只要不记错账就算合格了,但如果财务管理能尽早做到规范合理,可以避免企业成长以后进入资本市场的许多麻烦。

"战略避坑"

"融'资'避坑"

也可以参考本文

Tips

关于"管理"你还可以参考：

"战略避坑"：

1. 莫让"竞品"蒙蔽了我们的眼睛(20)

2. "理论"指导的创业，常常会变滑稽(29)

3. 转瞬间的成败(62)

4. 现代企业家应该是交响乐指挥，还是足球队教练?(82)

5. 当一个扛猎枪的农民吧(92)

6. 艺术家不在乎"工匠精神"?——多点匠心，少点匠气(95)

7. 做一个好老板，而不是好人老板(103)

8. 管理者的时间刻度(110)

"融'资'避坑"：

1. 创始人其实没必要把"上市"目标挂在嘴上(320)

2. 听懂路演活动评委的潜台词(347)

3. 特点当然不等于卖点——通过两组词来勾勒"卖点"(350)

4. 从"卖点"到"买点"(353)

第三篇　融"资"避坑

创业融"资"不只是资金的筹集，
而是整个价值资源的动员

1 看明白你的投资人

要理解投资人的思维方式，但别让他的逻辑
绑架了你的脑袋

创始人，你最要紧的不一定是找投资人

一个文创项目创始人和我讨论了几轮如何修改 BP。创始人说要用这份 BP 去融资，拿不到钱的话，项目就没法起步，所以现在最急的就是找投资人。

于是，有几家 FA（Financial Advisor，财务顾问，专事对接创业公司和资本）机构就闻讯而来。几圈下来，投资款没拿到，咨询费却花了不少。最关键的不仅是其被不靠谱的顾问耽误了时间，而且因为没得到资本的认可，内心深处的自信心产生了动摇，创业热情倍受打击。

一、要动员的资源可不只是资金

俗话说，兵马未动，粮草先行。所以创业开始，总要先筹集资

源。创始人们在谋划创业之时，着急资金能否到位，也很正常。

可是，资金并不是创业唯一所需的资源，甚至资金也未必就是最要紧的资源。

一个好汉三个帮，能够一起为理想打拼的团队可遇不可求；一些专有的物料、设备、技术，有钱也未必能买到；一些事关发展与生存的信息，其价值也是无法用金钱衡量的。所以，创业融"资"实际上不只是指资金筹集，其他各种资源的准备，都不可或缺。

除了人、财、物等有形资源以外，人脉等无形资源更是不可轻视。行业内的关键人物、行家里手，他们顺手的一个帮助，就可能让你迈过一个坎；善意的一个提醒，就可能让你避过一个坑。

而更重要的无形资源则是创始人的信心、决心和执行力，有了这一点，没钱也能变着法地创造条件干；没了这一点，给再多的钱也无济于事。

二、要用实际行动来证明自己的信心

曾经见过不少创业项目，似乎已经准备得差不多了，可是隔了一段时间问近况，说是还在筹备。问为什么迟迟不动，回答是因为一直没有资本肯投。而这些项目大多不需要很多的启动资金。

有些创业者一直抱着这样的心态：如果有人给钱，我就干一把，如果没有人愿意投资，我自己是不会掏钱的。这样的创始人通常会受到投资人的鄙视。如果自己不肯投入，只想着用别人的钱来试错，你以为资本真有这么大方？

也有的创始人即使投资机构的钱早已入账，团队其他成员也已陆续到位，可是他自己始终没有全职投入，原有的公职一直不放弃。像这样创始人给自己留足了后路的项目，其团队的凝聚力就一定可疑。

那些总想着用别人的金钱和时间来承担风险的项目,投资人会放心给钱吗?

三、花香蝶自来

经济热潮过了后,投资人出手会更加谨慎,早期项目要获得机构的投资会更困难。

尽管投资人对自己的判断总是莫名自信,但实际上处在市场一线的创业者对竞争变化的感觉更可能走在投资人的前面。因此对创始人来说,资本没认可,不等于市场不认可。很多事后证明的好项目,开始都没得到资本的认同。

所以我们经常劝创业者们,不要把太多精力放在说服投资人上,做好自己才是最重要的。只要能活下来,并且越活越好,用扎实的证据证明自己的发展潜力,这时资本自然会闻香而来。

在创业者们感叹遇上了资本寒冬的同时,其实资本也在苦恼项目荒,他们也唯恐错失投资良机。

对投资人不能谈情怀，只能谈功利？

在各类创业比赛中，经常会见到有些路演者讲到创业的初心和艰难时忍不住就泪眼婆娑。这有时确实会触动到现场评委心中的柔软处，但有时会适得其反。曾经有几次，我见到有些投资人直截了当地表示，不要和我们谈情怀，我们只计算功利。大谈情怀的项目负责人会被怀疑是不是他的商业模式不太靠谱，因此才需要来博同情。

一、与投资人到底能不能谈情怀？

1. 投资人关心的是回报

投资不是公益，资本是逐利的，投资的目的就是希望有收益。所以很多投资人认为应该在商言商，对在创业路演中夹杂煽情内容会反感。

2. "回报"可能是个宽泛的概念

投资的回报并非只能用金钱来衡量。有些投资人如果觉得项目"有意义"，也会感兴趣。但什么叫"有意义"，这就见仁见智了。曾见过一个朋友，因为看到项目的方向恰好就是自己当年没实现的梦想，因而激动不已，在"情怀"的感染下冲动投资。

3. 当"情怀"不能给投资人"回报"时，流泪、悲情就无法引起共鸣了

尽管恻隐之心人皆有之，创业故事中的催泪情节有可能唤起

路演现场一些评委的同情心,但投资人毕竟是理性的,"同情心"很难对投资决策委员会过会起助推作用,由"情怀"而获得投资机会的概率其实不会高。如果因为"情怀"拿到了投资,这种非商业因素在项目后期还会带来其他种种困扰。

所以,在创业路演中将"情怀"作为一种策略,这并非上策。可是,只要是真实的情感流露可以让投资人对你有更多、更全面的了解,那也并非一定要刻意掩饰。只是不要把路演当成秀场,太多表演成分的话,只会被减分。

二、更合适的做法

事实上,许多投资人在决定投资时,尽管更关注的是项目能否给投资者带来商业回报,但也会在乎创始人是否只有眼前的苟且,心中有没有远大理想,因为没有"诗和远方",项目就走不远,也就难有可观的回报。

当然,"诗和远方"在不同的投资人心中会有不同的分量。

所以创业路演中应尽可能理性,感情的流露顺其自然,不必刻意抑制,但也不能夸张表演。正确的"姿势":

——首要的重点是讲明白项目商业价值。

——其次可介绍商业之外的其他"意义"。

——同时可以自然表现创始人的价值观。

当然这在限时的路演比赛中,很难都兼顾到,所以建议:

(1)与投资人交流的时间有限时慎谈情怀。

(2)当时间充裕时可以仰望一下星辰大海。

投资就要投看不懂的项目？

——三个逻辑的匹配

袁岳在很多场合说过：投资就要投看不懂的项目。

因为这太不符合大家的常识了，所以很多人都把它当作一句玩笑。但你如果真的把它当成耳边风，可能会失去更有潜在价值的投资机会。

一、三个逻辑

我们知道创业成功一定是以下三个逻辑（见下图）一致的结果。

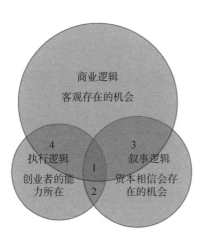

"商业逻辑"是指客观存在的商业机会,它也许远远超出我们已有的认知。商业逻辑是不依赖于主观意志的客观存在,它不是被我们创造出来的,我们只能不断去探索,扩大对它的认知。

"叙事逻辑"是指创始人表述的,同时也符合投资人认知的"商业机会"。它只是创始人和投资人都认为存在,但其实不一定真实会有的机会。

"执行逻辑"是指创业者的经验和执行力(包括资源动员能力)。

交集1:三个逻辑能匹配,创业项目自然获得成功。

交集2:创始人和投资人都相信这是机会,并且这也的确在创始人的能力范围内,可惜创始人和投资人对客观规律的理解并不对,也许是时机不对,总之这是个运气不佳的项目。

交集3:创始人获得了投资人的信任,并且这确实是客观存在的商业机会,但创始人没有能力完成,这是个投资人被忽悠的项目。

交集4:这事实上是一个商业机会,但超出了投资人的认知,创始人尽管有能力执行,可惜说服不了投资人,这是个让创始人觉得怀才不遇,而投资人错失机会的项目。

二、更有价值的机会在哪?

我们进一步深入分析发现,除了交集2和3都是投资人的伤心处之外,交集1落在我们已有的认知范围内,其对应的项目很容易被哄抢,赛道拥挤,投资成本可能会被提高,最后的投资价值被挤压;所以对资本而言,没被广泛认可的交集4,反而可能存在更有潜在价值的项目。

我们再回过来翻译一下这句"投资就要投看不懂的项目"的意

思：更有价值的投资机会，应该在现在还看不懂的项目中去找。

的确，我们可以看到那些洞察力强的投资人会比自以为是的投资人先看到机会的概率更高一点。

不带偏见地认真倾听创始人的想法很重要。事实上与优秀的创始人谈话往往使人兴奋与愉悦，就是因为这些有思想的创业者总能触发我们的思维，从而拓宽我们的认知边界，让我们认识到自己的不足。

所以，不断地学习，不停顿地扩大认知范围，这才应该是袁岳劝诫投资人的本意。

三、没遇上明智的资本怎么办？

有些创业者在项目没被资本接受时会觉得委屈，他们会认为自己就是交集 4 的项目，只是资本还"不够聪明"，或者是自己表达方法还不够好，所以没被理解。

资本的否决究竟是合理判断还是因为认知不够？

我们知道尽管 BP 的商业逻辑需要由实践来检验，但形式逻辑我们从字面上就可以识别了。如果你连形式逻辑都过不了关，那就真的很难有机会去证明你的商业逻辑了。

但假如形式逻辑没错，那资本一般不认可的就是逻辑的前提了。比如，需求是否真实存在，或者创始团队真的有驾驭项目的能力吗？

当资本对市场机会或你的执行力有怀疑时，有些创始人就喜欢不断地去找各种角度去辩解。其实口头解释是最无力的，商业逻辑和执行逻辑最好的解释方法是用事实来证明。

投资人可能是世界上最聪明的人群之一，只要创始人能做出一丁点的成果，资本的嗅觉可灵着呢。

质疑"项目模式太'重'"时，
投资人在担心什么？

常常见到创始人被投资人质疑：你的项目模式太"重"了！

一般情况下，创始人总会赶快解释，这个项目因为如此这般，所以这样的模式实际上并不能算很"重"。如果你这样辩解，通常并不会真正解决投资人的疑惑。

不少投资人偏好"轻"商业模式，我们经常会听到对模式太"重"的质疑，但很少听到抱怨创业模式太"轻"的。所以有些创业者就会有意给项目贴上"轻"标签，以为凡是项目"轻"的就更好。

但投资人真正关心的是项目的"轻"或重吗？

其实整个价值链上怎么可能所有环节都做成"轻"的，或者都做成"重"的呢？当价值链上的其他环节都是"重"的时，那做"轻"显然更有机会；但当所有人都想把自己做"轻"时，那往"重"里做的价值一定会更凸显。

"轻"项目考验的是掌控、运用关键资源（特别是信息或知识产权资源）的技巧；"重"项目考验的是管理和成本管控能力。所以价值链的重心在资源整合上的项目，就有机会做"轻"一些；而重心在运营效率上的项目，就只能做"重"了。

"轻"项目拼的是巧劲，"重"项目拼的是实力。创业之初，企业往往实力不够，因此许多初创企业会从"轻"模式起步，这是合理的,但发展到一定阶段后就有必要重新审视一下未来的模式。

"轻"模式的进入壁垒通常比较低(垄断行业除外),可以被用来反复试错,但一旦模式被验证,模仿者就可能蜂拥而至,所以往往要求快速成长,以求跑马圈地;"重"模式起步快不起来,试错成本高,不太可能快速迭代,这既会吓阻一部分未闯入者,同时因为进入后的退出壁垒也高,所以业内竞争烈度也并不见得会低。

"轻"项目与"重"项目各有所长,也各有软肋。其实本身无所谓对与错,但商业模式如果为追风而设计,那就难免会沦为削足适履的笑话。

显然,真正明白的投资人是不会单纯以项目的所谓"轻"或"重"来作为取舍标准的,而是会综合考虑项目的特点和创始团队的能力素质,以两者之间是否能匹配来决定该项目是否值得参与。

回到题目开始的疑问,因为"重"模式对运营的能力要求高,所以当投资人质疑模式太"重"时,其实投资人真正在乎的并不是模式到底是"重"了几分还是"轻"了几许,而只是担心创始人驾驭不了这个项目。

所以最好的回答是,告诉投资人创始团队有怎样的能力、经验和资源,是否足以应对项目运营的挑战。

不如投资"运气好"的创业者

上次见到创始人小印时,她还是一样挂着"乐呵呵"的标志笑脸,说一切都挺好。可是一细问,才知道她公司账面上的资金几乎已枯竭,原因是几个较大的客户连续出现资金问题,企业被拖欠了大笔应收款。私下交流时,小印说:"其实我也知道问题很严峻,但我不怕,我这个人的运气一直不错。"

果然,吉人自有天相,两个月后小伙伴们告诉我,小印的企业有了新的转机。

最近很多人都感叹市场的情况不好,可是仍然有不少创业企业能逆流而上,似乎还发展得不错。有趣的是,那些快速向前的企业在什么行业里都有,共同点是创始人都认为企业发展得好是因为自己运气不错。比如,每步科技的马京伟、斯菲尔物流的陈泽平,都是口口声声地认为自己的运气好。而那些自认为运气一向不错的创业者,我们也会从他们身上发现有一些不一样的特质。

其实运气一定不是随便来的,上帝掷骰子也会挑人。总能在山穷水尽时又见柳暗花明的人,通常是一些让人感觉比较靠谱的人。

1. 私心少的人,更容易走好运

我们观察到运气好的人一般人缘不差,人缘不差的人一般人品不差,人品不差的人一般得到的帮助会更多,得到帮助多的人机会一定也更多。而那些功利心重的人,与人交往时总在算计自己的得失,你如果总是不肯吃亏,对你出手相助的人自然会越来越少,即使偶有成功,也很难长久。

2. 不会坚持的人,不太容易撞到好运

君子坦荡荡,小人长戚戚。老是患得患失的人,一遇挫折就想去别处投机。而一直在投机的人,得到的不见得会比失去的更多。一直在坚持的人,才能有所积累,也更有机会被发现。

3. 懂感恩的人,更容易遇见贵人

总是庆幸自己运气好的人,常常会念叨别人给过的帮助,这样,别人自然也更愿意帮助你。号称"翡翠大王"的张老板尽管事业起起伏伏,有得意也有失意,但草根出身一路打拼,能把业务做到全国顶尖,已属相当不易。在私下交流时,他也会谦卑地把自己的成功归因为运气不错。但当你知道他对当初曾经帮助过他的那几十位珠宝行业老前辈,几十年来始终如一的恭敬有加时,你就会明白他事业顺利时的"运气"是怎么来的了。

4. 抓得住关键时刻的人,判断力和能力都应该不差

没有判断力,没有眼光的人,机会飘到了你眼前,你也看不到。也很难想象,一个逢山不会开路、遇水不懂架桥的人会一直运气不错。能在嘈杂的信息中识别机会,并有能力把握住,才不会让运气溜走。

在这商业环境剧变的年代,预计未来很长的一段时间仍然会是一片混沌状态。对商业模式的追捧投资,大多好景不长,投资人越来越认识到投对创始人才是唯一要务。可是对人的认知又是非常困难的,尺度和标准都很难把握。其实有时实在看不清楚时,就

看看他们的运气吧。一个总能绝处逢生、险中获胜的创始人，值得投资人多看两眼。

上帝喜欢眷顾的创业者，成功的概率难道不会更大一些吗？

"战略避坑"

也可以参考本文

投资者给你的是"父爱"还是"母爱"？

服务创业企业的过程常常会与其他投资机构的投后服务有交叉，我据此发现了一个有趣的现象：有的投资机构，投资后就常常放手不管了，对被投企业的运营很少过问；而另有一些机构则比较细致，投后的服务深入被投企业的运营细节，几乎面面俱到。

对这两种投后风格，创业企业的反应却并不一致。有些企业对能放手的投资机构感觉舒适，给了钱后就啥也不来烦你，挺好；但也有的企业就会有抱怨，觉得遇上了甩手掌柜，除了给钱就啥也帮不上了。而对投后抓得紧的，被投企业其实也是两种意见，有些企业对此感激涕零，投资者不但给钱，还事事替我们把关，让我们觉得有了依靠；但也有企业觉得是多了一个"上级"，动不动就要开会讨论方向，回顾战略，检讨战术，让经营层感觉除了要应对市场外，还要应付投资人。

匈牙利经济学家亚诺什·科尔内，曾多次提名诺贝尔经济学奖，在他代表作之一的《短缺经济学》中，曾提出过"父爱主义"的概念。他把原来在家庭伦理和国家、法律层面讨论的"父爱"，首次引入经济学领域。科尔内所说的"父爱主义"，大体上是指在计划经济的体制下，国家视企业如同子女，政府对企业有干涉，反过来企业也依赖政府的这样一种政企关系。

既然有"父爱主义"，对应的应该也有"母爱主义"，可是科尔内对此似乎并没有解释。有人认为科尔内说的"父爱"更像是"家长之爱",涵盖了父爱和母爱。

科尔内的这个概念引起了广泛关注,大家发现这种观察角度也可以被引到社会经济的许多层面,十分有意思。

如果我们这样来描述"父爱"与"母爱":

父爱——倾向于干涉、规定孩子的行为。

母爱——倾向于容忍、放任孩子的行为。

那么我们可以发现投资机构与创业企业的关系,就像是在"父爱主义"与"母爱主义"之间的摇摆。

很难说哪种关系更好,这可能与创业企业的发展阶段及创始人的个人经历与经验有密切关系。

其实创业企业就像小孩一样,在婴儿期间会黏着父母,唯恐失去保护;但一旦长大了,有了独立意识,就会叛逆,讨厌父母指手画脚。

当创始人经验不够丰富,团队比较弱时,比如一些较早期的企业,投资机构这时主动些,无论企业是否提出需求,都密切关注,随时帮助,企业也许会更感激,因为那时的企业可能更需要依靠。

但如果创始人经验足够,团队够强,特别是一些较后期的企业,投资机构被动些,尽量做到"无事不扰,有求必应",就像一个信任孩子的慈母一样,可能更受企业欢迎。

当然,最好的关系应该是兼具"父爱"与"母爱",投资机构能宽容对待创业者,并在恰当的时机给予适当的帮助。

尽管"长出来"的企业要比"扶起来"的企业生命力更强,但毕竟纯粹靠自然成长的企业,存活的概率会低一些。

行业研究报告的逻辑基础

我常常能接触到一些行业研究报告，有些报告让人看了，会觉得眼睛一亮；可是有些报告看了以后，就总觉得有点别扭。

网上曾流传过一则消息，在某知名基金公司的年会上，那些"金融民工"编了节目自嘲：一份一天，一天一份，写行研写到要吐。

这也难怪，因为一方面与过去相比，信息搜寻的难度大大降低，短时间提交一份大致过得去的行业概况的报告，并非不可能；另一方面，风口不断变化，一些新兴行业往往是你还没反应过来，就已经如火如荼地展开了，等你有点弄明白，已经一片狼藉，打扫战场都轮不到你了，所以只能用最快的速度去了解这个市场。

产出速度快了，当然没时间精细打磨，所以材料不够详实，或者事实还有错漏，这些都可以理解，但有些行研报告逻辑不清就是很大的硬伤了。

不同用途的行研报告，当然要有不同的逻辑。一份给产业投资者看的行研报告，其实无非是要让决策者看了后能判断：这个行业值不值得进入？

行研报告即使写得洋洋洒洒、厚厚一叠，但东拉西扯，引用的数据或材料不能帮助判别这一点的话，其实就是废纸。

一、怎样判别是否值得进入某个行业？

是否可以介入某个行业，最简单的逻辑就是，行业引力是否大于行业风险？

各机构对内部的行研报告都会有一些格式要求，但仔细看的话，其实大同小异。比如，通常都会要求分析宏观环境（PEST 分析）、行业背景（历史与趋势、五力模型……）；还会要求测算行业市场规模，以及预判竞争格局及其烈度；等等。

其实这些内容不过就是为了揭示和比较行业引力与风险。当吸引力足够大，风险基本可控时，这个行业的诱惑就比较大；反之，就要谨慎。

二、怎样看行业引力？

行业的吸引力取决于对市场和竞争的判断。在宏观变化和行业发展的背景下，预判市场增长速度、市场容量、进入门槛、行业生命周期预期、竞争格局等，目的是让决策者了解：

（1）能不能挣钱？（分析行业目前和未来的盈利状况）

（2）可以挣多少？（分析行业的规模、持续性和可拓展性）

（3）怎么个挣法？（分析经营模式，是资本推动还是技术、资源、人才、运营能力引领……新进入者还有机会吗？）

三、怎样看行业风险？

很多报告通篇描述的都是机会，或者蜻蜓点水般地轻描淡写提几个风险点，这种报告看了就让人感觉心里不踏实。其实对风险揭示得越清晰，投资者就越容易下决心。

清晰行业的风险点，比如政策、道德、经济环境、行业基础、上下游的控制和反控制、进入和退出壁垒、替代品及跨界打击……还包括避险条件等，主要是为了让投资人清楚：

（1）风险在哪里？（不怕有风险，就怕不知道有"黑天鹅"）

（2）风险可控吗？（不怕风险大，就怕防不住"灰犀牛"）

（3）规避（止损）途径？（如果面临风险，怎样保障退出？退出的途径是什么？）

四、放不上桌面的行业"八卦"

许多写行研报告的小伙伴有良好的受教育背景，秉持用严谨的"学术"态度来对待撰写的报告，引用的材料中会过滤掉许多看上去不那么可靠的信息。其实一份供内部投资参考的报告，用这种方法写反而未必是有利的。

行业中的传闻、被圈内津津乐道的故事、未经证实的信息，那些被主流分析有意无意忽略的小道消息，其实都会帮助我们对行业进行判断。并且那些看似非主流的信息，也有可能对行业的未来构成实质性的影响。如下图所示为判断行业是否值得进入的途径。

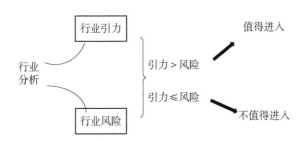

如果得出的结论是这个行业值得进入，那是否投资还要看具

体标的的要价是不是合适了。

　　如果报告是给政府部门的政策制定者看的,其实基本逻辑也类似,无非就是分析帮助或扶持这个行业可能带来的益处与不利处,并与调整(或不支持)这个行业会带来的影响做一个比较,从而帮助决策者据此依照自己的施政诉求来做选择。

创始人其实没必要把"上市"目标挂在嘴上

许多创业者，一提到对未来的憧憬，描述得最具体的一个追求往往是企业"上市"。有的创始人甚至把上市作为企业最重要的愿景，逢会必讲，见人必提。每当此时，特别是对那些早期的创业者，我只要能插上嘴，就一定要说一句，先别急着把上市定作目标。

很多创始人把企业上市作为经营的重要目标，并非没道理。因为企业上市不仅有相对较高的门槛，一旦跨入就代表了企业的经营能力获得了监管部门和资本市场的认可，企业家也因此具有了一定的社会地位；更重要的是，上市将使企业能有相对便利和低成本的融资渠道，可以助推企业更上一层楼。

但上市并不是所有企业发展的必由之路。上市也会额外增加一些企业的运营成本，还会多出许多非市场的制约因素，所以有许多优秀企业并没有选择上市。如果把企业上市作为创业的最高目标，很可能是本末倒置，把手段异化成了目标。的确也有一些企业上市后，也许是因为最高目标已经完成，因此团队失去了继续奋斗的动力，企业逐步走入了衰退。

很多创业者之所以会产生"上市是创业最高目标"这样的误解，可能有两个重要的原因：

1. 风险资本的因素

很多创业项目都有风险资本介入，没有这些资本的帮助，项目几乎不可能发展起来。但风险资本运行方式的特点就决定了，资本从进入的第一天开始，就要盘算如何"退出"，而在风险资本的各种退出方式中，上市无疑是最佳的选择。

资本的态度难免会影响甚至左右创始人的思考方向。

2. 团队骨干的因素

企业发展到一定阶段，要吸引更多的优秀人才加入，但这些人才与创始团队可能是有区别的，他们或许会有更多的物质或其他更现实的诉求。

也许有些企业确实没有上市的必要，可是不上市，企业的高管们（包括一部分创始股东）的身价如何标记，又如何尽早变现呢？

而企业高管们的情绪会直接影响企业经营状况，创始人不可能不顾及身边人的感受。

但创始人毕竟要清楚，企业利益相关者的诉求，与企业自身真正的发展逻辑可能并不是一回事，对风险资本或团队骨干个人来说的最佳选择，未必是企业发展的最优路径。

历史上曾有这样一段故事。西汉末年王莽改制后，天下大乱，刘秀起兵，一路还算顺利，于是弟兄们就再三劝进，可刘秀就是不愿称帝，直到谋士耿纯说了一番话。《后汉书·光武帝纪》上这样记载：

> 耿纯进曰："天下士大夫，捐亲戚，弃土壤，从大王于矢石之间者，其计固望其攀龙鳞，附凤翼，以成其所志耳。

> 今功业即定，天人亦应，而大王留时逆众，不正号位，纯恐士大夫望绝计穷，则有去归之思，无为久自苦也。大众一散，难可复合。时不可留，众不可逆。"纯言甚诚切，王深感曰："吾将思之。"

这段话翻译成大白话的大意就是：

耿纯劝刘秀："兄弟们背井离乡、抛下家小，跟着大王出生入死，无非是为了攀龙附凤，光宗耀祖，实现自己的志向。大王如不登帝位，弟兄们也就没了奔头，恐会心生绝望，有意离去，不想留下来自讨苦吃。时间不等人，你可别最后弄成众叛亲离啊。"刘秀被触动了，说"我考虑考虑"。

后来刘秀就当了光武帝。

很多情况下，有的创始人也会跟光武帝一样无奈，当企业有机会上市而不去争取时，也会受到周遭的许多压力。（相宜本草的创始人是上海交大安泰经管学院的学员，当年在最后关头放弃上市，就引起很多争议。）只是创业者有必要早早就把别人眼中的最佳选择当成自己的最高目标四处宣扬吗？

当然创始人也有可能会产生与风险资本或者团队其他成员同样的心态，到了一定时间，也会有"落袋为安"的念头。这种心态尽管可以理解，但毕竟不是值得夸耀的事。

另外，有一次我和几个朋友一起餐叙，席间一位朋友提醒另一位正筹划 IPO 的朋友：若非必须，千万不要向外界多谈上市计划。

我不解，就问为什么。

原来有一种新的行当，从事这一行当的人专门搜集拟上市企业的信息，瞅准企业上市前的紧要时点，找碴闹事。企业担心在关键时刻被坏了好事，因此即使自己并没有什么把柄，也唯恐节外生枝，往往为了息事宁人而会忍气吞声。

所以即使从这个角度看，创业企业真有需要走向 IPO 了，也没必要把上市计划搞得路人皆知。

"战略避坑"

"管理避坑"

也可以参考本文

二级混沌与投资赛道风向

　　据说,高瓴资本的张磊有一次参加了主题为"中国社会的老龄化"的研讨会,参会嘉宾都很自然地把关注点集中到了投资养老院的机会上,而张磊却由此想到了进军宠物行业的机会,因为老年生活会有陪伴的需求,可是当时响应者寥寥。

　　之后,高瓴一路披荆斩棘,在宠物行业的布局令局外人惊讶,其他投资机构在几年后回过神来才发现,高瓴在宠物行业已是占尽先机。

　　把全行业都捋过一遍的高瓴,也彻底影响了行业的发展,为行业的发展提了速,当然也免不了被一些人抱怨因此抬高了行业的投资成本。

　　有人就感叹,张磊慧眼独具,能押中起风的赛道。

　　可是,宠物行业的赛道起风究竟是不是"命中注定"的呢？老年生活需要陪伴,这个推理应该是合理的。但担当陪伴角色的并不一定必须是宠物,智能玩具也可以,虚拟世界也可能啊。为什么偏偏是宠物行业先起来呢？

　　人们从不同的角度当然可以找到许多解释的理由,但令人好奇的是,张磊的预测本身是否就影响了赛道的风向？

　　另外还有一个例子:

　　在彩电行业创造过许多第一的创维集团创始人黄宏生,2020

年 4 月下旬在个人微信公众号上对电视机行业的发展窘境透露出了无奈的情绪。他想发起一场"让电视重回家庭中心的革命"，并因此投入了很多人力、物力，砸了很多钱，技术手段和硬件都做了提升。但他坦言："这都不足以扭转产业的发展颓势，这让我一直都很焦虑，不知如何突破瓶颈。"

电视行业老兵黄宏生也想影响赛道风向，可是让他苦恼的是，风却并未如他所愿地吹过来。

尤瓦尔·赫拉利在《人类简史：从动物到上帝》中解释为什么他认为历史是无法预测的时候，用了"一级混沌"和"二级混沌"的概念。

他说："混沌系统分成两级，一级混沌指的是'不会因为预测而改变'（的系统）。"也就是说，如果我们对某一项进程进行了预测，无论预测的结果是什么，我们根据预测采取了什么行动，都不影响进程本来的发展。例如，天气就属于一级混沌系统；另外，掷骰子的结果、火山爆发的时间，或者宇宙流星对地球的撞击地点等，都不受人们预测的影响。

"至于二级混沌系统，指的是'会受到预测的影响而改变'（的系统）。"也就是说，如果我们对一项进程进行了预测，然后根据预测采取了行动，而这些行动本身就可能改变进程的发展。这种改变有可能使得预测的结果提前或滞后发生，也有可能是改变了进程的发展方向。比如，投资者都认为某个股票明天会涨，于是大家都买进，结果这个股票今天就涨了，第二天反而回调了；又比如，预测今年会有虫害发生，于是预先打了灭虫剂，最后预料中的虫害并没有发生。尤瓦尔·赫拉利认为历史就是这样的一团混沌。

因为尤瓦尔·赫拉利关于一级和二级混沌的概念划分还有些

含糊，所以有人就追根究底去查源头出处，想搞明白是不是有更清晰的解释，可是没有结果。其实，不管这样的定义是否足够严谨，一级和二级混沌的划分在帮助我们思考某些问题时还是很有益处的。

从本质上讲，几乎所有的投资赛道都可归为二级混沌。但也可能因时、因人而异，如果你对赛道预测后采取的行动不足以让结果发生变化，那对你而言这个赛道就是一级混沌了。

可以列两组数据，高瓴资本管理的盘子大约是 600 亿美金，据说在 2019 年 5 月前，光投资的宠物医院就已经超过 1000 家；而创维集团在 2020 年 8 月的市值大约在 76 亿元人民币（在 2010 年最高时约为 250 亿元人民币），投入研发的资金每年为 18 亿元人民币上下。

这些数据并不能直接对比，但可以让我们大体上揣测，张磊和黄宏生谁更有机会让自己布局的赛道成为二级混沌。

张磊的预测引导了高瓴的投资方向，而大手笔的投资有可能使得原本并不一定会出现的结果出现了，或者是可能提前发生了。而黄宏生预测后的行动，却没能撼动消费端发生改变。

朋友们，与其猜测某个赛道是否会起风，还不如预测一下让它尽快成为二级混沌系统的条件，判别一下你的影响力或动员资源的技巧是否足够，或者有没有机会搭上顺风车。

忽然想到佛法中的"开口便错，动念即乖"，只要掺入了人类的主观意志，人世间的事物的运行轨迹就会偏移，眼前的种种其实都绝非"自然"，没有什么是一定如此，也未必会有什么一定不如此。

尤瓦尔·赫拉利认为，历史并不是为了人类的福祉而演进的，只是不断地从一个岔路走向另一个岔路罢了。

创业项目被尽调时，向投资人秀什么？

创业项目一旦进入 DD（尽职调查）阶段，创始团队的心情通常会很忐忑，似乎机会已经在眼前，但也可能会功亏一篑。为了不出意外，大多数创业项目在这个阶段会特别小心，投资人想看什么，想了解什么，就在投资人提出的要求范围内尽量配合，一般都会表现得比较被动。

其实，创业者如果搞清了怎样才真正符合资本在这个阶段的根本利益，就完全可以更主动一些，向投资人充分展示他们需要了解的项目事实。

不管 DD 的格式文本是如何表现的，对资本而言，尽职调查的目的其实归根结底就是两个：挖掘价值和揭示风险。

有些创业者在投资人面前只想展示项目的"价值"，唯恐提到风险就会吓退投资人，这肯定是一种误解。所有的投资项目都一定是价值伴随着风险。能入成熟的投资人法眼的项目，不是无风险的项目，而是价值大于风险的项目。

所以对创业者来说，在 DD 阶段，提供材料的基本逻辑就是："价值"不遗漏，"风险"不回避。

但面对被尽调者提供的同样信息，不同的资本却往往会解读出完全不同的结论。其根本的原因就在于，不同风格的投资者除了对"价值"和"风险"的判断不同外，对"价值"的追求和对"风险"

的容忍策略也有很大差异。

一、对"价值"的认知

一般而言，经营者用项目未来的经营红利来证明自己的成功，当然那些 2VC 的项目（那些不是从 B 端或 C 端赚钱，而是刻意针对风险资本，通过迎合风险资本的诉求而赚钱的项目），或者只想用 IPO 来证明"成功"的经营者除外，而很多风险投资者并不把获利的主要期望放在分红上，因此投资者和经营者对项目价值的认知角度往往是有差异的。也就是说，经营价值并不一定等于投资人认可的投资价值，有经营价值的项目，不一定有投资价值。

从资本的角度看，项目具有的价值可以分为直接价值和间接价值。

对许多资本而言，项目的直接价值通常考虑的是，未来资本退出时能不能升值，以及升值的空间有多大。

项目的间接价值可以是资本投资该项目后能从他处获得的利益。比如，并购资产后投资者的财务报表是不是会显得更靓丽；或者作为战略投资，能不能促进投资者原有的投资结构或生态发生良性变化；等等。

创业者清楚投资者的意图后，提供材料就可以更有的放矢。

二、对"风险"的认知

经营者会遇到的所有经营风险，同时也是投资风险。所以如果创始人对未来的经营风险认识不清，自己项目的商业逻辑搞不明白，项目运营的能力和经验都比较弱的话，投资人通常都会投否决票。

但除了经营风险外，资本往往还会担心"内部人控制"的风险，也就是会担心经营者利用自身的有利条件，在企业的实际运营中侵害投资者的利益。所以项目只有在投资者对创始团队的品行方面表现出信任后，才有可能尽职调查过关。

三、价值要大于风险

即使是对价值和风险判断的结论并无差异，但秉持不同投资策略的投资者，对同一个投资标的仍然会有不同的选择。

下图为投资价值—风险评估情况示意图，在左上区域，价值与风险之比超过了某个定值（价值大于风险），因此值得投资；反之在图的右下方，风险超过了价值，因此排除投资。稳健策略要比激进策略的选择范围更窄，因为在模糊区域，稳健投资者会选择放弃，而激进策略会仍倾向投资。

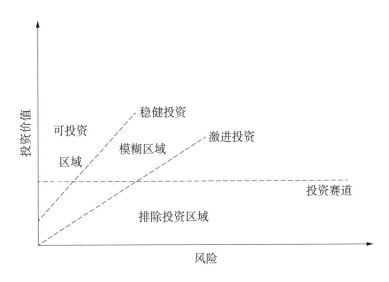

曾有极端一些的投资者宣称要"投资赛道"，意思是凡有某种

"价值"的项目，不论风险多少，全部都投。

如果遇到的是一个推崇审慎策略的投资者，这样的投资者在DD阶段为了充分揭示风险，很有可能放大潜在的风险信号。这时，创始人除了配合满足投资人的要求外，应尽量不要节外生枝，以免没事找事。

但如果遇到的是信奉无后悔策略的投资者（这样的投资者经常会说的一句话就是，好后悔××项目当时看了没有投），这种投资者最担心的就是错过项目的价值发现。对这样的投资者，创始人可以与其多多讨论项目未来的各种可能性，以便和他一起挖掘项目的价值故事。

小结一下：

（1）项目的价值和风险都是动态的，更重要的不是当下，而是未来。

（2）有经营价值的项目不一定有投资价值，但有经营风险的项目一定有投资风险。

（3）有投资价值的项目，资本不一定会投，因为还要看项目的风险有多大。

（4）有投资风险的项目，资本也不一定不投，还要看项目价值的吸引力有多大。

创始人，别让投资人的逻辑绑架了你的脑袋

碰到一位创业者，我看他似乎心情不佳，就问"怎么啦"。

"见了好几个投资人，都说我这个项目的赛道风口已过了。我这个项目还能不能继续做下去？"

我不禁笑了，告诉他："再好的赛道也会挤满沮丧的失败者，再差的赛道也有骄傲的成功者。"

一、创业首先要做自己喜欢的事

创业者首先要考虑的不是这件事别人是不是认为"正确"，而是自己是不是真的"喜欢"。把自己喜欢的事做"正确"，而不是把别人喜欢（认为"正确"）的事，变为自己肩负的任务。

投资人投的是概率，所以风口、赛道是投资人必须关注的点。而你如果也老在琢磨风口、赛道，那你就也成了一个投资人。你的所谓创业就不是事业的追求，而不过是一场算计。

做自己喜欢的事，不计较得失，内心平静，享受过程，只问耕耘，不问收获，成功了就是意外的奖励。能成为一个纯粹的创业者，这本身就是福报啊！

二、投资逻辑不等于企业经营逻辑

雷军曾抱怨资本只想要一个能赚钱的企业，而他想的是做成

一个伟大的企业（只赚 5％的利润）。其实雷军错了，投资人并不在乎企业本身能不能真的赚钱，他们真正想要的企业是只要能让他们赚钱就够了。

只要能有"接盘侠"，对有些投资者而言企业本身究竟是咋回事并不重要。开好咖啡店能赚钱，本来应该是水到渠成的事，可是瑞幸咖啡的创始团队用了不合市场逻辑的方式造势，在急速扩张的门店还根本没能赢利时，就急吼吼地赶时间让企业海外上市，要不是有人揭露了数据造假的事实，那几个圈钱者还真有可能金蝉脱壳，留下一地鸡毛给后面的股东。

投资精英们总是更相信顶层设计，认为"战略"奠定一切，成功取决于"初心"，信奉的是"设计范式"的创业。因为，按照"剧本"走的投资项目更容易在短时间内找到新的接力者。

而实践中，我们可以看到，对一个初创企业来说，生存依赖于一步步的机遇。很多创业的过来人，更相信的是创业的"演化范式"，也就是认为创业的成功模式应该是自然形成的，往往是脱离最初人为设想的轨道发展的。

投资人认为风口已过的赛道，若创始人在实际经营中仍然感觉有未来，当然可以继续坚守。因为实际上行得通，比"理论"上讲得通更重要。

宗庆后老先生以 76 岁高龄，不必通过考试，经资格认定就获得了基金从业资格。其实对此无须惊讶，因为我们确实常常看到一个能把实体企业经营好（不是纯靠运气）的企业家，通常对投资总能无师自通。而那些在投资界看上去如鱼得水的投资人，如果以前没有真正参与过实体经营，真要躬身入局，亲手操盘创业，很可能一不小心就会把企业带偏。

三、投资是投资人的自利行为

当年张磊投资京东，刘强东想要 7 500 万元人民币。可是张磊说，要么投 3 亿美金，要么一分不投。这是张磊的慷慨？

很多创业者会感慨，为什么自己就没有那么幸运，没碰到这样的投资人。其实大可不必以为刘强东遇上了"雷锋"。这也许就是张磊投资逻辑推算的结果，这一轮不投到位，下一轮的估值谁知道会怎么算啊。

别把投资人看成是慈善家，哪怕他在你企业最危急的时刻，伸手救了你。每一笔他们投出的钱，背后都有精明的盘算。

总之，尽管投资帮助了创业者，有了投资人的那些投资而因此造福了许多人（不光是创业者，也包括消费者），但它本质上是投资人的自利行为。创始人当然应该感恩慧眼识珠的投资者，因为他们成就了你和你的事业。可是你也必须认识到，你与投资方的价值取向很可能并不一致。

所以，投资人如果看上了你，别以为这就一定能证明你做对了；没看上，也别以为你真做错了。

投资人的逻辑不是唯一真理！

2 当心搞砸你的路演

成功之门并非一定要用 BP 和路演叩开，但它们可以是
攀登成功之巅的垫脚石

BP 不说清这两个问题，就可能被丢进废纸篓

很多投资机构会要求递交的 BP 要按照一定的格式展开。比如，一定要有"愿景、痛点、目标用户、市场规模、壁垒、竞品分析、团队、解决方案、渠道、销售策略、现金流规划……"而一些政府机构组织的创业大赛，也基本与投资机构的要求相类似，只是有时会附加一些评估项目落地可能和带动就业方面的指标，或者评判能否取得政府专项支助的指标。

面对这么多的内容，有些创始人就会觉得茫然，到底什么才是重点？

其实，所有的 BP 都是为了说明，或者说是让阅读者相信：这件事值得做和这件事能做成。

很多创业者递交的 BP 看上去似乎什么都涵盖了，但看完后仍

然让人觉得不知所云，抓不住重点，原因就在于他没搞懂 BP 的这两个关键。而一旦你抓住了以上这两点，你就不会觉得无从下手了。

一、为什么这件事值得去做？

一个项目值不值得投资，最关键当然就是看对"回报"的预期。解读预期会因人而异，变量可能非常复杂，但通常的标准就是经济上的回报。从经济上看项目值不值得投资，可以考虑这几点：

（1）市场的诱惑——解决的是真痛点？市场可预计的规模和持续性如何？

（2）要价的诱惑——创始人希望的融资额及释放的股权。

（3）资本对项目有没有推动作用？

（4）特定的投资者对项目会有不同的预判。比如，与其过往已投资的项目能不能形成互补，能不能共享某些资源，等等。

投资者的不同经验和价值观往往会使得他们的判断有很大差异。

从逻辑上看，"值不值得做"比"能不能做成"应该更重要，因为只有值得做了，能不能做成才有意义。但实际上创始人在 BP 演讲时，如果真的对此耗费很多时间来做重点说明的话，一定会得不偿失。因为投资人群体可能是这个世界上最自信的一群人，通常他们见多识广，聪明过人，只要他们明白你在干什么了，就会自行脑补"这事值得做吗"，所以创始人没必要在限时的路演中大费口舌去解释自己项目的价值。

二、这件事为什么能做成？

要说明这事是能做成的，你至少要讲清楚以下三点。

1. 这是一件什么事？

这个问题看似简单，但大多数不合格的 BP 就是栽在此处的。一个创始人如果能用三言两语，简单清晰地描绘出项目的要点和重点，你的 BP 就成功了一大半。只有让别人听懂了你在干什么，后面的故事才有机会展开。

2. 谁在干这件事？

创始团队能否获得信赖，是与投资者或其他资助者建立合作基础的重中之重。有的创始团队为了表示实力超群，罗列了一串顾问名单，其实大可不必，外围兼职并不总是可以加分的，核心团队是不是坚强，才是最主要的。创业企业起步阶段，团队构成有些欠缺实属正常，隐瞒实情反而会被质疑诚信有问题。

3. 凭什么能干成这件事？

这是创始人在介绍自己项目时通常都会下最大功夫准备的部分，也是创始人会觉得最担心的部分，因为这部分最容易暴露商业逻辑方面的不足。

这部分的逻辑主要应该把握三个要点：

（1）外部环境，对项目而言存在着怎样的机会和威胁。

（2）内部实力，项目掌握了（或者可以调动）怎样的资源（长处和短处）。

（3）行动计划，准备怎样扬长避短或扬长补短地抓住机会（化解威胁）。

机构要求递交的 BP 中的大部分内容，比如，痛点、目标用户、解决方案、壁垒、竞品分析、可替代性、渠道、销售策略、现金流规划等，实际上都是为了说明这三个要点。而已有的运营数据及过往的经验，往往能有力支持 BP 这部分的逻辑。

以上的逻辑顺序(见下图),并不等于表述次序,创业者在向各机构递交 BP 时,仍应按照各机构要求的格式展开内容。路演时创业者也应该根据具体的情况,包括演讲规定的时间、面对的听众背景等,来取舍素材、组织内容。但以上的逻辑线有助于创业者在组织内容时,明白这些素材是为了说明什么问题,要突出什么重点。只是要注意,有时候引而不发可能会更有效,有了证据,结论是顺理成章的。

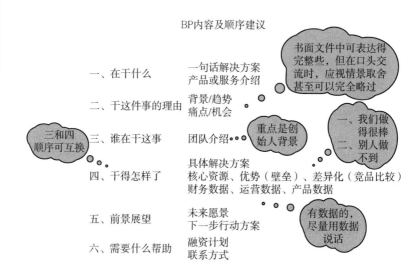

BP内容及顺序建议

一、在干什么　　一句话解决方案
　　　　　　　　产品或服务介绍

二、干这件事的理由　背景/趋势
　　　　　　　　　　痛点/机会

三、谁在干这事　　团队介绍

四、干得怎样了　　具体解决方案
　　　　　　　　核心资源、优势(壁垒)、差异化(竞品比较)
　　　　　　　　财务数据、运营数据、产品数据

五、前景展望　　未来愿景
　　　　　　　　下一步行动方案

六、需要什么帮助　融资计划
　　　　　　　　　联系方式

书面文件中可表达得完整些,但在口头交流时,应视情景取舍甚至可以完全略过

重点是创始人背景

一、我们做得很棒
二、别人做不到

三和四顺序可互换

有数据的,尽量用数据说话

为什么你的 BP 路演总会超时？

经常参加各类创业比赛之后，会发现几乎在所有的规定路演时间的比赛中，大多数演讲者会觉得时间不够用，有的甚至用完了规定时间，但准备的内容还没讲完一半。是比赛组织方定的时间标准太不合理了，还是你根本就没有组织好演讲内容？

其实，所有的商业计划无非是由三块内容组合而成的：

第一，环境分析。主要分析对企业而言不可控的环境变化，会给项目带来哪些机会与威胁。

第二，内部实力。主要分析企业可掌控的资源，对项目而言有哪些长处和短处。

第三，行动计划。也就是企业将如何利用内部实力，通过"扬长避短"或"扬长补短"，抓住机会，化解威胁。

这三块内容构成了 BP 的基础逻辑。很多创业者在路演时采用了一些投资机构推荐的 BP 格式，如果不能理解这种格式的内在联系，就会演变成八股文范式，面面俱到地分配时间，反而掩盖或模糊了商业计划本来应有的逻辑。

大多数创业者的创业冲动，是从发现市场机会开始的。也就是通过"环境分析"，看到了机会，才有了创业起步。所以创业者们往往会将"痛点分析"作为逻辑起点。超时的演讲，基本上是因为在"痛点"上着墨过多。

其实路演就是一个创业者"销售"创业项目的机会。既然是销售，推销者就要了解"目标对象"（评委）关心的重点在哪里。

与创业者相反的是，投资人在上述三个环节中，最关心的是"行动计划"，也就是你们到底有什么解决方案？

大多数投资人见多识广，对市场痛点即使不是烂熟于胸，也都能知晓一二。在一场限制时间的演讲中，去告诉投资者已经知道的信息（至少很多投资人认为自己已经了解了）是最得不偿失的。所以如果在路演中调整一下 BP 的时间分配，把重点放在讲清你们的解决方案上，那么即使只给你三分钟做一个电梯演讲，你也会表现得很从容。

最好的方式是，能用一句话来概括你的项目重点，比如：××物流，我们是一个"专注于全球紧急运输服务"的项目。在介绍的过程中，不管时间有多紧张，这句概括语仍然可以多次出现，因为评委在路演比赛中难免会疲劳，而这句话可以及时将他们的注意力拉回来。

5分钟讲完 BP，很难吗？

复旦大学毕业的文创项目创始人陶总在创业大赛的初选中获得了晋级资格，可是由于决赛阶段分配给每个选手讲解 BP 的时间被压缩了一半，于是她用连珠炮似的语速，在电脑计时的最后一秒讲完了准备的内容。吐出最后一个字后，陶姑娘长舒了一口气，说总算没白练。

很多参加过路演比赛的创业者是不是很有同感，要在短短几分钟里，把几年的创业心路和对商业模式的思考讲完，除了练习如何剔除语气词、提高语速外，还能有什么其他办法？

但可惜的是，提高语速并不见得会提高有效信息量，少了必要的抑扬顿挫，很多关键点不突出，其实反而有碍评委对 BP 的理解。所以和陶姑娘以为的相反，拼命练习增加每分钟的吐字，还真可能是白练了。

路演时间不够用的真正关键在于创业者不知道如何取舍演讲的内容，什么都想讲，什么都不敢漏掉，时间当然就不够了。

那么该怎样取舍 BP 的内容呢？

一、区分演讲的目的

看到过很多创业者在不同的路演活动中赶场子，刚在一个创业大赛上讲完，又出现在区政府的表彰大会上了，用的却是同一份 PPT。

其实，演讲前先得弄明白的是，你是在销售产品还是在销售项目（企业）？

如果你面对的是产品客户，他们最关心的是产品好不好用，其他都无关紧要；而潜在的投资人，才会关心你企业未来的规划，有没有融资的打算；而政府关注的是，企业落地能给当地带来什么福祉。

针对不同目的，可以舍弃不必要的内容，由此既能突出重点，又可以节约时间。

二、针对不同的听众

演讲面对的听众有可能是专家，也可能是完全的门外汉。

面对懂行的专家，你花很多时间去科普业内的知识点，不仅浪费时间，还会有很多副作用，所以应该把重点放在讲明白你们是怎么做的，与其他同类项目有什么不一样。

而对不那么精通但对行业还是有一定了解的听众，可以介绍一些业内的发展动态，以及你们的对策，至于很具体的解决方案，可以简略介绍。

对门外汉，建议可以花时间去介绍一下行业及你们在业内的地位，其他一些业内知识就没必要重点普及了。

总之，如果时间不够多，则对内行重点放在讲明白行动计划上；而对外行可以重点放在市场机会分析上（见下图）。

但有的朋友就说，如果听众中内行和外行都有，或者你根本不知道他们的背景，那该怎么办呢？

假如是以融资为目的的路演，那么听众一般就是投资人：

	听众	演讲重点
行动计划 内部实力	懂行的	我们是谁、差异性
✚	有了解	趋势、竞争环境
外部环境		
✚	不太了解	痛点、机会、目标用户
诱惑、 情怀	门外汉	商业利益（市场规模）、情怀

（1）投资人通常都是见多识广的聪明人，基本上没有什么行业是他们自认为不懂的（尽管这很可能不是事实），所以在以融资为目的的路演中，将听众都假定是行家，不仅不会突兀，反而显得是对他们的一种尊重。

（2）更可能投你这个项目的一般是对行业比较了解的投资人，所以在路演中不管听众中有多少内行或有没有外行，将"懂行者"设定为主要的对话对象，显然更可能达到演讲的目的。

总之在情况不明时，将听众假定为懂行的，总要比把他们当成"小白"更好。

三、不同时间的约束

如果是规定时间的路演，更要选择好交流的重点。

大多数时间不够用的路演，是因为花了太多篇幅在解释痛点上（参见《为什么你的 BP 路演总会超时？》）。

其实，一般投资人在审阅 BP 时，通常会关心的重点依次是：

（1）他们是谁，在干什么。

（2）如果项目恰好是投资人关注的方向，就会进一步看他们是怎么干的,和别人的区别在哪里。

(3)评判项目有没有发展潜力,创始团队有没有执行力。

(4)资本有没有参与的价值,投资后能不能推动项目进一步发展。

(5)会反复琢磨创始团队的价值观与投资方是不是一致。

所以,在不同时间的路演中,也可以依次选择需要呈现或阐明的项目要点,如下图所示:

受时间约束时的讨论重点

电梯演讲	5分钟	在干什么
走廊茶歇	10分钟	怎么干的
咖啡聚	20分钟	一定能干成
工作午餐	40分钟	还缺什么
BP会客厅	80分钟	有机会谈谈"情怀"了

小伙伴们,现在清楚了吗?如果只给你5分钟的路演时间,要紧的不是赶快练习提高语速,而是挑选演讲重点!

语言技巧也可能是 BP 的毒药

很多创始人会因自己的表达能力不够好而深深苦恼，面对不得不参加的路演，就尽量找一个能说会道的替代者上台。其实大可不必为此太过忧虑，现在许多投资人对能言善辩者越来越警惕了。语言技巧不一定是加分项，甚至有可能是毒药。

我们可以看一下一个简化的"投资人收益模型"（见下图）：

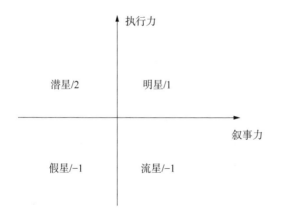

一个语言技巧好的创始人往往更容易获得社会关注，吸引到资本青睐的机会也更多，所以投资这类项目时估值容易抬高。我们姑且将"明星"项目的价值定义为"1"。

而不擅表达的创始人的优质项目，容易被资本疏忽，可一旦被发现，因为抢的人少，估值的性价比往往会更高一些。我们将"潜星"项目的价值定义为"2"。

那些无法执行到底的项目对投资人而言都是噩梦,这些项目的价值都可以定义为"-1"。

假定在创业群体中,执行力强的和弱的团队各为一半,能说会道的和不善言辞的创始人也各占一半。

如果一个投资人更偏好言语能力强的创始人群体("明星"和"流星"),则从上图可见,投资者最终的收益是:

$$1 \times 0.5 + (-1) \times 0.5 = 0$$

也就是说,从一个群体来看:巧言令色的创始人,最终将让投资人颗粒无收。

而一个排斥能说会道者,只投不善表达者的投资人("潜星"和"假星")的最终受益是:

$$2 \times 0.5 + (-1) \times 0.5 = 0.5$$

可见,如果只投不善表达者,收益反而更有保障。

当然,如果投资人有足够的判断力去识别创始人的执行能力,所投的项目都是能干的创始人的项目,包括叙事能力强("明星")和不强的("潜星"),投资人的收益就可达:

$$1 \times 0.5 + 2 \times 0.5 = 1.5$$

可惜的是,创始人是否"敏于行"只能在实战中检验,很难预判,所以选择"讷于言"的创始人,对投资人而言似乎就是一种更稳健的方法了。

当然,上述分析是从投资人的角度来看问题的,其实从创始人的角度看,可能是不同的结论。我们来看一个"创业者机会模型":

```
              ↑ 执行力
     错失        机会
─────────────────────────── → 叙事力
     没戏        误得
              │
```

从这个模型我们能看出来,叙事能力强的创业者显然要比叙事能力弱的创业者有更多的机会。所以关于 BP 演讲的技巧,该学还是可以学,至少在各种路演比赛中得奖的概率会高很多。

最后想给大家一个忠告,在商业计划书中真正要厘清的是商业逻辑,其他所有关于如何取悦投资人的所谓技巧,并不会帮助你提升"执行力"。

切记:没有套路的套路,才是更深的套路。

听懂路演活动评委的潜台词

通常路演活动中，BP 演讲后会安排评委提问，这是最考验演讲者的环节。有些评委提问比较直接，不留情面，而有些评委会婉转一些。但不管提问是不是犀利，你如果能明白评委提问或质疑的背后，他真正关心的到底是什么，那你的回答就更可能答到点子上。

下面举一些问答的例子。

1. 你项目目前的财务状况

你不要只回答项目的收入或目前有没有利润，投资人通常更关心的是你的现金流状况。很多评委会心算如果没有新的资金注入，你这个项目能不能自己起来，或者大约还可以支撑多长时间。所以更好的回答是，项目每月或每季度的现金收入与成本状况，现金流是正的还是负的。

2. 你项目的想法并不新鲜，很多人也在做同样的事

你不要只罗列你的项目与别人在技术上或细节上的各种区别，关键在于说清你有没有独门秘籍使得你在效率或成本上能保持独特的优势。比如，尽管别人也在做同样的事，但我的速度和资源动员能力是最强的，或者我的技术使得最终成本可以远远低于竞品。

3. 你的项目太"重"了

不要争辩自己的项目是不是真的"重"了还是并不"重"。评委真正关心的其实不是项目"轻""重"的标准到底在哪里,而是你的能力够不够运营好一个有一定规模(或有一定复杂度)的项目。所以关键在于你要说服评委,以团队的经验、资源、能力,是不是足以驾驭这样的项目。

4. 你的项目有壁垒吗("护城河"在哪里)

你不要光做与竞品的对比分析,而应该着重说明为什么我与竞品的"不一样"是竞品想做也做不到的,或者是竞品不愿意做的——当然,这种"不一样"是确实能帮助我获得竞争优势的。因为与别人不一样并不一定构成壁垒,只有当这种不一样能构成可以长期保持的竞争优势时才算壁垒。

5. 你这个只是痒点,并不是痛点

这种质疑通常表示的是怀疑你的项目并没有很强的需求。非要和评委去争辩消费者的那种不舒服到底算"痒"还是"痛",其实没有意义,只要能证明需求端愿意为消除这种不舒服买单就可以了。

6. 你这个项目只能算是生意,算不上是事业

这种说法的确有点滑稽,为什么"生意"就不能同时也是"事业"呢?但是,你当然不能这样去质疑评委的逻辑是否有问题。通常评委这样表达也只是在表示,他认为这个项目的投资价值不大。所以你需要证明的不是怎样定义"生意"和"事业"才算对,而是要用证据来说明你这个项目其实是很有投资价值的。比如说,它的市场空间其实比一般人想象得要大,并且它未来是有机会呈指数级增长的。

7. 你这个项目的风险太大

不要争辩自己的项目其实没啥风险。实际上资本投的每一个项目都有风险，号称没有风险的项目，资本也不见得会投。你需要说明的只是自己项目的潜在价值远远超过了可能的风险。

8. 不要跟我们讲情怀，投资是不看情怀的

不要去质疑不耐烦听情怀故事的投资人是不是眼光或格局不够，而是告诉评委，你不仅有情怀，而且很懂眼前如何筹谋。因为资本是逐利的，你如果不考虑资本该得的利益，只是想用资本的钱去燃烧你的情怀，这当然不合理。但如果你获得投资后，会很珍惜融到的每一分资金，不仅能帮助资本获得丰厚回报，同时你因为有情怀的支撑，所以会更执着地去达成更高目标，这样就皆大欢喜了。

"战略避坑"

"管理避坑"

也可以参考本文

特点当然不等于卖点

——通过两组词来勾勒"卖点"

有些创业小伙伴在描述自己的产品或服务的特点时，一五一十，头头是道，如数家珍。可是如果追问一句：你的卖点到底是什么？许多人会卡壳，还有人会反问，特点不就是卖点吗？

特点当然不等于卖点。特点可以是从厂商角度来观察的，例如技术、成本的差异，或者独到的经验、诀窍等；而路演评委追问的"卖点"通常都是从用户角度出发的，也就是你的产品或服务究竟满足了用户什么需求。至于你采用了什么手段，花了多少成本，有什么技术优势，这并不是消费者真正需要关心的。

一、"利益"和"风险"

构成卖点的不外乎就是"利益"和"风险"。

也就是说，你提供的产品或服务，如果能够成交，要么是能给客户带来某种利益，也就是满足了客户的某种欲望，这种欲望可能是来自物质上的，也可能是来自精神上的；要么就是能帮助客户规避某种可能的风险，这种风险有可能是"显性风险"，也有可能是"潜在风险"。

趋利避害是人类的本能。站在客户的角度，总是希望少掏钱甚至不掏钱。最后客户愿意成交，是他（她）认为购买到的"利益"

大于成交带来的"损失"（比如减少了钱财），或者是用付钱的"小害"避免了即将来临的某种"大害"。

二、"贪婪"和"恐惧"

"利益"和"风险"对应的分别是人类的"贪婪"和"恐惧"心理。

只有利益足够大，才能满足消费者的贪婪心；或者消费者对未来的风险足够恐惧，产品或服务才可能会真正形成卖点。

马斯洛的需要层次论可以很好地解释人类的"贪心"是怎样逐步上升的。衣食无忧之后就会有精神层面的欲望。你的项目如果解决的是物质层面的需求，通常是低层级的，投资者们比较容易形成相对一致的判断；如果满足的是精神层面的需求，不同背景的投资人的看法会有较大差异。

一无所有的人不怕失去，因此也无所谓"恐惧"。所以用来消除"恐惧"的卖点通常都不会是针对低层级的需求的。比如，功能食品中低盐、低脂、低糖的宣传，都是用来吸引不愁温饱且整日担心营养过剩的人群的。曾经有过青春年华，如今活力渐退的年长者，会有更多的"恐惧"。

例如，把酒当嗜好品来卖——"×××一开，好事自然来"，那是利用了人的"贪婪"；把酒当药来卖——"风湿骨病怎么办，喝××药酒"，那就是利用了人的"恐惧"。

三、"痛点"和"痒点"

有人喜欢用"痛点"和"痒点"来区分"卖点"。一般而言，痛点是指那些让用户感到特别难受，不解决就无法正常工作或生活的问题；或者是一旦解决，会让用户感觉特别舒服的问题。而痒点通常是指那些让用户感到尽管有些痒痒，不挠不舒坦，但忍忍也能过去的问题。

有的创业项目会被投资人评论：你的这个痛点不够痛，最多只能算是个痒点。意思是项目的卖点可有可无，即使有需求也不够强烈。

其实，"痛点"和"痒点"之间并不是楚河汉界。如果构成你项目卖点的是"利益"，让用户"贪婪"之心能充分满足，"痒点"也能成为强需求。在一个已经有数千年喝茶习惯的民族中，外卖咖啡的需求怎么看也不像是一个很强的"痛点"。但如果烧钱补贴，用持续亏损超过20亿元的代价，一年也就能外卖8 500万杯咖啡了。一般认为咖啡可以成为嗜好品，习惯一旦养成，"痒点"就成"痛点"了。

而如果构成项目卖点的是"风险"，那么原来可以忍受的痒点，一旦被激发出无法平息的焦虑，消费者上升的"恐惧"同样可以变为强烈的卖点。

小伙伴们，用"利益-贪婪"和"风险-恐惧"对应审视一下你的创业项目，看看能不能把你项目的卖点描述得更清晰一些。当然用这样的两组词来描述的"卖点"实际上已经等同于在描述"买点"了。

"管理避坑"
也可以参考本文

从"卖点"到"买点"

在武汉再次见到刘总，我非常开心。刘总创办的上善品牌在大江南北积累了大批粉丝，上善美妆、婚纱受到年轻人的热捧。上善团队集聚了行业中的一群技术翘楚，引领着行业风向。过去几年，上善还在全国多地举行行业峰会和开办培训班，将自己的技术与标准输出，影响了一大批国内从业者。

这次刘总告诉我，团队经过深入讨论后，决定将自己的核心能力从"上善造型"重新定义为"上善美学"。

刘总说，上善团队一直引以为傲的是自身的技术，称呼自己为"上善造型"，炫耀的是手上的功夫、技巧，也暗示着要用自己的标准来影响消费端。今天团队重新称呼自己为"上善美学"，就意味着要将注意力从"形而下"转向"形而上"，最终要将审美的裁判权从我们的"手"上交还给消费者。

我听了感到很高兴，这体现了经营者的关注点从"卖点"转向了"买点"。

在创业路演中，一个很难绕过去的问题是：你项目的卖点究竟是什么？

我们常常会听到类似这样的回答：

我们项目用了黑科技，可以分层加热。

我们的包装用了纳米材料。

我家的产品是纯棉的。

我们能深层去除皮肤角质。

......

有一次我问路演者,你的这个"黑科技"的意义到底在哪里?他一脸诧异地回复,这说明我们掌握了技术优势,和竞品形成了差异呀!

的确,教科书告诉我们,卖点的基础就是差异化,要与众不同。然而,这是不是客户掏钱的理由呢?对消费者而言,你如果不能让我喜欢,你与别人有再多的不同,我也会捂紧口袋。

"分层加热"也许的确是形成了技术差异,但客户真正要的不是什么技术,而是均衡发热的效果;客户要的也不是纳米材料包装,要的是持久保鲜;相较于纯不纯棉,消费者更在乎的是穿着是否舒适;皮肤角质是啥不需要关心,要关心的是皮肤光洁。

"卖点"很容易被想到是出发于厂商角度,而"买点"当然是源自客户(消费者)角度。

在产品经济年代供不应求,只要有差异、有"卖点"就能打动消费群体。可是在产能越来越过剩、产品越来越趋同的背景下,只有更精细地去理解客户,才有可能与消费端形成同频。

很多情况下,卖点是买点的基础。没有晒足 180 天,酱油可能就达不到消费者想要的味,酱油的广告语就用"晒足 180 天"作为诉求。所以卖点有可能就是买点,但也可能只是部分重合,甚至完全背离。

当年数码相机刚上市时,因为去除了大量机械部件,与传统相机比较就显得非常轻巧。这本来是技术进步带来的"卖点",可是消费者拿在手里感觉没有分量，于是便怀疑产品的价值。这样，为了顾及"买点"，刚面市的数码相机里都内置了一块没有任何其他作用的金属配重块，以体现"货真价实"。

当你在回答"卖点是什么"的时候，其实你真正应该思考的是，那些所谓的"卖点"真的是"买点"吗？

技术好，手上功夫强，能做出匪夷所思的"造型"，能做出别人无法做到的效果，其实都是"卖点"。而新娘们的"买点"，是能挖掘出"我"特有的漂亮，赋予"我"非同寻常的专属的"美"，它依赖于"造型"，但不等同于"造型"。

"造型"是产品，"美"是需求。定义需求比定义产品重要。

为"上善造型"到"上善美学"的转变点赞！

"管理避坑"
也可以参考本文

BP 中的 SWOT 分析，应该怎样用

但凡接受过一点系统管理知识培训的企业管理者，都知道 SWOT 分析。正因为 SWOT 分析是一个很实用的战略分析模型，所以很多创业者都喜欢在 BP 中加一段 SWOT 分析，用来支撑自己商业计划中的战略观点。

但这个人人都知道的战略工具，并不见得人人都能用对。

一、机会还是优势，威胁还是劣势，常常被混淆

所谓 SWOT 分析，实际上由这四个词而来：strengths（优势）、weakness（劣势）、opportunity（机会）、威胁（threats）。

显然，S（优势）和 O（机会）都属于企业经营的有利因素，而 W（劣势）和 T（威胁）都属于不利因素，一般有利因素与不利因素不容易混淆。

而在有利因素中如何区分"优势"和"机会"，或在不利因素中如何区分"劣势"和"威胁"，许多人会觉得无从下手。有一年我参加 MBA 论文答辩，居然发现连着几个学生在这一问题上都犯了错，这说明导师自己也没弄明白。

在 SWOT 分析中，一般将"机会"与"威胁"作为"外部环境"因素，"优势"与"劣势"作为"内部实力"因素。"外部环境"就是指对企业经营会发生作用，而企业又无法去改变它的影响因素；"内部实

力"就是指企业通过自身努力会使它发生变化的影响因素。

只要是企业只能接受、无法改变的影响因素,不是"机会"就是"威胁";而企业通过自身可以改变的因素,就是"优势"或"劣势"。

各个企业之间的能力不一样,所以同样的要素对有些企业而言是"环境",对另一些企业则可能是"实力"。

许多人觉得只要弄清楚哪些是"好"的影响因素,哪些是"不好"的就可以了,分不清"环境"还是"实力"有关系吗? 其实区分这两者,正是SWOT分析的精华。你只有分清了什么是你必须去适应的,什么是你可以通过努力去争取的,你才有可能改变你可以改变的,以应对你无法改变的。

另外,"优势"还是"劣势","机会"还是"威胁",都是针对某一具体项目而言,项目不同,甚至都有可能"优势"成了"劣势","机会"变为"威胁"。

二、分析即使对了,策略怎样提

曾经在一些 BP 中见到过这样的 SWOT 分析,将"机会"的条数列出来,比"威胁"多了几条,将"优势"列出来,比"劣势"多了几条,于是就下结论:因为机会多于威胁,或者说,因为优势多于劣势,所以项目是可行的。

且不说用数目来比较"机会"与"威胁",或者"优势"与"劣势"之间孰强孰弱,有多么可笑且武断,哪怕你有十个"机会",一个致命的"威胁"就可以让你出局,而你即使有再多的"劣势",一个与众不同的"优势"就足以让你得到资本的青睐。更重要的问题在于,运用 SWOT 分析的真正意义不是为了让我们去比较"机会"与"威胁"或者"优势"与"劣势",哪个更多哪个更少,而是在于运用SWOT分析可以帮助我们找到可行的策略方向。

一般而言,当"机会"来临时,如果相遇的是企业的"优势",可以趁势而上,把握机会;如果遇到的是"劣势",可以动员资源,改变"劣势",去抓住机会(当然也可以选择放弃)。当"威胁"来临时,可以利用"优势"构筑防御壁垒,化解风险;如果面对的是企业的"劣势",通常应该选择及时躲避。

如果将上述"优势""劣势"和"机会""威胁"组合成一个矩阵,就可以分别制定对应的策略,有人将此称为 SO、ST、WO、WT分析。

三、补短还是避短

综合起来看,企业根据 SWOT 分析制定的策略无非就是:扬长避短或扬长补短。可是什么时候应该"避短",什么时候可以"补短",这是一个很让企业纠结的问题。

在文章《创业的小船有点漏,堵洞还是继续冲? ——补短与避短》里,我们详细讨论了这个问题,概括地说就是:选择"补短"还是"避短",关键看"代价"!

SWOT 分析是个好工具。但凡工具就必有适用范围或应用场景,并不是你有了一把扳手,就可以拆解所有东西。SWOT 分析的角度全面,但正因为它面面俱到,对那些希望突出亮点的初创企业的 BP 梳理来说,反而帮助不大了。所以一些早期创业项目,并无必要非在 BP 中来一段 SWOT 分析。

"战略避坑"

也可以参考本文

融资估值的问题，路演中怎样回答才更好？

有些路演活动的主办方会规定，参加项目的 BP 必须说明融资需求，包括对"估值"的期望和准备释放的股权比例。即使 BP 中没有写，在路演中很多评委也会就此提问。

创业企业的融资额度和估值，对很多项目来说的确是很关键的问题。因此很多创业者就会求助，究竟该如何把握回答问题的尺度？

一、估值的逻辑

当然，要回答"估值"的问题，先得了解估值大概是怎么回事。

简单一点说，创业项目的估值，就是项目的报价，也就是说你这个项目可以值多少钱。项目值不值钱，不在于项目的现在，而在于项目的未来。

比如说，项目估值 5 000 万元，并不是说你现有 5 000 万元资产，而是说你未来可以为股东们"挣到"5 000 万元。例如，一个现在账面上不过 500 万元资产也没什么像样固定资产的企业，为什么能有 5 000 万元的估值呢？因为投资人相信，在下一轮投资者出现前，企业下列三项的变化，会让那些"接盘侠"相信那时的企业价值将远远超过 5 000 万元：

（1）经营或投资红利。

（2）可变现的自有资产。

（3）可融资的股权。

当然这期间，企业也可能会有一些或有收益，比如政府补贴、返税，政府或社会组织的各种奖励、捐赠，等等。

教科书上介绍的很多估值方法，万变不离其宗，实质就是在估算上述这些可能会有的变化带来的现金流。

当然也有一些例外，有时投资方看中的并不是这个项目的直接价值。比如，有另外的投资项目可以与本次被投资标的形成互补，则投资者对价值的估计就可以是另外一套逻辑了。

二、估值有标准吗？

如果我们能计算出创业项目未来所有来源的现金流总和，我们当然就可以测算出项目的价值了。但事实上，我们根本不可能精确算出每一个特定的创业项目未来的现金流。越是早期的项目，就越缺乏估值的依据。

有些创业者告诉我们，见了不同的投资人，他们分别给出了不同的估值，而这些不同的估值，都有算法依据。那么到底哪种算法才是靠谱的？

其实，既然都是"估计"的，那就只有"更不靠谱"，不存在"更靠谱"。

不管对方声称用了什么计算方法，其实都是一些经验公式，都只是一种预测手段而已，并非严格的结论。创业者对此完全无须纠结。

创业者和风险资本在估值认知上的真正差异，并不是来自计算公式，而是由于立场的不同。所以创业者要清楚的只是自己的立场,而不必去烦恼有多少估值的公式。

比如,在前述的三个变化中,一般经营者更关注的都是第一项;而一些风险资本盘算更多的是第三项,如果感到无法让下一轮的"接盘侠"可以听到更有诱惑的故事,这一轮就不会出手。

所以估值其实只有角度,没有标准。

曾经听到有商学院的教授信誓旦旦地说:世界公认的估值标准是梅特卡夫模型,因此无须争论。遇到这样的专家,你绕他远一点就可以。

三、估值对经营者意味着什么?

估值尽管没有严格标准,但这并不妨碍各方仍然可以通过谈判对估值达成一致。谈判能达成一致的基础是,各方能找到从不同立场出发都能接受的项目价格。

一些创业者完成融资后总是很兴奋,特别是估值比较高时,更是满心欢喜。其实我们一再强调,估值是对未来的预期,投资者愿意给出比较高的估值,就意味着他们认为经营方未来可以创造出的价值会比现在的估值更高。

所以投资方给出的估值,就是对经营者提出的要求。而同样地,企业方接受估值,就意味着承诺了未来将承担的责任。

比如,你的企业预计可以经营 10 年,现在估值 5 000 万元,则 10 年到期时,你在这 10 年里已经分给股东的钱加上剩余的资产价值要超过 5 000 万元,同时还要加上资金的时间价值,这样才算没"亏"(当然,到底算不算亏,通常除了比较内部收益率外,还会考虑机会成本)。如果项目不断需要新的融资,那每一轮当期的估值,就是在下一轮融资前必须超越的企业价值,也就意味着经营者得不断有新的经营目标。

所以，评委在追问你项目的估值时，并不是在拷问一个标准答案——他实际上也知道并没有标准答案，他只是想看看你打算承担多大的责任，或者说是想评估一下，你是不是担得起你自己承诺的这份责任。

四、如何回答融资问题？

那么在路演中评委关于"融资"的提问，创业者究竟怎样回答才算比较得体呢？

我们常说，在路演中，凡能讲清楚的事，一定要交代清楚；没法讲清楚的事，就保留一些弹性。

关于融资，创业者应该清楚的是，在这个阶段你还需要多少资金。也就是说，融资额度是可以讲清楚的，只要把握好一个原则，既不要狮子大开口，也要留有余地，能配合好融资节奏就可以。

至于估值，并没有标准答案，创业者也不能单方面决定，所以可以不明确回应。

我们通常建议这样回答：

（1）清楚地告诉评委，项目需要的融资额度是多少。

（2）谦虚地回复评委：至于项目的合理估值，这正是我们想向各位专家来请教的。

（3）如果评委一定要追问这个问题，那你打算承担多大的责任，就报多大的估值（不必在意是用怎样的公式计算的）。

注意，如果评委和你讨论的是股权释放比例，在融资额度明确的情况下，讨论股权释放比例其实就是在讨论估值。

值得商榷的创业路演评判项

——能带动多少就业机会

看到有一些 BP 中都有专门的一页介绍该项目可以带动多少就业机会。据说这是因为在一些政府部门主导的创业大赛中，都明确要求参赛项目必须说明这一问题。这背后的原因可能就是地方政府在招商引资选择项目时，很看重能增加多少就业机会，所以由各地政府推动的创业大赛中就自然地会考虑这个因素。有些地方的创业大赛，甚至评委中会有人力资源和社会保障局的代表，专门就"就业机会"进行评议。

有一个无人值守共享空间的创业项目，也预测了项目可以带动多少就业人数。我跟创始人开玩笑，你这个项目到底是不是无人值守，为什么不是减少就业人数，而是增加人数？那个创始人还为此有点担心，自己的项目会不会因此不受有关部门待见。

评议创业项目可以带动多少就业机会，到底有没有意义？

一、追求效率提高的项目总体上都会减少行业用工

无论是硬科技还是模式创新方向的创业项目，很多是为了提升行业的效率。效率提升的最终结果就是提高了经济性，使得厂商可以用更低的代价，将同样或更优质的产品或服务提供给客户。

这样的创业项目尽管自身也会形成一定的就业规模，但总体

而言,它的出现客观上因为提高了效率,可以用更少的人力获得同样的产出,所以就会压缩行业的总用工规模。

科技的进步,自动化、智能化程度的不断提升,无人车间、黑灯工厂的出现,必然会伴随用工结构的改变,如果法定工作时间不变,许多行业所需的总就业人数减少是必然的趋势。杰里米·里夫金在《零边际成本社会》一书中曾预言:最晚到 21 世纪中叶,全世界大部分受雇人员将去非营利部门工作,而传统的市场经济部门则将由少数专业人士和技术人员通过智能技术进行管理。

二、带动就业不是创业者的责任

地方政府要保障民生,促进就业是政府的重要责任,所以对辖区内的就业变化必须时时关心,这是理所当然的。

但作为一个创业者,稳定区域就业规模并不是他的责任。创业者所需考虑的只是项目在商业上是不是可行,与现行政策、法规是不是有抵触。只要项目能获得商业意义上的成功,至于最后创造了多少就业机会,并不需要也不应该由创业者去关心。

"无人"项目是可能减少就业人数,但这不是罪过,不必去纠结。

对创业项目过分强调能带动多少就业岗位,会没必要地增添有些创业者的心理负担,甚至误导他们偏离正常的商业思维,造成行为扭曲,增加创业风险。

政府和企业家应该各负其责,各自扮演好各自的角色,不抢戏,也不能把自己的台词让对方去念。

三、执政者没必要过多关注单个企业带来的就业变化

科技和商业模式的进步,会使得社会就业结构,包括对劳动者的就业技能要求等都发生改变。行业进步往往会打破原有的就业稳定状态,这使得有些地方官员会产生一些矛盾的心理。政府当然会乐见新行业带来新的发展机会,但同时也会担忧其带来就业冲击。这是正常的。但如果你的注意力只是放在单个企业的变化上,反而会模糊焦点。政府更应关心的是辖区内的就业生态演化,也就是说,更应关注的是辖区内的就业结构的变动趋势,人力资源市场的供需是否能持续匹配。

有些企业看起来可以带动较多的就业岗位,但它也可能会形成对原有的就业格局的冲击;有的企业看起来好像没有直接提供太多的岗位,但它也可能会带动相关产业的发展,间接创造出更多的就业机会。

因此,一个创业企业无论能带来多少就业岗位,只要其项目在商业上是有意义的,不违背法律,在社会道德层面没有负面影响,有关部门就没必要区别看待。

说得简单一点,只要能有税收,即使企业自身可带动的就业机会不多,政府有了税收不一样可以创造其他就业机会吗?

如果把注意力从微观企业的就业机会,转向宏观层面,及时对可能形成的就业格局变化做出预判,并适时做出合理布局,这样可能会更主动一些。

所以,在路演前的辅导中,遇有创始人问,"带动就业人数"这一项究竟该如何写?我总是说,如果没有强制要求,就不要写;规定必须写的,实事求是写就可以。

路演中的"真话"与"虚话"

通常创业路演给演讲者的时间都很短,只有几分钟的时间,要面面俱到地把一个比较复杂的事解释清楚,难度自然不低,所以常常也会发生一些误解。但即使这样,在路演的辅导培训中,我们仍然总是告诫创业者,不管真话是不是有可能被曲解,假话绝对不能说。而另外,有时创业者又觉得有些"真话"并不方便在公开场合传播,好像真话也不能随便说。

假话绝对不能说,而真话又没法讲到位,或者讲了会有副作用时,这就需要我们去寻找一些合适的表达方式。

一、按不同的方式组织"真话",会产生不同的印象

我们看这样一个案例:

几个爱好话剧的学生创业,在几个小剧场演话剧。在参加一个文创大赛的路演时,评委提问:"你们一年演出了多少场?收入有多少?"

创始人这样回答:"在项目起步时,我们每场演出只有3 000元左右的票房收入,后来团队对剧本和演出形式进行了改造,增强了与观众的交互。演出方式改造后,整体票房收入达到了改造前的3倍还多,每场收入超过1万元。一年总共演出了200多场。"

听了这样的描述,很多人可能会产生这样的感觉,这个创业项

目一年的收入也许在 200 万元左右。

而事实上,项目的年收入只有 60 万元左右。因为这一年大部分阶段受到了公共卫生事件的干扰,除了平稳时期外,其他时间每场的收入都不高。

有的朋友会迷惑,这样的可能让人产生错觉的描述,是不是等同于说了假话?

但如果创始人按照提问直接回答,一年演了 200 多场,年收入 60 万元,的确是讲了真话,但这样的所谓说真话,反而不容易让评委在短时间内理解项目,很容易误导评委认为项目并没有受到市场的肯定。

所以,创始人现场那种没有一句假话的"假话",要比直白的"真话"更接近项目改造是成功的事实。

假话不能说,但真话也不能直说。组织好你的语言顺序和表达的重点,才更容易达到你想要的目的。

二、"虚话"的作用

在路演中常常会遇到假话不能说,真话不方便说,但又不能闭嘴,评委的提问不能不回应的情形。这时你可以讲一些"虚话"。也就是讲那种既不是假话,也算不上真话的话。

1. 好像没有说,但什么都解释了

在路演中十分忌讳怼评委。比如,评委问你们的销售收入是多少?因为种种原因,你不愿意在公众场合披露这个数字。有的路演者就直接说,这个不方便回答。这样的回应方式会显得你不够谦卑,态度不诚恳。

实际上你可以这样回答:最新的数据还在统计中,我现在答不上来。但我可以告诉大家,从我昨天得到的数据看,在最典型的几个店铺中,这个月我们产品的销量在同类中排名第一。

因为评委问销售收入的问题,其实只是想评估一下你们的市场表现。你尽管没有直接提供数据,但你回应了他的疑问。

2. 好像说了,但什么也没透露

又比如,有评委问,你们的利润率是多少? 这时你发现有同行,或者你自己的客户和供应商也在现场。这个问题让你感到有点尴尬,但你不回答也不合适。

你可以这样说:我们的产品有不同的系列,不同的产品在不同的时间段内的利润率也是有变化的,总体大概是在 10％到 30％之间波动。

这样既没有生硬地拒绝回答,其实也没有真正泄露敏感的信息。

有些话尽管是虚的,但起到的作用是实的。虚话有时候会被认为是空话或废话,但话只要说出口了,它总是有作用的。哪怕在你没话找话时,对方也至少已经能体会到你的态度了。

这些细节不注意，你的路演就砸了

我在《听懂路演活动评委的潜台词》中提到过，路演时能准确理解评委（投资人）真正关心的点，会大大帮助提高路演成功的概率。另外，路演中还有一些细节问题，如果不注意，也很容易让评委对演讲者形成负面印象。

一、要顾及所有评委

经常遇到一些创业者在整个路演中，一直背对着听众，看着屏幕念词。这样不仅会让人感觉他（她）对演讲内容不熟悉，而且会令人怀疑他（她）的领导力。正确的做法，应该是面对听众，"说"PPT而不是念，也不是背；眼神要照顾到全场，不能只对着一两个（或少数几个）评委，要让所有在场的人都能感受到演讲者的气场。

的确在每场路演中，总有几个评委会比其他评委更主动些，提问更多、更犀利，给路演者带来的压力会更大一些，但你不能因此把注意力只放在这几个评委身上。哪怕其他打分者多少会受这些活跃评委的影响，不过终究他们还不能代表所有人，毕竟打分不是只有这几个评委，所以演讲者不能只顾及少数几个人。

二、回答问题不要支支吾吾、语焉不详

常常会有一些演讲者，因为各种原因，该讲清楚的问题讲不清

楚，面对质疑，甚至有人用"这是商业机密，无可奉告"来搪塞。

其实，路演中最重要的就是要表现出诚实、诚恳的态度。以融资为目的的路演，实际上就相当于和投资人在"相亲"。对投资人来说，怎么可能选择与一个无法坦诚相见的人共赴"婚礼"？

所以不管是什么原因，回答问题都不能吞吞吐吐，不要让人感觉藏着掖着了。当然也不能不懂装懂，不了解、不清楚的，也要实事求是。涉及数量或时间的问题，一定要具体，忌用笼统的表述，什么"规模巨大""超出很多""马上就会赢利"等等，都不是合适的表达方式。

三、没必要对每个提问都说"Good Question（好问题）"

有些朋友喜欢在回答每个提问前先说一句：这是一个好问题。也许他（她）们是想通过这样的方式来对提问的评委表达一种敬意，但如果这是对每个提问的无差别表达，就会让人感觉很假。

如果你想告诉评委，这个问题确实触到了你的内心，你可以这样说：

——这是一个我一直在思考（苦恼）的问题。

——这也是我们团队一直在争论的问题。

——这方面我们曾经走过弯路，现在已经有了一些教训。

——这是我们特别希望能得到专家们给予指点的问题。

……

四、路演中忌用大话、空话

有些朋友在路演中喜欢堆砌各种新鲜辞藻，比如"咖啡消费平权运动"，生拉硬扯地与市场热点挂钩，让人听得懵懵懂懂以显得他自己好像很专业,或者装成是一个见多识广的创业老手。

有的人才接了两个小单子,就号称找到了突破口,要颠覆固有的商业模式了。其实捡了个鸡肋,却以为发现了创业蓝海;曾经撞到过一次狗屎运,偏以为自己是会永受上帝眷顾的天才。

正确的做法是,用常识来解释自己的项目,用逻辑来演绎未来的蓝图,这样会让投资人感到更踏实。

五、不要固执己见,更不能强词夺理

有时候,创始人对自己的项目就像对待自己的孩子,容不得别人不欣赏,一旦有人质疑,心里就不爽,有些人还会直接怼回去。如果这发生在路演中,那是很不合适的。

我们一直建议,路演中评委的点评即使不友好,或不合理,演讲者也不应动怒,不要打断评委,不要言语顶撞,甚至也不要用动作、表情表示不满。

道理其实也很简单,本来可能只有一位(或一小部分)评委误解了你,但如果你表现不得体,就可能让所有评委失望。

要知道投资人是在找合作伙伴,谁会喜欢和一个过于强势且不肯让步的人共事呢?

有时投资人的吹毛求疵、故意挑剔,不过是一场压力测试而已,因为从中可以观察创始人的相容性和应急处理方式。

六、不要不注意外在形象

路演者的衣着太随意或太过浓妆艳抹,其实都不合适。

衣着如果随意,一方面,可能暗示了演讲者并不重视这次的路演;另一方面,如果评委感觉这个人不拘小节,马马虎虎,会进而怀疑他（她）平时工作中能不能分清主次，把握好轻重缓急的节奏。

衣着不要太随意，并不是说一定要着正装。曾经有一个 IT 行业出身的投资人朋友告诉我，他已经将近 20 年一直是穿牛仔裤的，他身边的朋友也都是同样的打扮。那如果创业者今天去见这样的投资人，用同样的风格穿着，即便不是正装，其实也是某种刻意设计，当然算是用心了。

但如果装扮太过抢眼，也会起到反效果。着装代表了人设，路演不是走 T 台，表演的成分不能太多。在《职场中的着装代表了人设》中，我们有过专门的分析："着装不是用来吸睛的，不能因为自己的打扮而干扰了对方对工作信息（比如路演或谈话的内容）的关注。"

Tips

关于"融资"你还可以参考：

"战略避坑"：

1. 你能两句话讲清"盈利模式"吗（9）

2. 莫让"竞品"蒙蔽了我们的眼睛（20）

3. 有优势并不等于有壁垒（23）

4. 真佛只说家常话——"常识"才是更妙的理论（32）

5. 创业就是要做"难而正确的事"？——别逗了！（46）

6. "两表一墙"评判商业模式（58）

"管理避坑"：

1. 真需求与伪需求——辨别串联决策与并联决策（149）

2. 与其纠结做的事对不对，不如去把事做对（252）

3. 鸡蛋要不要放在一个篮子里？——"专注"还是"多元"（255）

4. 创业企业成长的"通关密语"（289）

第三篇 融「资」避坑

后记

近几年一直有朋友催我将文字整理出版，但我真正下决心是在 2023 年春天。其间上海交通大学宣传部和出版社的领导给了很大的支持。

尽管整理书稿的时间并不算长，但书中的内容形成时间很长，至少跨越了 5 年，正是同事们的帮助才给了我源源不断的写作动力。

感谢飞马旅的领导班子：袁岳、杨振宇、钱倩、周林古和徐晓端。

感谢长期以来督促我、不准我笔头懈怠的所有飞马旅的小伙伴们，特别是刘奕、马怡婷、黄健、李翔、顾丽菁和吕丽平；当然，还有第一个"逼"我动笔的小赵先森、总是温和但坚决地催更的莫莫和离开了飞马旅后还每次见面都拷问我出书进度的小野酱。

当然最应该感谢的是创业者们的实践给了我写作的第一灵感。这本书其实是一部共同作品，我只是记录了与你们一起的所思所想、一起走过的路。

特别令我感恩于怀的是中国佛教协会副会长、上海玉佛禅寺方丈觉醒大和尚惠赐墨宝，为本书题写了书名。玉佛禅寺早在 2009 年就与上海市教委、上海市慈善基金会、共青团上海市委共同成立了"觉群大学生创业基金"。十多年里基金已资助了数百位高校毕业的创业者,成绩斐然。在基金秘书长慧觉法师的引荐下,我也有幸与基金结缘,作为创业指导专家参与了基金对创业者的帮助活动,由此真切体会到了基金对创业者们秉持的不计回报的善心和善念。尽管基金不求商业意义上的回报,但其善行带来的社会价值回报,功德无量。

初创企业的创业者们,前进的路上每一步都可能是在踩坑,你避开了这个坑,可能还会踩那个坑。虽然踩坑是创业者的宿命,但只要心中梦想不灭,哪怕连滚带爬,照样坚定前行,哪怕遍体鳞伤,依旧气势昂扬。

若非亲历,旁观者很难体会踩坑和避坑的滋味,这种让许多人终生难忘的人生体验,也许恰恰就是创业给创业者们带来的情绪价值。